実務解説

連結納税の税効果会計

繰延税金資産の計算と回収可能性の検討

[第3版]

税理士法人トラスト
公認会計士・税理士 **足立好幸**【著】

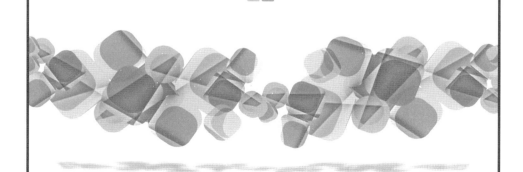

中央経済社

第3版の刊行にあたって

　2012年3月に初版が発刊されて以来，本書および『［連結納税］繰延税金資産の回収可能額の計算シート』（表計算ソフト）は，連結納税を採用する企業の税務担当者様のみならず，監査法人や税理士など専門家の先生，さらには，連結納税システムの関係者様など連結納税に携わるいろいろな方に手に取っていただき，そうした中，今回，第3版となる改訂版を出版させていただくことになりました。

　今までに，本書をご利用いただいたすべての皆様にこの場をお借りして感謝いたします。

　さて，今回の改訂版では第2版から次の点に修正を加えています。

①　第2版以降，以下の適用指針等が企業会計基準委員会から公表されたため，改訂版では，その適用指針の内容に従って，繰延税金資産の回収可能性を含めた税効果会計の取扱いについて解説している。

● 企業会計基準第28号「『税効果会計に係る会計基準』の一部改正」

● 企業会計基準適用指針第28号「税効果会計に係る会計基準の適用指針」

● 企業会計基準適用指針第26号「繰延税金資産の回収可能性に関する適用指針」

● 企業会計基準適用指針第29号「中間財務諸表等における税効果会計に関する適用指針」

②　第3部第3章で解説している「スケジューリングによる回収可能額の計算」について，以下の計算例を追加した（少々マニアックであるが）。

● 将来減算一時差異が連結欠損金個別帰属額に転化して回収可能になる場合

● 将来減算一時差異が連結欠損金個別帰属額に転化した後，さらに控除対象個別帰属税額に転化して回収可能になる場合

● 連結欠損金個別帰属額が控除対象個別帰属税額に転化して回収可能になる場合

③　第3部第3章における「連結財務諸表での回収可能額の見直しの実務」に

2　第3版の改訂にあたって

　　　ついて，解説内容を見直し，充実させている。

④　第3部第5章において，注記事項（発生原因別の主な内訳と税率調整）について，計算例を追加し，解説している。

⑤　第3部は全章にわたって，連結財務諸表における取扱いと控除対象個別帰属税額等に係る取扱いについて，解説内容を見直し，充実させている。

　なお，本書が発刊される頃には，平成30年度税制改正に係る「所得税法等の一部を改正する法律」及び「地方税法等の一部を改正する法律」が施行されているものと思われますが，平成30年度税制改正について，本書で解説している連結納税制度及び税効果会計の取扱いについて影響を与える改正はありません。

　最後に，改訂版でも，［連結納税］繰延税金資産の回収可能額の計算シート（表計算ソフト）を制作してくれた上口真希さん，あなたがいなければ本書は発刊に至らなかったでしょう。本当にありがとうございました。また，改訂版を執筆する機会をいただき，企画から発行まで担当してくださった株式会社中央経済社の大橋昌史氏に深く感謝いたします。

　2018年4月

　　　　　　　　　　　　　　税理士法人トラスト
　　　　　　　　　　　　　　税理士・公認会計士　　足立 好幸

はじめに

　連結納税の税効果会計では，連結納税グループ全体の例示区分を考慮して連結納税会社及び連結納税主体の例示区分を決定する必要があり，スケジューリングについても自社の課税所得だけでなく，他社の課税所得を含めて回収可能額を計算することとなります。また，損益通算や繰越欠損金の切り捨て等の取扱いのある法人税と単体納税と同じ取扱いとなる住民税及び事業税では，回収可能額の計算方法が異なるため，連結納税の税効果会計では，税種類ごとに回収可能額の計算を行うこととなります。このように連結納税を採用している場合の繰延税金資産の計算方法は，単体納税と比較して複雑なものとなっています。

　また，平成24年４月１日以後開始事業年度から法人税率が引き下げられるとともに，３年間の復興特別法人税が発生することとなるため，税効果会計に適用される実効税率が将来減算一時差異等及び将来加算一時差異の解消年度ごとに異なることとなります。

　本書は，連結納税会社が税効果会計を適用する場合の実務上の取扱い，具体的には，税効果会計に係る連結納税制度及び単体納税の税効果会計の取扱いを踏まえて，連結納税を採用している場合の例示区分及びスケジューリングに基づく繰延税金資産の回収可能額の計算方法について，解消年度ごとに複数の実効税率が適用される場合の取扱いを含めて解説しています。

　本書の特徴は，連結納税を採用している企業が繰延税金資産の回収可能額の計算を行うことができる『［連結納税］繰延税金資産の回収可能額の計算シート』（表計算ソフト）を提供していることであり，『［連結納税］繰延税金資産の回収可能額の計算シート』（表計算ソフト）は，「本書のご利用にあたって」に記載した所定の手順によりhttp://group-tax.com/　からダウンロードすることが可能です。

　但し，この『［連結納税］繰延税金資産の回収可能額の計算シート』（表計算ソフト）はあくまで本書で解説したケーススタディに対応する目的で制作され

ているため，本書を参考に，自社グループに適応した計算方法を確立していただければと思います。

　また，この『［連結納税］繰延税金資産の回収可能額の計算シート』（表計算ソフト）について著者及び当税理士法人はいかなる責任も負いません。

　本書に記されている会計上の取扱いは，あくまで個人的な見解ですから，個別具体の取引に適用する場合においては，取引の事実関係に基づいて，専門家，監査法人の意見も参考にしつつ慎重に検討することをお勧めいたします。

　最後に，『［連結納税］繰延税金資産の回収可能額の計算シート』（表計算ソフト）を制作してくれた上口真希さん，あなたがいなければ本書は発刊に至らなかったでしょう。本当にありがとうございました。

　また，本書を執筆する機会をいただき，企画から発行まで担当してくださった株式会社中央経済社の秋山宗一氏と大橋昌史氏に深く感謝いたします。

2012年3月

税理士法人トラスト
税理士・公認会計士　足立 好幸

目　次

第1部　税効果会計に係る連結納税制度

第1章　連結納税制度とは —————————————— 2

1－1　連結納税とは・2

1－2　連結納税の計算ロジック・3

1－3　連結納税の申告書の仕組み・4

1－4　連結法人の範囲・6

第2章　連結納税特有の取扱い —————————————— 8

2－1　損益通算の取扱い・8

2－2　連結欠損金の取扱い・8

2－3　時価評価の取扱い・19

2－4　連結子法人株式の帳簿価額の修正の取扱い・19

2－5　連結法人税の個別帰属額の計算・20

第3章　地方税の取扱い —————————————— 24

3－1　連結納税における地方税の取扱い・24

3－2　連結納税による住民税の計算方法・24

3－3　連結納税による事業税の計算方法・26

第2部　単体納税における税効果会計

第1章　税効果会計とは —————————————— 30

1－1　税効果会計の目的・30

1－2　法定実効税率・30

1－3　一時差異等・34

2　目　次

　　　　1－4　永久差異・37

第2章　繰延税金資産及び繰延税金負債の計算方法 ──── 40
　　　　2－1　繰延税金資産及び繰延税金負債とは・40
　　　　2－2　繰延税金資産及び繰延税金負債の計算方法・41
　　　　2－3　一時差異等の集計方法・44

第3章　繰延税金資産及び繰延税金負債の会計処理 ──── 46
　　　　3－1　通常の税効果（税効果相当額を損益計算書に計上する場合）・46
　　　　3－2　評価差額に対する税効果（税効果相当額を直接純資産の部に計上する場合）・47
　　　　3－3　繰延税金資産及び繰延税金負債の表示方法・47

第4章　繰延税金資産の回収可能性 ──────────── 48
　　　　4－1　繰延税金資産の回収可能性とは・48
　　　　4－2　繰延税金資産の回収可能性の要件とは・49
　　　　4－3　繰延税金資産の回収可能性の判断手順（スケジューリング）・50
　　　　4－4　将来年度の課税所得の見積額による繰延税金資産の回収可能性を過去の業績等（企業分類）に基づいて判断する場合の指針・51
　　　　4－5　スケジューリングで利用する将来の課税所得・52
　　　　4－6　スケジューリング不能差異の回収可能性の取扱い・52
　　　　4－7　長期の将来減算一時差異の回収可能性の取扱い・54
　　　　4－8　その他の一時差異の回収可能性の取扱い・55
　　　　4－9　回収可能性の毎期見直し・60
　　　　4－10　繰延税金負債の支払可能性・61
　　　　4－11　ケーススタディ（単体納税における回収可能額の計算）・61

目　次　**3**

第**3**部　連結納税における税効果会計

第1章　繰延税金資産及び繰延税金負債の計上手順 ———— **68**

　　1－1　連結納税会社の税効果会計の計上手順（個別財務諸表）・69

　　1－2　連結納税主体の税効果会計の計上手順（連結財務諸表）・69

第2章　繰延税金資産及び繰延税金負債の計算方法 ———— **72**

　　2－1　連結納税会社の計算方法（個別財務諸表）・72

　　2－2　連結納税主体の計算方法（連結財務諸表）・84

第3章　連結納税の繰延税金資産の回収可能性 ———— **87**

　　3－1　単体納税における回収可能額の計算方法・87

　　3－2　連結納税における回収可能性の基本的考え方・96

　　3－3　連結納税の税金計算の仕組み・99

　　3－4　連結納税の繰延税金資産の回収可能性の実務・102

　　3－5　連結財務諸表での回収可能額の見直しの実務・144

第4章　ケーススタディ（連結納税における繰延税金資産の回収可能額の計算） ———— **162**

　　4－1　前提条件・162

　　4－2　〔手順Ⅰ〕企業分類の決定・166

　　4－3　税額計算・168

　　4－4　「〔手順Ⅱ〕スケジューリングによる回収可能額の計算」と「〔手順Ⅲ〕企業分類による最終的な回収可能額の決定」による繰延税金資産の計算・180

　　4－5　純資産の部に直接計上される繰延税金資産及び繰延税金負債の計算・218

第5章　連結納税の税効果会計の個別論点 ———— **223**

　　5－1　連結納税における企業分類の矛盾・223

4　目　次

5－2　スケジューリングの期間の統一・224

5－3　連結納税会社間の債権に対する貸倒引当金の取扱い・225

5－4　連結納税会社の譲渡損益の繰延べの取扱い・226

5－5　連結納税開始時又は加入時の連結納税子会社の資産時価評価損益の取扱い・226

5－6　連結納税子会社への投資の評価減の取扱い・227

5－7　決算日以外の日に連結納税に加入した場合の取扱い・227

5－8　留保利益に係る一時差異の取扱い・227

5－9　連結上，重要性が乏しい連結納税子会社の取扱い・228

5－10　決算日に差異がある場合の取扱い・229

5－11　連結納税を新たに適用する場合の連結納税による税効果会計の適用開始時期の取扱い・230

5－12　連結納税子会社の加入・離脱の場合の連結納税による税効果会計の適用開始時期の取扱い・231

5－13　新設親法人の承認申請の特例の取扱い・235

5－14　税金の種類ごとに回収可能性が異なる場合の計算・235

5－15　個別財務諸表における投資価額修正の取扱い・239

5－16　課税対象となった未実現損益に係る税効果の取扱い・244

5－17　連結納税開始前又は加入前の繰越欠損金に係る繰延税金資産の取扱い・245

5－18　繰延税金資産及び繰延税金負債の発生の主な原因別の注記及び税率調整の注記の取扱い・246

第6章　連結納税における税金費用の会計処理 ——————— 256

6－1　法人税，住民税及び事業税の会計処理（個別財務諸表）・256

6－2　法人税，住民税及び事業税の会計処理（連結財務諸表）・261

6－3　繰延税金資産及び繰延税金負債の会計処理（個別財務諸表）・262

6－4　繰延税金資産及び繰延税金負債の会計処理（連結財務諸表）・265

目　次　**5**

第7章　四半期決算における税金費用の会計処理 ─────── 268

　　7－1　四半期決算における税金費用の計算方法・268

　　7－2　単体納税における四半期特有の会計処理・269

　　7－3　連結納税における四半期特有の会計処理・275

第8章　「連結子法人の加入・離脱」の税効果会計 ─────── 313

　　8－1　連結子法人の加入・離脱時の税務・313

　　8－2　連結子法人の加入時の税効果ケーススタディ・320

　　8－3　連結子法人の離脱時の税効果ケーススタディ・336

凡例	法令及び会計基準等	改正日及び公表日
法法	法人税法	平成29年 3 月31日
法令	法人税法施行令	平成29年 7 月28日
法基通	法人税基本通達	平成29年 6 月30日
連基通	連結納税基本通達	平成29年 6 月30日
地法	地方税法	平成29年 6 月 2 日
措法	租税特別措置法	平成29年 3 月31日
措令	租税特別措置法施行令	平成29年 3 月31日
地法法	地方法人税法	平成29年 3 月31日
地法法令	地方法人税法施行令	平成29年 3 月31日
平成23年12月改正法附則	経済社会の構造の変化に対応した税制の構築を図るための所得税法等の一部を改正する法律「附則」（平成23年12月 2 日　法律114号）	平成23年12月 2 日
平成23年12月改正地法附則	経済社会の構造の変化に対応した税制の構築を図るための地方税法及び地方法人特別税等に関する暫定措置法の一部を改正する法律「附則」（平成23年12月 2 日　法律115号）	平成23年12月 2 日
平成27年改正法附則	所得税法等の一部を改正する法律「附則」（平成27年 3 月31日　法律第 9 号）	平成27年 3 月31日
平成27年改正地法附則	地方税法等の一部を改正する法律「附則」（平成27年 3 月31日　法律第 2 号）	平成27年 3 月31日
平成29年改正法令附則	法人税法施行令等の一部を改正する政令「附則」（平成29年 3 月31日　政令第106号）	平成29年 3 月31日
税効果会計基準	税効果会計に係る会計基準（企業会計審議会）	平成10年10月30日
税効果会計基準一部改正	『税効果会計に係る会計基準』の一部改正（企業会計基準第28号　企業会計基準委員会）	平成30年 2 月16日
適用指針第28号	税効果会計に係る会計基準の適用指針（企業会計基準適用指針第28号　企業会計基準委員会）	平成30年 2 月16日
適用指針第26号	繰延税金資産の回収可能性に関する適用指針（企業会計基準適用指針第26号　企業会計基準委員会）	平成30年 2 月16日

中間税効果適用指針	中間財務諸表等における税効果会計に関する適用指針（企業会計基準適用指針第29号　企業会計基準委員会）	平成30年２月16日
実務対応報告第５号	連結納税制度を適用する場合の税効果会計に関する当面の取扱い（その１）（実務対応報告第５号　企業会計基準委員会）	平成27年１月16日
実務対応報告第７号	連結納税制度を適用する場合の税効果会計に関する当面の取扱い（その２）（実務対応報告第７号　企業会計基準委員会）	平成27年１月16日
連結会計基準	連結財務諸表に関する会計基準（企業会計基準第22号　企業会計基準委員会）	平成25年９月13日
実務対応報告第28号	改正法人税法及び復興財源確保法に伴う税率変更等に係る四半期財務諸表における税金費用の実務上の取扱い（実務対応報告第28号　企業会計基準委員会）	平成24年１月20日
実務対応報告第29号	改正法人税法及び復興財源確保法に伴い税率が変更された事業年度の翌事業年度以降における四半期財務諸表の税金費用に関する実務上の取扱い（実務対応報告第29号　企業会計基準委員会）	平成24年３月16日
四半期会計基準	四半期財務諸表に関する会計基準（企業会計基準第12号　企業会計基準委員会）	平成26年５月16日
四半期適用指針	四半期財務諸表に関する会計基準の適用指針（企業会計基準適用指針第14号　企業会計基準委員会）	平成26年５月16日

■本書のご利用にあたって

　本書は，連結納税を採用している場合の繰延税金資産の回収可能額の計算を行うために，マイクロソフト社の表計算ソフトExcelを活用した［連結納税］繰延税金資産の回収可能額の計算シートの提供と，その活用方法について解説しています。

* Microsoft，MS，Windowsは米国Microsoft Corporationの米国及びその他の国における登録商標です。そのほか，本文中で使用する製品名等は一般的に各社の商標又は登録商標です。
* 本文中ではCopyright，TM，Rマーク等は省略しています。

本書の概要

　本書は，3部構成となっています。そのうち，第3部，第1章「繰延税金資産及び繰延税金負債の計上手順」から第3章「連結納税の繰延税金資産の回収可能性」までは連結納税を採用している場合の繰延税金資産の回収可能性を理解する上で欠かせない知識の習得を，第4章「ケーススタディ（連結納税における繰延税金資産の回収可能額の計算）」ではそれら知識を踏まえた上で行う連結納税における繰延税金資産の回収可能額の計算について記述します。

　本書で提供している［連結納税］繰延税金資産の回収可能額の計算シートは，あくまで本書で解説する第4章「ケーススタディ（連結納税における繰延税金資産の回収可能額の計算）」に対応する目的でつくられています。従いまして，ケーススタディ以外の前提条件による繰延税金資産の回収可能額の計算をする場合，あるいは，自社グループの状況を正確に反映した形での繰延税金資産の回収可能額の計算を望まれる場合，状況に応じて本書及び［連結納税］繰延税金資産の回収可能額の計算シートを参考に独自のシートを作成いただく必要があります。なお，［連結納税］繰延税金資産の回収可能額の計算シートを直接，加工修正することはできませんのでご了承ください。

［連結納税］繰延税金資産の回収可能額の計算シートのダウンロード

　［連結納税］繰延税金資産の回収可能額の計算シートはWindows版Excel 97

～2016までのversionを前提としています。今後，発売が予定されているversion，あるいはExcel以外の表計算ソフト，Windows以外のOSによる使用は想定していません。これら条件での動作は保証いたしません。

　［連結納税］繰延税金資産の回収可能額の計算シートは，本書をお買い上げになった方のみ，㈱中央経済社の書籍紹介のサイト（https://www.biz-book.jp/）から無料でダウンロードできます（詳しいダウンロードの方法は下記参照）。

　なお，［連結納税］繰延税金資産の回収可能額の計算シートはSymantec Endpoint Protectionでウイルスチェックをした後にサーバーにアップロードしていますが，ウイルスチェックをした事実をもって，同シートが完全に無謬であることを保証するものではありません。ダウンロード後には，必ずご自身でウイルスチェックを行われることをお勧めします。

▨ 免責事項等

　［連結納税］繰延税金資産の回収可能額の計算シートに起因する直接・間接のいかなる損害についても，著作権者や著作権者が所属する税理士法人，出版元である㈱中央経済社は一切の責任を負いません。免責事項の詳細については，当該Webサイトでご確認ください。

■ ［連結納税］繰延税金資産の回収可能額の計算シートのダウンロード

　［連結納税］繰延税金資産の回収可能額の計算シートは，㈱中央経済社の書籍紹介のサイト（https://www.biz-book.jp/）から本書を検索いただき，本書の紹介ページからダウンロードしてください。

第 **1** 部

税効果会計に係る
連結納税制度

2　第1部　税効果会計に係る連結納税制度

第1章
連結納税制度とは

1-1　連結納税とは

　連結納税とは，連結グループを一体として，グループ会社の黒字と赤字を相殺した後の連結所得に対して法人税額を計算し，納税する制度である。

	親会社 P社	子会社 A社	子会社 B社	子会社 C社	連結納税 グループ合計
控除前 個別所得	1,000	▲500	200	100	800
繰越欠損金	0	0	0	0	0
連結所得	1,000	▲500	200	100	800
税金 （23.2%）	232	▲116	46	23	**185**

　その特徴は次のとおりである。

①　損益通算ができること。

②　連結子法人の繰越欠損金が切り捨てられる場合があること。

③　連結子法人が時価評価をしなければならない場合があること。

④　地方税は連結納税の対象外となること。

1-2 連結納税の計算ロジック

連結納税申告書を作成する場合の連結所得及び連結法人税の計算の仕組みは次のようになる。

【連結所得及び連結法人税の計算】

4 第1部 税効果会計に係る連結納税制度

上記のうち，各計算項目は次の内容になる。

項　目	内　　容	
調整前課税所得	単体納税と同様の取扱いにより計算した課税所得	連結所得調整以外の調整項目が含まれる ● 減価償却の償却超過 ● 繰延資産の償却超過 ● 譲渡損益の繰延べ
連結所得調整①	単体納税と異なる取扱いで，各社ごとに加減算項目を計算する所得調整	● 貸倒引当金の繰入超過
連結所得調整②	単体納税と異なる取扱いで，連結納税グループで全体計算を行った後に，各社への個別配分額の計算を行う所得調整	● 受取配当金の益金不算入 ● 交際費の損金不算入 ● 寄附金の損金不算入
連結所得調整③	連結納税に特有な事項に係る所得調整	● 連結子法人株式の帳簿価額修正
連結欠損金	連結納税における繰越欠損金	次の繰越欠損金が対象となる ● 連結法人の開始前又は加入前繰越欠損金 ● 連結納税開始後に発生した連結欠損金 ● 連結法人が被合併法人及び残余財産が確定した法人から引き継いだ繰越欠損金
連結税額控除	連結納税における税額控除	連結納税グループでの全体計算や税額控除限度額を連結法人税額で計算するなど単体納税と取扱いが異なる ● 所得税額控除 ● 外国税額控除 ● 租税特別措置法上の税額控除 ● 特定同族会社の留保金課税

1-3　連結納税の申告書の仕組み

連結確定申告書では，次のような仕組みで税額計算が行われる。

第1章 連結納税制度とは

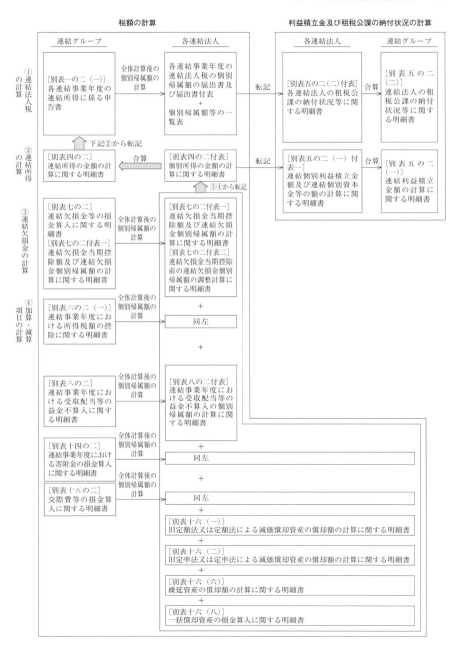

6　第1部■税効果会計に係る連結納税制度

1-4　連結法人の範囲

1-4-1　連結親法人の範囲

　連結親法人とは，内国法人（普通法人又は協同組合等）をいい，次に掲げる法人は連結親法人に該当しない（法法4の2，法令14の6①③）。

1	外国法人
2	清算中の法人
3	内国法人等による完全支配関係がある法人（他の内国法人の100％国内子会社）
4	資産の流動化に関する法律に規定する特定目的会社
5	投資信託及び投資法人に関する法律に規定する投資法人
6	法人課税信託に係る法人税法第4条の7に規定する受託法人
7	帳簿書類の備付けの不備等により国税庁長官により連結納税の承認を取り消された法人（ただし，承認の取消しの日から同日以後5年を経過する日の属する事業年度終了の日までの期間を経過していないもの）（法法4の5①）
8	やむを得ない事情により，連結納税の取止めについて国税庁長官の承認を受けた法人（ただし，承認を受けた日の属する連結親法人事業年度終了の日の翌日から同日以後5年を経過する日の属する事業年度終了の日までの期間を経過していないもの）（法法4の5③）

　以上より，連結親法人が他の内国法人の100％子会社となる場合や清算する場合は連結親法人が消滅することとなり，連結納税が取止めとなってしまう。

1-4-2　連結子法人の範囲

　連結子法人とは，100％国内子会社であり，連結親法人による完全支配関係がある内国法人のすべてをいう。

　ただし，次に掲げる法人は，連結子法人に該当しない（法法4の2，法令14の6①）。

1	外国法人
2	普通法人以外の法人 　ここで，普通法人とは，公共法人，公益法人等，協同組合等以外の法人をいい，人格のない社団等は含まれない（法法2九）。したがって，合名会社，合資会社，合同会社は普通法人に含まれるため，連結子法人の対象となる。
3	破産手続開始の決定を受けた法人
4	資産の流動化に関する法律に規定する特定目的会社
5	投資信託及び投資法人に関する法律に規定する投資法人

6	法人課税信託に係る法人税法第4条の7に規定する受託法人
7	帳簿書類の備付けの不備等により，国税庁長官により連結納税の承認を取り消された法人（ただし，承認の取消しの日から同日以後5年を経過する日の属する事業年度終了の日までの期間を経過していないもの）（法法4の5①）
8	過去にその連結親法人による連結完全支配関係を有しなくなったことにより，連結納税の承認を取り消された法人（ただし，承認の取消しの日から同日以後5年を経過する日の属する事業年度終了の日までの期間を経過していないもの）（法法4の5②五）。 　ただし，その発行済株式等を直接又は間接に保有する連結子法人の破産手続開始の決定による解散に基因して，連結親法人による連結完全支配関係を有しなくなる場合を除く。
9	やむを得ない事情により，連結納税の取止めについて国税庁長官の承認を受けた法人（ただし，承認を受けた日の属する連結親法人事業年度終了の日の翌日から同日以後5年を経過する日の属する事業年度終了の日までの期間を経過していないもの）（法法4の5③）
10	上記1から9に定める法人が介在する完全支配関係がある法人

第2章
連結納税特有の取扱い

2-1　損益通算の取扱い

　連結納税は，損益通算により課税所得が計算される。

　つまり，連結納税グループを形成する連結親法人及び連結子法人の課税所得を合算した連結所得に対して法人税が発生する（法法81）。ここで，連結所得とは，連結親法人及び連結子法人のプラス・マイナス相殺後の課税所得の合計である（法法2十八の四・81の2）。

　したがって，連結法人の黒字と赤字（課税所得と欠損金）が相殺されてグループ全体の課税所得が計算されることになるため，赤字企業がある場合は，単体納税と比較して納税額が減少することとなる。

　なお，損益通算は課税所得で行われるため，会計上の利益がプラスである場合でも，関係会社株式評価損，投資有価証券評価損，減損損失，個別貸倒引当金の認容など，臨時多額な将来減算一時差異が実現することあるいは多額な受取配当金の益金不算入があることにより課税所得がマイナスとなる場合は損益通算の効果が生じることとなる。

2-2　連結欠損金の取扱い

2-2-1　連結欠損金と控除制限

　連結欠損金は，単体納税における繰越欠損金と同様に連結所得から控除できる過去の連結ベースの欠損金をいい，損益通算した結果，連結所得がマイナスとなった場合，連結欠損金が生じる。

　この連結欠損金は翌連結事業年度以後の連結所得金額から相殺されるが，繰

越期間は，平成20年4月1日前に終了した連結事業年度で生じた連結欠損金は7年，平成20年4月1日以後に終了した連結事業年度で生じた連結欠損金は9年，平成30年4月1日以後に開始する連結事業年度で生じる連結欠損金は10年となる（法法81の9①，平成23年12月改正法附則22①，平成27年改正法附則30①）。また，各連結事業年度に連結所得金額から控除できる連結欠損金は，その連結所得金額に控除限度割合を乗じた金額を限度とする（法法81の9①）。控除限度割合は，平成27年4月1日から平成28年3月31日までの間に開始する連結事業年度は65％，平成28年4月1日から平成29年3月31日までの間に開始する連結事業年度は60％，平成29年4月1日から平成30年3月31日までの間に開始する連結事業年度は55％，平成30年4月1日以後に開始する連結事業年度は50％となる（法法81の9①，平成27年改正法附則30②）。ただし，連結親法人が，中小法人等，経営再建中の法人，新設法人のいずれかに該当する場合，連結所得金額の100％まで控除可能となる（法法81の9⑧）。ここで，連結親法人が中小法人等に該当する場合とは，連結親法人が資本金1億円以下である場合（連結親法人が，資本金5億円以上の大法人の100％子法人又は完全支配関係がある複数の大法人に発行済株式等の全部を保有されている法人に該当する場合を除く）をいう。

　そして，連結欠損金は「連結欠損金個別帰属額」として各連結法人に配分され，連結法人ごとに残高が把握されることとなる（法法81の9⑥⑪，法令155の21）。

　また，連結納税適用以後に発生した連結欠損金以外にも，連結法人の連結納税開始前又は加入前の繰越欠損金や，連結法人が連結グループ外の法人から合併又は残余財産の確定により引き継いだ繰越欠損金は，連結欠損金とみなされる。この連結欠損金を「みなし連結欠損金」という（法法81の9②，法令155の19①）。

　この「みなし連結欠損金」のうち，特定連結欠損金に該当するものは，特定連結欠損金を有する連結法人の個別所得金額を限度として連結所得と相殺することが可能となる（法法81の9①）。

　以上をまとめると，連結欠損金の種類と控除限度額は次のとおりとなる（法法81の9①〜③）。

10 第1部■税効果会計に係る連結納税制度

連結欠損金の種類	連結欠損金		控除制限
非特定連結欠損金	①	連結納税適用事業年度以後に発生した連結欠損金（下記を除く）	控除制限はない
	②	連結親法人の開始前繰越欠損金	控除制限はない
	③	一定の株式移転に係る株式移転完全子法人の一定の開始前繰越欠損金	控除制限はない
特定連結欠損金	④	特定連結子法人の開始前又は加入前の繰越欠損金	特定連結子法人の個別所得金額を限度として利用可能
	⑤	連結親法人又は連結子法人を合併法人，連結法人以外の法人を被合併法人とする一定の要件を満たす適格合併が行われた場合の被合併法人の繰越欠損金	合併法人の個別所得金額を限度として利用可能
	⑥	連結親法人との間に完全支配関係がある連結法人以外の他の内国法人の残余財産が確定した場合で一定の要件を満たす場合の当該他の内国法人の繰越欠損金	繰越欠損金を引き継いだ連結法人の個別所得金額を限度として利用可能

2-2-2 連結子法人の開始前又は加入前の繰越欠損金

　連結納税を適用する場合，又は新たに連結納税に加入する場合，次に掲げる特定連結子法人の開始前・加入前繰越欠損金については，連結子法人の個別所得を限度として連結欠損金として相殺することが可能となる（法法81の9①②③，61の11①・61の12①）。

　一方，特定連結子法人に該当しない連結子法人の開始前・加入前繰越欠損金は全額切り捨てられる（法法81の9②）。

　なお，本書では，特定連結子法人に該当しない連結子法人を「非特定連結子法人」ということとする。

第2章　連結納税特有の取扱い　　11

特定連結子法人	連結納税開始時	連結納税加入時
株式移転完全子法人	連結親法人が，最初連結親法人事業年度開始日の5年前の日から当該開始日までの間に株式移転により設立された法人であり，かつ，株式移転日から当該開始日まで，継続して完全支配関係のある株式移転完全子法人であった連結子法人	―
長期保有連結子法人（5年以上保有）	最初連結親法人事業年度開始日の5年前の日から当該開始日まで，継続して完全支配関係がある連結子法人	―
100％グループ法人により設立された連結子法人	連結親法人又は連結子法人が，最初連結親法人事業年度開始日の5年前の日から当該開始日までの間に設立した完全支配関係がある他の連結子法人で，その設立日から当該開始日まで，継続して完全支配関係がある他の連結子法人	連結親法人又は連結子法人が設立した，完全支配関係がある他の連結子法人
適格株式交換等による株式交換等完全子法人	連結親法人又は連結子法人を株式交換等完全親法人とする適格株式交換等が，最初連結親法人事業年度開始日の5年前の日から当該開始日までの間に行われ，かつ，適格株式交換等の日から当該開始日まで，継続して完全支配関係のある株式交換等完全子法人であった他の連結子法人	連結親法人又は連結子法人が，適格株式交換等により発行済株式の全部を有することとなった場合の他の連結子法人
適格合併，適格株式交換等^{（注）}，適格株式移転の被合併法人等の長期保有連結子法人及び設立連結子法人	連結親法人が，最初連結親法人事業年度開始日の5年前の日から当該開始日までの間に適格合併等（適格合併，適格株式交換等又は適格株式移転）により完全支配関係を有することとなり，かつ，適格合併等の日から当該開始日まで，継続して完全支配関係がある連結子法人 　当該連結子法人は，最初連結親法人事業年度開始日の5年前の日又は設立日から適格合併日の前日，適格株式交換等の日又は適格株式移転日まで継続して適格合併等に係る被合併法人等（適格合併法人，株式交換等完全子法人又は株式移転完全子法人）との間に被合併法人等による完全支配関係があった法人に限る。	連結親法人が，適格合併等（適格合併又は適格株式交換等）により完全支配関係を有することとなった連結子法人 　当該連結子法人は，適格合併等の日の5年前の日又は設立日から適格合併等の日の前日まで継続して適格合併等に係る被合併法人等（被合併法人又は株式交換等完全子法人）との間に被合併法人等による完全支配関係があった法人に限る。

単元未満株の買取等による連結子法人	最初連結親法人事業年度開始日の5年前の日から当該開始日までの間に単元未満株式の買取りその他これに類する買取り又は株主等が法令の規定により保有を制限されたことに伴う株式の買取りにより，完全支配関係を有することとなり，かつ，その有することとなった日から当該開始日まで，継続して完全支配関係がある連結子法人 　当該連結子法人は，買取りに係る株式が発行されていなかったとするならば，当該5年前の日又は設立日からこれらの買取りの日まで継続して完全支配関係があった法人に限る。	単元未満株式の買取りその他これに類する買取り又は株主等が法令の規定により保有を制限されたことに伴う株式の買取りにより，完全支配関係を有することとなった連結子法人 　これらの買取りに係る株式が発行されていなかったとするならば，これらの買取りの日の5年前の日又は設立日からこれらの買取りの日まで継続して完全支配関係があった法人に限る。

注：「株式交換等」とは，「株式交換」及び平成29年10月1日以後に行われた「全部取得条項付種類株式方式」「株式併合方式」「株式売渡請求方式」による完全子法人化をいう（法法2十二の十六）。また，「株式交換」と「合併」は，平成29年9月30日以前に行われるものと平成29年10月1日以後に行われるものについて，適格要件（金銭等不交付要件）が異なることとなる（法法2十二の八，十二の十七）。

2-2-3　みなし連結欠損金の帰属連結事業年度

　2-2-1で解説した①～④のみなし連結欠損金は，対象となる繰越欠損金又は連結欠損金個別帰属額が発生した事業年度に基づいて，次のとおり帰属する連結事業年度が決定される（法令155の19①）。

①　連結親法人の開始前繰越欠損金（法法81の9②一）

　連結親法人の繰越欠損金が発生した事業年度に対応する期間を連結事業年度とみなした場合の当該連結事業年度

②　特定連結子法人の開始前又は加入前の繰越欠損金（法法81の9②一）

　特定連結子法人の繰越欠損金の生じた事業年度開始日の属する連結親法人の連結事業年度

　　　※　連結親法人の最初連結事業年度前の期間にあっては連結親法人対応事業年度（特定連結子法人の事業年度開始日の属する連結親法人の事業年度に対応する期間）とす

る。

※　連結子法人の最初連結事業年度開始日の属する連結親法人の連結事業年度開始日以後に開始した連結子法人の事業年度において生じた繰越欠損金にあっては連結親法人の連結事業年度の前連結事業年度とする。

※　連結子法人欠損事業年度開始日（繰越欠損金が発生した最も古い事業年度の開始日）が連結親法人最初事業年度開始日（連結親法人の事業年度のうち最も古い事業年度開始日）前であるときは、連結子法人欠損事業年度開始日から連結親法人最初事業年度開始日の前日までの期間を連結子法人の事業年度ごとに区分した期間を連結親法人対応事業年度とする（連結親法人最初事業年度開始日の前日の属する期間は、連結子法人の当該前日の属する事業年度開始日から連結親法人最初事業年度開始日の前日までの期間とする）。

2-2-4　連結欠損金の繰越控除額の計算

⑴　連結欠損金の繰越控除の順序

連結欠損金は、当該連結欠損金が発生した連結事業年度ごとに、まず、特定連結欠損金を繰越控除し、その後、特定連結欠損金以外の連結欠損金（非特定連結欠損金）を繰越控除することとなる（法法81の9①）。

具体的には次のような順序で連結欠損金の繰越控除が行われる。

①　連結欠損金が複数の連結事業年度で発生している場合は、最も古い連結事業年度で発生した連結欠損金から順次、繰越控除される。

②　同一の連結事業年度で発生した連結欠損金については、そのうち、特定連結欠損金から特定連結子法人の個別所得金額を限度として、優先控除を行い、その後、連結所得の残額について非特定連結欠損金を控除することとなる。

⑵　連結欠損金の限度超過額の計算

当期の連結所得と相殺することが可能となる連結欠損金の繰越控除額は、連結欠損金から限度超過額を控除した金額となる（法法81の9①）。

この限度超過額は、連結欠損金の発生事業年度ごとに次のように計算される（法法81の9①）。

なお、下記のうち、50％とされている控除限度割合については、「2-2-1」を参照してほしい。

【連結欠損金の繰越控除の順序】

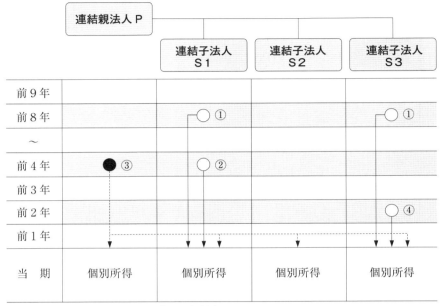

●：非特定連結欠損金　　○：特定連結欠損金

ケース	計算方法
特定連結欠損金がある場合	連結欠損金のうちに特定連結欠損金が含まれる場合は，①と②のいずれか大きい金額が限度超過額となる。 ① 次の金額の合計額（イ＋ロ） イ 次のiがiiを超える場合の超過額の合計額 　　i 各連結法人の特定連結欠損金個別帰属額 　　ii 各連結法人の控除対象個別所得金額(注1) ⇒〈ケース1〉 ロ 次のiがiiを超える場合の超過額 　　i 連結欠損金から特定連結欠損金を控除した金額 　　ii 控除前調整連結所得金額(注2)から各連結法人の特定連結欠損金個別控除額(注3)の合計額を控除した金額 ⇒〈ケース2〉 ② 連結欠損金が控除前調整連結所得金額を超える場合の超過額 ⇒〈ケース3〉

第2章　連結納税特有の取扱い　　15

| 特定連結欠損金がない場合 | 連結欠損金のうちに特定連結欠損金が含まれない場合は，「連結欠損金が控除前調整連結所得金額を超える場合の超過額」が限度超過額となる。これは，上記②と一致する。 |

注1：控除対象個別所得金額とは，連結法人の個別所得金額のうち，既に当該特定連結欠損金個別帰属額の発生連結事業年度前に発生した連結欠損金と相殺された金額を除外した控除未済の個別所得金額をいう。
注2：控除前調整連結所得金額とは，連結所得金額の50％のうち，既に，当該連結欠損金の発生連結事業年度前に発生した連結欠損金と相殺された金額を除外した控除未済の連結所得をいう。
注3：特定連結欠損金個別控除額とは，特定連結欠損金個別帰属額と控除対象個別所得金額とのうちいずれか少ない金額（上記イのⅰとⅱのいずれか小さい金額）をいう。

【ケース1：平成30年3月期に発生した特定連結欠損金の「イ」の計算】

※連結法人ごとに計算して合計。

【ケース２：平成30年３月期に発生した連結欠損金の「ロ」の計算】

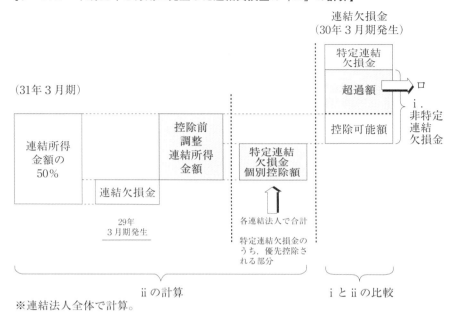

※連結法人全体で計算。

【ケース３：平成30年３月期に発生した連結欠損金の②の計算】

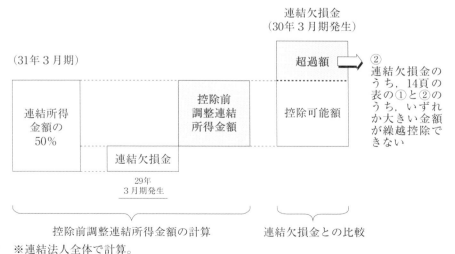

※連結法人全体で計算。

第2章　連結納税特有の取扱い　**17**

(3)　連結欠損金の個別帰属額の計算

　連結欠損金は「連結欠損金個別帰属額」として各連結法人に配分され，連結法人ごとに残高が把握されることとなる（法法81の9⑥⑪）。この各連結法人の連結欠損金個別帰属額は，発生額と繰越控除額ごとに下の図表のように計算される（法令155の21①③）。

　また，この場合，連結欠損金個別帰属額は，発生連結事業年度ごとに特定連結欠損金個別帰属額と非特定連結欠損金個別帰属額に区別して残高が計算されることとなる（法令155の21④⑤）。

　なお，当期に発生した連結欠損金額の個別帰属額のほか，みなし連結欠損金のうち当期に発生したものがある場合は，下表2の連結欠損金個別帰属発生額は，その金額を加算した金額となる（法令155の21①②）。

番号	計算項目	計算方法
1	期首残高	繰越残高
2	連結欠損金個別帰属発生額	当期に連結欠損金額が発生した場合，当該発生額のうち，各連結法人に帰属する連結欠損金個別帰属発生額は次のように計算する（法令155の21①）。 $\text{当期発生連結欠損金額} \times \dfrac{\text{当該連結法人の調整前個別欠損金額}}{\text{各連結法人の調整前個別欠損金額の合計額}}$ なお，調整前個別欠損金額とは，当該連結事業年度の個別帰属損金額が個別帰属益金額を超える場合におけるその超える部分の金額をいう。
3	連結欠損金繰越控除額の個別帰属額	当期に連結欠損金の繰越控除が行われた場合，各連結法人に帰属する連結欠損金繰越控除額の個別帰属額は，連結グループ全体の連結欠損金繰越控除額（連結欠損金から連結欠損金の限度超過額を控除した金額）に基づき，連結欠損金の発生連結事業年度ごとに下記のように計算する。
4	連結欠損金個別帰属額	1 + 2 - 3

18　第1部　税効果会計に係る連結納税制度

〈連結欠損金繰越控除額の個別帰属額の計算方法〉

番号	ケース	条文	計算方法
1	特定連結欠損金がある場合（下記を除く）	連結欠損金の限度超過額の計算において，法法81の9①一イ及びロの合計額が限度超過額となるケース（法法81の9①一かっこ書に該当しないケース）	次のイとロの金額の合計額（ただし，特定連結欠損金のみの場合は，イの金額） イ　次の①と②のいずれか少ない金額（特定連結欠損金個別控除額） ①　当該連結法人の特定連結欠損金個別帰属額 ②　当該連結法人の控除対象個別所得金額(注1) ロ　次の計算式で計算した金額 （連結欠損金繰越控除額－各連結法人のイの金額の合計額）× $\dfrac{\text{当該連結法人の控除前非特定連結欠損金個別帰属額}^{(注2)}}{\text{各連結法人の控除前非特定連結欠損金個別帰属額の合計額}}$
2	特定連結欠損金がある場合（［各連結法人の上記イの合計額＞控除前調整連結所得金額(注3)］の場合）	連結欠損金の限度超過額の計算において，法法81の9①一イ及びロの合計額ではなく，法法81の9①二の金額が限度超過額となるケース（法法81の9①一かっこ書に該当するケース）	次の計算式で計算した金額 連結欠損金繰越控除額 × $\dfrac{\text{当該連結法人の上記イで計算されるいずれか少ない金額}}{\text{各連結法人の上記イで計算されるいずれか少ない金額の合計額}}$
3	特定連結欠損金がない場合	連結欠損金の限度超過額の計算において，法法81の9①二の金額が限度超過額となるケース	次の計算式で計算した金額 連結欠損金繰越控除額 × $\dfrac{\text{当該連結法人の控除前連結欠損金個別帰属額}}{\text{各連結法人の控除前連結欠損金個別帰属額の合計額}}$

注1：「控除対象個別所得金額」とは，連結法人の個別所得金額のうち，既に当該特定連結欠損金個別帰属額の発生連結事業年度前に発生した連結欠損金と相殺された金額を除外した控除未済の個別所得金額をいう（法法81の9①一イ）。

注2：「非特定連結欠損金個別帰属額」とは，連結欠損金個別帰属額から特定連結欠損金個別帰属額を控除した金額をいう。

注3：「控除前調整連結所得金額」とは，連結所得金額の50％のうち，既に当該連結欠損金の発生連結事業年度前に発生した連結欠損金と相殺された金額を除外した控除未済の連結所得をいう。

第2章 連結納税特有の取扱い 19

2-3 時価評価の取扱い

2-3-1 時価評価制度の概要

　連結納税を開始する場合，非特定連結子法人は連結開始直前事業年度（単体納税最終事業年度）において対象資産を時価評価し，その評価損益を益金又は損金に算入することとなる（法法61の11①）。

　また，連結子法人が連結納税に加入する場合，非特定連結子法人は連結加入直前事業年度（単体納税最終事業年度）において対象資産を時価評価し，その評価損益を益金又は損金に算入することとなる（法法61の12①）。

2-3-2 時価評価資産

　時価評価の対象となる資産は，連結開始直前事業年度又は連結加入直前事業年度終了の時に有する次に掲げる資産のうち，税務上の帳簿価額が1,000万円未満の資産[注]及び評価損益がその連結子法人の資本金等の額の1／2又は1,000万円のいずれか少ない金額未満の資産を除いたものとなる（法法61の11①・61の12①・法令122の12①，法基通12の3-2-8）。

1	固定資産（国庫補助金・工事負担金等の特例の適用を受けた減価償却資産を除く）
2	土地（土地の上に存する権利を含み固定資産に該当するものを除く）
3	有価証券（売買目的有価証券・償還有価証券を除く）
4	金銭債権
5	繰延資産

注：平成29年10月1日以後に終了する事業年度終了の時に有する資産に限る（法令122の12①四，平成29年改正法令附則1一，15）。

2-4 連結子法人株式の帳簿価額の修正の取扱い

　連結納税では，適用期間中の連結子法人の利益又は損失に相当する金額について，連結親法人及び連結子法人が保有する連結子法人株式の帳簿価額を修正することにより，連結子法人株式を譲渡した際の二重課税及び二重控除の排除をする仕組みとなっている（法令9①六・9の2①四）。

そして，連結子法人株式の帳簿価額は，連結法人間の譲渡，評価換え，連結法人以外への譲渡など一定の場合に申告書において修正を行うこととなる。譲渡等修正事由は次のとおりである（法令9②・9の2②）。

i	連結子法人株式が連結グループ内で譲渡された場合
ii	連結子法人株式について法人税法で定める評価換え等（法法25②③・33②③④）が生じた場合
iii	連結子法人株式が連結グループ外に譲渡される場合など，連結子法人の離脱等により連結子法人とその連結子法人株式を所有する連結法人との間に連結完全支配関係がなくなる場合
iv	連結子法人株式を発行する連結子法人にみなし配当が生じる事由が発生する場合（法法24①）
v	帳簿価額の修正対象となる連結子法人株式を所有する連結法人の株式について，上記 i～ivの事由が生じた場合（つまり，連結子法人株式を所有する連結子法人が連結納税から離脱する場合等をいう）

また，譲渡等修正事由が発生した場合の連結子法人の帳簿価額修正額は，次のように計算される（法令9③④・9の2③）。

注1：「修正対象となる連結子法人が所有する連結子法人株式の帳簿価額修正額」とは，連結子法人株式の帳簿価額の修正を行う連結法人の孫法人株式に係る帳簿価額の修正額をいう。
注2：既修正等額とは，連結子法人株式について，過去に帳簿価額の修正があった場合の既に修正対象となった金額（連結個別利益積立金額の増減額）をいう。

2-5　連結法人税の個別帰属額の計算

2-5-1　連結法人税の個別帰属額の計算

連結グループ全体の連結所得に対して法人税率を乗じて計算した連結法人税は，各連結法人で発生した個別所得金額（個別欠損金額）に対応する法人税相当額を基礎にして各連結法人に配分されることとなる。この配分された金額を

連結法人税の個別帰属額という（法法81の18①）。

連結法人税の個別帰属額は，次のように計算される（法法81の18①②）。

① 連結所得金額がゼロ又はプラスの場合

i プラスの所得が発生した連結法人

| 連結法人税の個別帰属額
（プラス：支払額，マイナス：
受取額） | = | 連結法人の
個別所得金額
（プラス） | × | 税率 | ± | 税務調整金額 |

通常，プラスの所得が発生した連結法人は，連結法人税の個別帰属額もプラスとなり，当該金額を法人税負担額として連結親法人に支払うこととなる。

ii マイナスの所得が発生した連結法人

| 連結法人税の個別帰属額
（プラス：支払額，マイナス：
受取額） | = | 連結法人の
個別欠損金額
（マイナス） | × | 税率 | ± | 税務調整金額 |

通常，マイナスの所得が発生した連結法人は，連結法人税の個別帰属額もマイナスとなり，当該金額を法人税軽減額として連結親法人から受け取ることとなる。

ここで，個別所得金額及び個別欠損金額は，連結欠損金繰越控除額の個別帰属額を損金とした後の金額をいう。

なお，税率は次のように計算される（以下，②に同じ）。

連結親法人	連結所得金額がプラス	連結所得金額が ゼロ又はマイナス
軽減税率不適用法人（法法81の12①⑥）	連結所得に対して適用される税率（23.2%）	連結所得に対して適用される税率（23.2%）
軽減税率適用法人（法法81の12②⑥，措法68の8①）	連結所得に対する税金負担率（＝連結法人税÷連結所得）	軽減税率（15%）

また，税務調整金額は，連結留保税額，所得税額控除，外国税額控除，連結欠損金の繰戻還付，試験研究費の税額控除等の個別帰属額をいう（以下，②に

22　第1部■税効果会計に係る連結納税制度

同じ）。

②　連結所得金額がマイナスの場合（連結欠損金額が発生する場合）

　　i　プラスの所得が発生した連結法人

連結法人税の個別帰属額（プラス：支払額，マイナス：受取額）	＝	連結法人の個別所得金額（プラス）	×	税率	±	税務調整金額

　　通常，プラスの所得が発生した連結法人は，連結法人税の個別帰属額もプラスとなり，当該金額を法人税負担額として連結親法人に支払うこととなる。

　　ii　マイナスの所得が発生した連結法人

連結法人税の個別帰属額（プラス：支払額，マイナス：受取額）	＝	（連結法人の個別欠損金額（マイナス）＋連結欠損金個別帰属発生額（プラス））	×税率±税務調整金額

　　連結法人で発生した赤字のうち，損益通算により連結法人税の軽減につながった，つまり，他の連結法人の個別所得金額と相殺された個別欠損金額のみを配分の対象としている。その結果，通常，マイナスの所得が発生した連結法人は，損益通算により解消された個別欠損金額を限度として，当該個別欠損金額に対応する連結法人税の個別帰属額を連結親法人から受け取ることとなる。

2-5-2　連結地方法人税の個別帰属額の計算

　　連結地方法人税額は，各課税事業年度の「基準法人税額」に4.4％の税率を乗じて計算した金額となるが，連結親法人の「基準法人税額」は，各連結事業年度の連結所得金額に対する所得税額控除額及び外国税額控除額を控除する前の連結法人税額とされている（地法法5・6三・9・10。ただし，附帯税の額を除く）。つまり，連結納税の場合の地方法人税額は，連結納税グループ全体の連結法人税額に対して4.4％を乗じて計算される。

　　この連結納税グループ全体の地方法人税額については，「2-5-1」と同様に，

第2章　連結納税特有の取扱い　　**23**

各連結法人で発生した連結所得に係る個別所得金額又は個別欠損金額に法人税率23.2％を乗じた金額（プラス又はマイナスの連結法人税個別帰属額）に4.4％を乗じて計算した金額から税務調整金額を加減した金額を，連結地方法人税の個別帰属額として各連結法人に配分することとなる（地法法15，地法法令4）。

　この場合，税務調整金額は，連結地方法人税に係る連結留保税額の個別帰属額（連結留保税額の個別帰属額に4.4％を乗じた額），連結地方法人税に係る外国税額控除の個別帰属額，連結地方法人税に係る連結欠損金の繰戻還付の個別帰属額（連結欠損金の繰戻還付の個別帰属額に4.4％を乗じた額），連結地方法人税に係る試験研究費の税額控除の個別帰属額（試験研究費の税額控除の個別帰属額に4.4％を乗じた額）等をいう。

24　第1部　税効果会計に係る連結納税制度

第3章
地方税の取扱い

3-1　連結納税における地方税の取扱い

　地方税（住民税及び事業税）には，連結納税制度が適用されないため，単体納税と同様に各連結法人ごとに，かつ，繰越欠損金の切捨てや損益通算を行わずに地方税額が計算されることとなる。

　一方で，地方税の課税標準は，連結納税によって算出された法人税割や個別所得を利用するため，繰越欠損金の切捨て及び損益通算以外の取扱いは連結納税の取扱いによることとなる。

　連結納税を採用している場合でも，単体納税と同じ取扱いとなる地方税の取扱いは次のとおりである。

- 各連結法人ごとに地方税の申告納付を行う。
- 連結グループ内の所得と欠損の損益通算ができない。
- 連結納税の開始前又は加入前の繰越欠損金の損益通算ができない。
- 連結納税の開始前又は加入前の連結子法人の繰越欠損金が切り捨てられない。
- 住民税（法人税割）の課税標準は連結法人税の個別帰属額，事業税（所得割）の課税標準は連結所得の個別帰属額を基礎に計算される。

3-2　連結納税による住民税の計算方法

　住民税は，次の①から②及び③の合計額を控除して計算した課税標準に，住民税率を乗じて計算される。

　なお，②控除対象個別帰属税額及び③控除対象個別帰属調整額は住民税に係

る繰越欠損金に相当する。

$$住民税額　＝　\{　①-　（②　+　③）\}　×　住民税率$$

①　個別帰属法人税額

連結欠損金控除後の連結所得に対して計算されたプラスの連結法人税の個別帰属額をいう（地法23①四の二・四の三・292①四の二・四の三）。

なお，ここでいう連結法人税の個別帰属額とは，個別所得金額又は個別欠損金額（連結欠損金額が生じる場合は，連結欠損金個別帰属額を除いた金額）に法人税率を乗じた金額（所得税額控除，外国税額控除等の個別帰属額を控除する前の連結法人税の個別帰属額）をいう（地法23①四の二・四の三・292①四の二・四の三。②で同じ）。

②　控除対象個別帰属税額

過去9年以内に発生したマイナスの連結法人税の個別帰属額となる。これは，過年度の連結法人税の計算において損益通算により解消された欠損金の法人税相当額をいう（地法53⑨・23①四の三・321の8⑨・292①四の三）。

この控除対象個別帰属税額は，発生事業年度の翌事業年度以後9年間繰り越すことが可能となり，その後プラスの個別帰属法人税額と相殺されることとなる。

なお，繰越期間は，平成30年4月1日以後に開始する連結事業年度において生じた控除対象個別帰属税額については10年，平成20年4月1日以後に終了した連結事業年度から平成30年4月1日前に開始する連結事業年度において生じた控除対象個別帰属税額は9年，平成20年4月1日前に終了した連結事業年度において生じた控除対象個別帰属税額は7年となる（地法53⑨・321の8⑨，平成23年12月改正地法附則6④・9④，平成27年改正地法附則1九の二・7④・16⑤）。

③　控除対象個別帰属調整額

連結法人税の計算において連結納税開始又は加入により切り捨てられた繰越欠損金の法人税相当額をいう（地法53⑤⑥・321の8⑤⑥）。この控除対象個別帰属調整額は，切り捨てられた繰越欠損金の発生事業年度の翌事業年度以後9

26　　第1部■税効果会計に係る連結納税制度

年間繰り越すことが可能となり，その後，プラスの個別帰属法人税額と相殺される。

　なお，繰越期間は，平成30年4月1日以後に開始した事業年度において生じた繰越欠損金については10年，平成20年4月1日以後に終了した事業年度から平成30年4月1日前に開始した事業年度において生じた繰越欠損金については9年，平成20年4月1日前に終了した事業年度において生じた繰越欠損金については7年となる（地法53⑤・321の8⑤，平成23年12月改正地法附則6④・9④，平成27年改正地法附則1九の二・7④・16⑤）。

3-3　連結納税による事業税の計算方法

　事業税は，次の①から②を控除して計算した課税標準に，事業税率を乗じて計算される。

$$事業税額　＝　｜（　①　－　②　）｜　×　事業税率$$

①　個別所得金額

　連結法人税における個別所得金額，つまり，連結所得の個別帰属額をいう（地法72の23①）。

②　事業税に係る繰越欠損金

　事業税に係る繰越欠損金は，連結欠損金とは区別して計算されることとなる（地法72の23③）。

　繰越期間は，平成30年4月1日以後に開始した事業年度又は連結事業年度において生じた繰越欠損金については10年，平成20年4月1日以後に終了した事業年度又は連結事業年度から平成30年4月1日前に開始した事業年度又は連結事業年度において生じた繰越欠損金については9年，平成20年4月1日前に終了した事業年度又は連結事業年度において生じた繰越欠損金については7年となる（地法72の23①②④⑤，地令20の3②，平成23年12月改正地法附則7②，平成27年改正地法附則1九の二・9②）。

　また，個別所得金額から控除できる繰越欠損金は，平成27年4月1日から平

成28年３月31日の間に開始する連結事業年度は個別所得金額の65％，平成28年４月１日から平成29年３月31日の間に開始する連結事業年度は個別所得金額の60％，平成29年４月１日から平成30年３月31日の間に開始する連結事業年度は個別所得金額の55％，平成30年４月１日以後に開始する連結事業年度は個別所得金額の50％となる（地法72の23①②，地令20の３②④）。

第 **2** 部

単体納税における
税効果会計

第1章 税効果会計とは

【税効果会計とは……】

税効果会計の仕訳

繰延税金資産	法人税等調整額
貸借対照表からみると…	損益計算書からみると…

税効果会計とは？
将来の税金減少効果(税金の減少額)を資産計上する会計

税効果会計とは？
税引前当期純利益と税金費用を合理的に対応させる会計

1-1 税効果会計の目的

　税効果会計とは,企業会計上の資産又は負債の額と課税所得計算上の資産又は負債の額に相違がある場合において,法人税等の額を適切に期間配分することにより,税引前当期純利益と法人税等を合理的に対応させることを目的とする会計処理である(税効果会計基準第一)。

　具体的には32頁のように会計と税務の乖離である税務上の加算・減算調整項目に法定実効税率を乗じた額を法人税等調整額に計上することにより,税引前当期純利益が同額の場合は,税引後当期純利益も同額になるように税金費用を計算するための会計処理をいう。

1-2 法定実効税率

　税効果の対象となる会計と税務の乖離に乗じる繰延税金資産及び繰延税金負

債を計算するための法定実効税率は法人税，住民税，事業税をまとめて33頁のように計算される（適用指針第28号４⑾）。

　ここで，繰延税金資産又は繰延税金負債の金額は，回収又は支払が行われると見込まれる期（将来減算一時差異等及び将来加算一時差異の解消年度）の税率に基づいて計算することとされているため（税効果会計基準第二．二．２），将来の事業年度ごとに法定実効税率が異なる場合は，解消年度ごとの将来減算一時差異等及び将来加算一時差異の解消額に対して，当該解消年度で適用される法定実効税率を乗じて繰延税金資産を計算する必要がある。

　また，税効果会計上で適用する税率は決算日において国会で成立している税法に規定されている税率による（適用指針第28号46・47）。したがって，改正税法が当該決算日までに国会で成立しており，将来の解消年度ごとの適用税率が確定している場合は解消年度ごとに改正後の税率を適用する。

　なお，改正地方税法が決算日までに国会で成立しているが，改正条例は決算日までに地方公共団体の議会等で成立していない場合，改正前の条例が標準税率で課税することが規定されている場合は改正地方税法で定める標準税率を使用し，改正前の条例が超過税率で課税することが規定されている場合は，ⅰ）改正地方税法で定める標準税率に改正前の超過している税率を加算する方法（新標準税率＋旧超過税率－旧標準税率），又は，ⅱ）改正地方税法で定める標準税率に超過割合を乗じる方法（新標準税率×旧超過税率／旧標準税率）のいずれかによって計算される税率（改正地方税法で規定する制限税率を限度とする）を使用する（適用指針第28号48・49）。

　そして，法人税等について税率の変更があった場合には，過年度に計上された繰延税金資産及び繰延税金負債を新たな税率に基づき再計算するものとし（税効果会計基準注６），税率変更による繰延税金資産及び繰延税金負債の計上額の変動は次のように修正される（税効果会計基準注７）。

ⅰ　通常の税効果（税効果相当額を損益計算書に計上する場合）

　税率の変更が行われた結果生じた繰延税金資産及び繰延税金負債の修正差額は，損益計算書上，法人税等調整額に加減して処理する。

ⅱ　評価差額に対する税効果（税効果相当額を直接純資産の部に計上する場合）

　資産又は負債の評価替えにより生じた評価差額が直接純資産の部に計上され

る場合において，当該評価差額に係る繰延税金資産及び繰延税金負債の金額を修正したとき，修正差額を評価差額に加減して処理するものとする。

【税効果会計の仕組み】

第1章　税効果会計とは　　**33**

【図表】 単体納税適用会社の法定実効税率

---

① 平成28年4月1日以後開始事業年度

$$法定実効税率 = \frac{法人税率 \times (1+地方法人税率) + 法人税率 \times 住民税率 + 事業税率 + 事業税率（標準）\times 地方法人特別税率}{1 + 事業税率 + 事業税率（標準）\times 地方法人特別税率}$$

〈計算例〉

ケース1	ケース2	ケース3	ケース4
外形標準課税がある場合（東京都／最高税率）	外形標準課税がない場合（東京都／最高税率）	外形標準課税がある場合（住民税：制限税率／事業税：標準税率）	外形標準課税がない場合（住民税及び事業税：標準税率）
法人税率＝23.4% 地方法人税率＝4.4% 住民税率＝16.3% 事業税率＝0.88% 事業税率（標準）＝0.70% 地方法人特別税率＝414.2%	法人税率＝23.4% 地方法人税率＝4.4% 住民税率＝16.3% 事業税率＝7.18% 事業税率（標準）＝6.70% 地方法人特別税率＝43.2%	法人税率＝23.4% 地方法人税率＝4.4% 住民税率＝16.3% 事業税率＝0.70% 事業税率（標準）＝0.70% 地方法人特別税率＝414.2%	法人税率＝23.4% 地方法人税率＝4.4% 住民税率＝12.9% 事業税率＝6.70% 事業税率（標準）＝6.70% 地方法人特別税率＝43.2%
法定実効税率（注）＝30.857%	法定実効税率＝34.811%	法定実効税率＝30.737%	法定実効税率＝33.800%

（注）小数点以下第4位を四捨五入している。以下，②③で同じ。

---

② 平成30年4月1日以後開始事業年度

$$法定実効税率 = \frac{法人税率 \times (1+地方法人税率) + 法人税率 \times 住民税率 + 事業税率 + 事業税率（標準）\times 地方法人特別税率}{1 + 事業税率 + 事業税率（標準）\times 地方法人特別税率}$$

〈計算例〉

ケース1	ケース2	ケース3	ケース4
外形標準課税がある場合（東京都／最高税率）	外形標準課税がない場合（東京都／最高税率）	外形標準課税がある場合（住民税：制限税率／事業税：標準税率）	外形標準課税がない場合（住民税及び事業税：標準税率）
法人税率＝23.2% 地方法人税率＝4.4% 住民税率＝16.3% 事業税率＝0.88% 事業税率（標準）＝0.70% 地方法人特別税率＝414.2%	法人税率＝23.2% 地方法人税率＝4.4% 住民税率＝16.3% 事業税率＝7.18% 事業税率（標準）＝6.70% 地方法人特別税率＝43.2%	法人税率＝23.2% 地方法人税率＝4.4% 住民税率＝16.3% 事業税率＝0.70% 事業税率（標準）＝0.70% 地方法人特別税率＝414.2%	法人税率＝23.2% 地方法人税率＝4.4% 住民税率＝12.9% 事業税率＝6.70% 事業税率（標準）＝6.70% 地方法人特別税率＝43.2%
法定実効税率（注）＝30.624%	法定実効税率＝34.592%	法定実効税率＝30.504%	法定実効税率＝33.586%

34　第２部　単体納税における税効果会計

③　平成31年10月１日以後開始事業年度

$$法定実効税率 = \frac{法人税率 \times (1 + 住民税率 + 地方法人税率) + 事業税率}{1 + 事業税率}$$

〈計算例〉

ケース１	ケース２	ケース３	ケース４
外形標準課税がある場合 （東京都／最高税率）	外形標準課税がない場合 （東京都／最高税率）	外形標準課税がある場合 （住民税：制限税率 ／事業税：標準税率）	外形標準課税がない場合 （住民税及び事業税： 標準税率）
法人税率＝23.2% 地方法人税率＝10.3% 住民税率＝10.4% 事業税率＝3.78%	法人税率＝23.2% 地方法人税率＝10.3% 住民税率＝10.4% 事業税率＝10.08%	法人税率＝23.2% 地方法人税率＝10.3% 住民税率＝10.4% 事業税率＝3.60%	法人税率＝23.2% 地方法人税率＝10.3% 住民税率＝7.0% 事業税率＝9.60%
法定実効税率（注）＝30.625%	法定実効税率＝34.595%	法定実効税率＝30.504%	法定実効税率＝33.589%

1-3　一時差異等

　会計と税務の乖離のうち，繰延税金資産及び繰延税金負債の計上の対象となるものを一時差異等という。

　また，会計と税務の乖離であるが，繰延税金資産及び繰延税金負債の計上の対象とならないものを永久差異という。

　ここで一時差異とは，貸借対照表に計上されている資産及び負債の金額と課税所得計算上の資産及び負債の金額との差額をいう。

　具体的には一時差異は次のような場合に生じる（税効果会計基準第二．一．２）。

①　収益又は費用の帰属年度が相違した場合。

②　資産の評価替えにより生じた評価差額が直接純資産の部に計上され，かつ，課税所得の計算に含まれていない場合。

　また，一時差異には次の２つの種類がある（税効果会計基準第二．一．３，注解２・３，適用指針第28号４(3)(4)・84・85）。

①　将来減算一時差異

　当該一時差異が解消するときにその期の課税所得を減額する効果のあるもの。

第1章　税効果会計とは　35

【将来減算一時差異】

一時差異	なぜ乖離が生じるのか？	乖離が解消されるのは？
貸倒引当金繰入限度超過額	会計は金融商品会計基準により引き当てるが，税務は税法及び通達に従い一定限度額までしか引当てできない	税務上の引当要件及び貸倒れ要件を満たしたとき
退職給付引当金	会計は発生主義，税務は現金主義	支払ったとき又は債務の確定時
賞与引当金	会計は発生主義，税務は現金主義	支払ったとき又は債務の確定時
減価償却限度超過額	会計は減損や耐用年数の短縮があるが，税法は法定耐用年数により償却限度額までしか償却ができない	法定償却により償却不足額が発生するとき又は除却するとき
棚卸資産評価損	会計は実質的に陳腐化又は滞留している場合は評価損を計上するが，税務上は損金計上の要件が定められている	税法の要件を満たしたとき又は処分したとき
事業税等	会計は発生主義であるが，税務は現金主義	支払ったとき又は申告書提出日
資産除去債務	会計では資産除去債務を取得時に計上するが，税務では除却時に資産除去費用が損金算入されるため，会計仕訳「有形固定資産／資産除去債務」の貸方が将来減算一時差異となる。	税法の要件を満たしたとき又は廃棄したとき
有価証券評価損 有価証券評価差額金（損）	会計と税務で減損に関する回復可能性の判断基準が異なる場合がある 　また，会計は金融商品会計基準に従い，投資有価証券の評価損益を純資産の部に計上するが，税務は評価替えをしない	税法の要件を満たしたとき又は処分したとき
・・・等々		

36 第2部 単体納税における税効果会計

② 将来加算一時差異

当該一時差異が解消するときにその期の課税所得を増額する効果のあるもの。

【将来加算一時差異】

一時差異	なぜ乖離が生じるのか？	乖離が解消されるのは？
租税特別措置法上の特別償却準備金	会計は圧縮記帳や特別償却が認められず，原始取得価額による通常償却で処理される	特別償却準備金を取り崩すとき
有形固定資産 （資産除去債務）	会計では資産除去債務を取得時に計上するが，税務では除却時に資産除去費用が損金算入されるため，会計仕訳「有形固定資産／資産除去債務」の借方が将来加算一時差異となる。	減価償却をしたとき又は廃棄したとき
有価証券評価差額金（益）	会計は金融商品会計基準に従い，投資有価証券の評価損益を純資産の部に計上するが，税務は評価替えをしない	処分したとき
・・・等々		

また，一時差異等の「等」とは，一時差異ではないが，将来の解消年度に課税所得又は税額に増減効果を与える「一時差異に準じるもの」をいう。この一時差異に準じるものは，次のものをいい一時差異と同様に繰延税金資産及び繰延税金負債の計上対象となる（適用指針第28号4(3)・76)。

　i 繰越欠損金

税務上の繰越欠損金は，繰越期間内に課税所得が生じた場合には，課税所得を減額することができる。その結果，課税所得が生じた年度の法人税等として納付すべき額は，税務上の繰越欠損金が存在しない場合に比べて軽減されるため，一時差異に準ずるものとして取り扱う。

　ii 繰越外国税額控除

税務上の繰越外国税額控除が発生した場合（控除対象となる外国法人税等の

第1章　税効果会計とは　　**37**

【一時差異の発生と解消】

差異発生＝所得増加			差異解消＝所得減少

PL	X1年度	X2年度
税引前当期純利益	7,000	7,000
法人税，住民税及び事業税	4,200	0
当期純利益	2,800	7,000
税金の計算	X1年度	X2年度
税引前当期純利益	7,000	7,000
賞与引当金	2,000	▲2,000
事業税等	1,500	▲1,500
貸倒引当金	3,000	▲3,000
退職給付引当金	3,000	▲3,000
特別償却準備金	▲2,500	2,500
課税所得	14,000	0
税率	30%	30%
法人税，住民税及び事業税	4,200	0

差異発生＝所得減少			差異解消＝所得増加

額が外国税額控除限度額を超える場合）には，翌期以降の繰越可能な期間に発生する外国税額控除余裕額（控除対象となる外国法人税等の額があるときはその金額を外国税額控除限度額から控除後）を限度として税額を控除することが認められることから，繰越外国税額控除についても一時差異に準ずるものとする。

1-4　永久差異

会計と税務の乖離のうち，繰延税金資産及び繰延税金負債の計上の対象となるものを一時差異等というのに対して，会計と税務の乖離であるが，繰延税金資産及び繰延税金負債の計上の対象とならないものを永久差異という（適用指針第28号77）。

つまり，永久差異とは，会計では収益又は費用となるが，税務上は，発生年度の課税所得又は税額のみに影響を与える項目であり，将来の課税所得又は税

額を増額あるいは減額する効果がないため，繰延税金資産及び繰延税金負債の計上対象となる一時差異等には該当せず，税効果会計の対象とはならない。

【永久差異】

永久差異	なぜ乖離が生じるのか？	乖離が解消されるのは？
交際費	原則として税務上は損金として認められない	発生事業年度に税務上損金に認められなければ永久に損金にならない
受取配当金	原則として税務上，益金とならない	発生事業年度に税務上益金に認められなければ永久に益金にならない
寄附金	一定の金額以上は，税務上は損金として認められない	発生事業年度に税務上損金に認められなければ永久に損金にならない
役員賞与	税務上は役員賞与，過大な役員給与は損金として認められない	発生事業年度に税務上損金に認められなければ永久に損金にならない
加算税・延滞税等	税務上は損金として認められない	発生事業年度に税務上損金に認められなければ永久に損金にならない
・・・等々		

【永久差異の発生】

X1年度のみに影響＝
永久に差異は解消されない

PL	X1年度	・・・・・	X10年度
税引前当期純利益	7,000		7,000
法人税，住民税及び事業税	2,250		2,100
当期純利益	4,750		4,900
税金の計算	X1年度	・・・・・	X10年度
税引前当期純利益	7,000		7,000
交際費の損金不算入額	600		－
受取配当金の益金不算入額	▲400		－
加算税・延滞税	300		－
課税所得	7,500		7,000
税率	30%		30%
法人税，住民税及び事業税	2,250		2,100

第1章　税効果会計とは　　**39**

【永久差異のある場合の税効果会計】

税効果の対象にならない永久差異1,500により税金負担率が52.5%になっている

（損益計算書）		A社
税引前当期純利益		2,000
法人税，住民税及び事業税	1,350	
法人税等調整額	▲300	1,050
当期純利益		950

（税金計算）		
税引前当期純利益		2,000
一時差異（貸倒引当金否認）		1,000
永久差異（交際費の損金不算入）		1,500
課税所得（a）		4,500
法人税，住民税及び事業税 （a×30%）		1,350

（法人税等調整額の計算）	
一時差異（b）	1,000
法人税等調整額（b×30%）	300

40　第2部　単体納税における税効果会計

第2章
繰延税金資産及び繰延税金負債の計算方法

2-1　繰延税金資産及び繰延税金負債とは

　税効果会計では，税金費用の調整額を「繰延税金資産」「繰延税金負債」というBS科目と「法人税等調整額」というPL科目で財務諸表に計上することになる（税効果会計基準第二.二.3，適用指針第28号9）。

［通常の会計仕訳］
繰延税金資産（BS）　　　　　　　×××　／　法人税等調整額（PL）

［有価証券評価差額金の会計仕訳］
繰延税金資産（BS）　　　　　　　×××　／　有価証券評価差額金（純資産の部）

---

① **繰延税金資産（BS）**
　将来減算一時差異及び税務上の繰越欠損金等に対しては繰延税金資産を計上する。
　【将来の減額効果】
　　　→将来減算一時差異・繰越欠損金等に対する税効果
　　　→繰延税金資産として資産計上
② **繰延税金負債（BS）**
　将来加算一時差異に対しては繰延税金負債を計上する。
　【将来の増額効果】
　　　→将来加算一時差異に対する税効果
　　　→繰延税金負債として負債計上

2-2　繰延税金資産及び繰延税金負債の計算方法

　繰延税金資産及び繰延税金負債は次のように計算される。そして，この繰延税金資産のうち，回収可能性があると判断されたものが貸借対照表に計上される（回収可能性については，第4章参照）。

2-2-1 繰延税金資産及び繰延税金負債の計算方法

繰延税金資産又は繰延税金負債の金額は、回収又は支払が行われると見込まれる期の税率に基づいて計算するとされているため（税効果会計基準第二．二．2），将来の事業年度ごとに法定実効税率が異なる場合は、解消年度ごとの将来減算一時差異等及び将来加算一時差異の解消額に対して、当該解消年度で適用される法定実効税率を乗じて繰延税金資産及び繰延税金負債を計算することとなる

税金の減少額は、将来減算一時差異等が実際に損金になった時の税率で計算しないと正確でないから！

解消年度ごとに将来減算一時差異等の解消額を区分することを「スケジューリング」という。

繰延税金資産（1年目）=
（将来減算一時差異の解消額＋繰越欠損金等の解消額）×解消年度の法定実効税率

繰延税金資産（2年目）=
（将来減算一時差異の解消額＋繰越欠損金等の解消額）×解消年度の法定実効税率

繰延税金資産（3年目）=
（将来減算一時差異の解消額＋繰越欠損金等の解消額）×解消年度の法定実効税率

繰延税金資産（合計）

繰延税金負債（1年目）= 将来加算一時差異の解消額 × 解消年度の法定実効税率

繰延税金負債（2年目）= 将来加算一時差異の解消額 × 解消年度の法定実効税率

繰延税金負債（3年目）= 将来加算一時差異の解消額 × 解消年度の法定実効税率

繰延税金負債（合計）

【繰延税金資産の計算】

将来減算一時差異等	期末残高(H29.3)	スケジューリング（解消額）							長期の将来減算一時差異	スケジューリング不能差異
		スケジューリング可能差異								
		1年目(H30.3期)	2年目(H31.3期)	3年目(H32.3期)	4年目(H33.3期)	5年目(H34.3期)	6年目以降(H35.3期~)			
賞与引当金否認	8,000,000	8,000,000	0	0	0	0	0		0
ソフトウェア償却費否認	10,000,000	1,000,000	2,000,000	2,000,000	2,000,000	2,000,000	1,000,000		
退職給付引当金	20,000,000	0	0	0	0	0	0	20,000,000	0
減損損失（土地）	30,000,000	0	0	0	0	0	0		30,000,000
将来減算一時差異等計(a)	68,000,000	9,000,000	2,000,000	2,000,000	2,000,000	2,000,000	1,000,000	20,000,000	30,000,000
法定実効税率(b)	—	30.85%	30.62%	30.62%	30.62%	30.62%	30.62%	30.62%	30.62%
繰延税金資産 (a)×(b)	20,842,300	2,776,500	612,400	612,400	612,400	612,400	306,200	6,124,000	9,186,000

※　なお，繰越欠損金に乗じる法定実効税率は，解消年度ごとの繰越欠損金の使用額に
その解消年度の法定実効税率を乗じて繰延税金資産の計算をする。

【繰延税金負債の計算】

将来加算一時差異	期末残高(H29.3)	スケジューリング（解消額）							スケジューリング不能差異
		スケジューリング可能差異							
		1年目(H30.3期)	2年目(H31.3期)	3年目(H32.3期)	4年目(H33.3期)	5年目(H34.3期)	6年目以降(H35.3期~)		
有形固定資産（資産除去債務）	7,000,000	1,000,000	1,000,000	1,000,000	1,000,000	1,000,000	2,000,000		0
将来加算一時差異計(a)	7,000,000	1,000,000	1,000,000	1,000,000	1,000,000	1,000,000	2,000,000		0
法定実効税率(b)	—	30.85%	30.62%	30.62%	30.62%	30.62%	30.62%		30.62%
繰延税金負債 (a)×(b)	2,145,700	308,500	306,200	306,200	306,200	306,200	612,400		0

2-2-2　一時差異の種類と適用される法定実効税率

　将来の事業年度ごとに法定実効税率が異なる場合，解消年度ごとの将来減算
一時差異及び将来加算一時差異の解消額に対して適用される法定実効税率は，
一時差異の種類ごとに，次のように決定される（一時差異の種類の定義につい
ては，適用指針第26号 3(5)(6)・35）。

44　第2部◆単体納税における税効果会計

一時差異の種類	定義	適用される法定実効税率
スケジューリング可能差異	スケジューリングの結果，その解消年度がわかる一時差異（スケジューリングの結果，その解消年度が長期にわたる将来減算一時差異は除く）。	解消年度ごとに定められている法定実効税率
長期の将来減算一時差異	退職給付引当金や建物の減価償却超過額（減損損失に係るものを除く）に係る一時差異のように，スケジューリングの結果，その解消年度が長期となる将来減算一時差異。このような一時差異は，企業が継続する限り，長期にわたるが将来解消され，将来の税金負担額を軽減する効果を有する。	段階的に法定実効税率の引き下げが改正税法で定められている場合は，そのうち，税率が変更される最終事業年度の法定実効税率を適用するものと考えられる（ただし，スケジューリング期間を超えるものに限る）。スケジューリング期間内の解消額はスケジューリング可能差異と同じく解消年度ごとの法定実効税率となる。
スケジューリング不能差異	将来解消年度が不明な一時差異 ① 将来の一定の事実が発生することによって，税務上損金又は益金算入の要件を充足することが見込まれる一時差異 ② 会社による将来の一定の行為の実施について意思決定又は実施計画等の存在により，税務上損金又は益金算入の要件を充足することが見込まれる一時差異 のうち，将来の一定の事実の発生が見込めないこと，あるいは，会社による将来の一定の行為の実施についての意思決定又は実施計画等が存在しないことにより，税務上の損金又は益金算入時期が明確でない場合は，スケジューリングが不能な一時差異に該当する。	段階的に法定実効税率の引き下げが改正税法で定められている場合は，そのうち，税率が変更される最終事業年度の法定実効税率を適用するものと考えられる。

2-3　一時差異等の集計方法

　繰延税金資産及び繰延税金負債の計上対象となる一時差異等の金額は，次のように法人税申告書の別表等から把握する。

【一時差異等の集計資料】

差異の種類	数値が把握できる別表
一時差異（未払事業税等以外）	別表五（一）
未払事業税等	未払事業税等のBS計上額
繰越欠損金	別表七
外国税額控除	別表六（三）
永久差異	別表四の社外流出

また，法人税申告書と繰延税金資産及び繰延税金負債の計算シートの関係は次のようになる。

【法人税申告書と一時差異の関係図】

46 第2部 単体納税における税効果会計

第3章
繰延税金資産及び繰延税金負債の会計処理

3-1 通常の税効果（税効果相当額を損益計算書に計上する場合）

損益計算書上は，繰延税金資産及び繰延税金負債の差額を期首と期末で比較した増減額について法人税等調整額として計上する（税効果会計基準第二．二．3，適用指針第28号 9 ）。

> 期末残高 − 期首残高 ＝ 法人税等調整額（PL計上）

■会計処理例
次のように繰延税金資産が計算される場合の会計処理はどうなるのか？

一時差異	期首残高	期末残高
未払事業税等	3,000,000	8,285,700
賞与引当金否認	13,890,700	21,703,700
減価償却超過額	19,865,553	20,253,211
未払事業所税	0	473,400
将来減算一時差異計	36,756,253	50,716,011
法定実効税率	30%	30%
繰延税金資産	11,026,875	15,214,803

■仕訳

法人税等調整額	11,026,875	／	繰延税金資産	11,026,875
繰延税金資産	15,214,803	／	法人税等調整額	15,214,803

第3章　繰延税金資産及び繰延税金負債の会計処理　**47**

3-2　評価差額に対する税効果（税効果相当額を直接純資産の部に計上する場合）

　資産又は負債の評価替えにより生じた評価差額を直接純資産の部に計上する場合には，当該評価差額に係る繰延税金資産又は繰延税金負債の金額を当該評価差額から控除して計上する（税効果会計基準第二．二．3，適用指針第28号9）。

■会計処理例

　投資有価証券に含み益10,000,000が発生した。法定実効税率は30％とする。

■仕訳（前期末残高を戻入後）

投資有価証券	10,000,000	/	有価証券評価差額金 （純資産の部）	10,000,000
有価証券評価差額金	3,000,000	/	繰延税金負債	3,000,000

3-3　繰延税金資産及び繰延税金負債の表示方法

　繰延税金資産及び繰延税金負債等の表示方法は次のとおりである（税効果会計基準一部改正2）。

① 　繰延税金資産は投資その他の資産の区分に表示し，繰延税金負債は固定負債の区分に表示する。

② 　同一納税主体の繰延税金資産と繰延税金負債は，双方を相殺して表示する。異なる納税主体の繰延税金資産と繰延税金負債は，双方を相殺せずに表示する。

第**4**章
繰延税金資産の回収可能性

4-1　繰延税金資産の回収可能性とは

　繰延税金資産は，将来減算一時差異が解消されるときに課税所得を減少させ，税金負担額を軽減することができると認められる範囲内で計上するものとし，その範囲を超える額については控除しなければならない（税効果会計基準第二．二．1，注解5，適用指針第26号7）。

　これは，繰延税金資産とは，将来減算一時差異等が将来，税務上損金として認められたときに税金を減少させる効果を資産計上したものであるため，赤字の会社のように，将来減算一時差異が損金となった場合でも，税金減少効果がない場合は資産計上できないということである。

　例えば，当期において貸倒引当金を計上したが，税務上その一部が損金に算入されなかった場合に，その貸倒引当金は，翌期以降において税務上損金算入の要件を満たしたときに課税所得から減算されることになる。

　ところが，税務上の損金算入が認められる将来の期に税務上欠損金を抱えていると，貸倒引当金の損金算入が行われてもその全部又は一部について税金の軽減効果はなく，単に税務申告書上の欠損金の金額が増額されるだけになってしまう。このような場合は，会計上費用として処理したが，税務上損金として認められない貸倒引当金（将来減算一時差異）に対して繰延税金資産を計上できないこととなる。

第4章　繰延税金資産の回収可能性　　**49**

> 貸倒引当金否認額は，将来の税額を減額する効果を有していない
> ＝回収可能性がない
> ＝繰延税金資産が計上できない

税金の計算	×1年後	………	×5年後
税引前当期純利益	7,000		0
貸倒引当金超過額	3,000		▲3,000
課税所得（▲欠損金）	10,000		▲3,000
税率	30％		30％
法人税，住民税及び事業税	3,000		0

> 繰越欠損金が増加しただけで税負担の減額効果はない
> ＝回収可能性はない

> 「繰延税金資産＜税金」である場合に，
> 回収可能性があると判断される

　これを「繰延税金資産の回収可能性」といい，実務上，資産計上できる繰延税金資産の回収可能額は，具体的には「繰延税金資産の回収可能性に関する適用指針（企業会計基準適用指針第26号）」で定められている方法に従い計算されている。

　また，この繰延税金資産の回収可能性は毎期見直しを行わなければならない（税効果会計基準第二．二．1）。

4-2　繰延税金資産の回収可能性の要件とは

　繰延税金資産が将来，税負担を軽減する効果を有するためには将来減算一時差異，繰越欠損金の解消年度において十分な課税所得の発生が見込まれていなくてはならない。

　この課税所得の発生見込みは，次の要件のいずれかを満たしているかどうかにより判断される（適用指針第26号6・7）。

① **収益力に基づく課税所得の十分性**

　将来減算一時差異の解消年度や繰越欠損金の繰越期間に課税所得が十分に発生する可能性が高いと見込まれること。

50 第2部 単体納税における税効果会計

ここで，課税所得が十分に発生する可能性が高いとは，過去の納税状況，将来の業績予測等を総合的に勘案して合理的に見積もることとなる。

② タックス・プランニングの存在

含み益のある固定資産や有価証券を売却するなど，課税所得が発生するタックス・プランニングが存在すること。

③ 将来加算一時差異の十分性

将来減算一時差異の解消年度や繰越欠損金の繰越期間に将来加算一時差異の解消が見込まれること。

4-3 繰延税金資産の回収可能性の判断手順（スケジューリング）

回収可能性の判断要件の具体的適用手順については，次のとおりとなる（適用指針第26号11）。

手順	内　　　容
No.1	将来減算一時差異のスケジューリングを行う
No.2	将来加算一時差異のスケジューリングを行う
No.3	上記1と2を相殺する
No.4	上記3で相殺できなかった将来減算一時差異は，繰越欠損金の繰越期間内の将来加算一時差異（3で相殺後）と相殺する
No.5	上記4で残る将来減算一時差異は，将来の課税所得（タックスプランニングを含む）と相殺する
No.6	上記5で相殺できなかった将来減算一時差異は繰越欠損金の繰越期間内の課税所得（5で相殺後）と相殺する
No.7	上記1から6により相殺し切れなかった将来減算一時差異に係る繰延税金資産の回収可能性はないものとし，繰延税金資産から控除する。

上記No.3及びNo.4のとおり，将来減算一時差異について，将来の課税所得が見込まれない場合又は将来の課税所得の見積期間（スケジューリング期間）を超える場合であっても，少なくとも将来加算一時差異の解消見込額と相殺できる部分（繰越欠損金の繰越期間で相殺できる部分を含む）については，回収可能となる（「4－11」の「分類4のケース2（65頁）」参照）。

ただし，将来加算一時差異が重要でない場合，上記No.3～No.7に従った方

法によるほか，事業年度ごとに課税所得の見積額及び将来加算一時差異の解消見込額を合計して，将来減算一時差異の事業年度ごとの解消見込額と比較し，繰延税金資産の回収可能性を判断することができる（適用指針第26号12。「4－11」の「分類3のケース（63頁）」，「分類4のケース1　（64頁）」，「分類5のケース（66頁）」参照）。

この場合，将来の課税所得の見積期間（スケジューリング期間）を超える将来減算一時差異の解消見込額は，同期間に将来加算一時差異の解消見込額があっても回収不能となる（企業分類①及び②に該当する場合を除く）。

特段の断りのない限り，第3部で紹介するケーススタディでは，この後者の方法によって，繰延税金資産の回収可能額を計算することにしている。

なお，繰越欠損金を有する場合，その繰越期間にわたって，将来の課税所得の見積額（税務上の繰越欠損金控除前）に基づき，繰越欠損金の控除見込年度及び控除見込額のスケジューリングを行い，回収が見込まれる金額を繰延税金資産として計上する。

この場合，企業分類が①又は②であっても，繰越欠損金についてはスケジューリングの結果で回収可能性が判断される。

以上のように，将来の課税所得（将来加算一時差異を含む）と将来減算一時差異等の解消額を比較して，将来の課税所得の範囲で将来減算一時差異等を回収可能であると判断する回収可能額の計算方法を「スケジューリング」という。

4-4　将来年度の課税所得の見積額による繰延税金資産の回収可能性を過去の業績等（企業分類）に基づいて判断する場合の指針

このように繰延税金資産の回収可能性の判断基準は，将来の会社の収益力（課税所得）であるが，将来の収益力を客観的に判断することが実務上困難な場合が多い。そこで，過去の業績等に基づく判断基準として，過去の業績により会社をランク付けして将来減算一時差異等の種類や解消時期により，繰延税金資産の回収可能額を計算するという方法が実務上採用されている（適用指針第26号15）。この繰延税金資産の回収可能額を計算するための会社のランクを「企業分類」という。繰延税金資産の回収可能額の計算は，この企業分類の決

定から始まる。

　繰延税金資産の回収可能性の判断基準となる企業分類は過去の業績等の状況に応じて88頁のように決定される（適用指針第26号16〜31）。

　88頁の企業分類の判定を行った後に，「4-3」で解説したスケジューリング（解消年度ごとに将来の課税所得が将来減算一時差異等の解消額を上回る場合に，将来減算一時差異等を回収可能とする繰延税金資産の回収可能額の計算方法）を行うこととなる。そして，スケジューリングの結果に基づき，88頁のように企業分類ごとの繰延税金資産の回収可能性の判断指針に従って，最終的な回収可能額を決定することとなる。

4-5　スケジューリングで利用する将来の課税所得

　以上の企業分類の判定を行った後に「4-3」で解説したスケジューリング（解消年度ごとに将来の課税所得が将来減算一時差異等の解消額を上回る場合に，将来減算一時差異等を回収可能とする繰延税金資産の回収可能額の計算方法）を行うこととなるが，スケジューリングによる回収可能額の計算根拠となる将来の課税所得は，実現可能，かつ，合理的なものでなければならない。そして，この将来の課税所得を合理的に見積もるポイントは95頁のとおりとなる（適用指針第26号32）。

4-6　スケジューリング不能差異の回収可能性の取扱い

　企業分類及びスケジューリングにより繰延税金資産の回収可能額を計算するに際して，スケジューリング不能差異（いつ損金や益金になるのかわからない一時差異）の回収可能性は企業分類に従い次のように判断される（適用指針第26号17〜31）。

　なお，次の①又は②のいずれかにより，税務上の損金又は益金算入時期が明確でない一時差異は，スケジューリングが不能な一時差異に該当する（適用指針第26号3(5)）。具体的には，税務上の損金にならない貸倒損失，資産除去債務，有価証券評価損，減損損失（土地）などが対象となる。

①　将来の一定の事実の発生が見込めないこと。
　②　会社による将来の一定の行為の実施についての意思決定又は実施計画等が存在しないこと。

　ただし，将来の一定の事実の発生が見込まれた場合や会社による将来の一定の行為の実施についての意思決定があり又は実施計画等が作成された場合は，税務上の損金算入時期が明確となった時点でスケジューリング可能差異（いつ損金や益金になるのかわかる一時差異）になる。

　また，貸倒引当金等のように，将来発生が見込まれる損失を合理的に見積もったものであるが，その損失の発生時期を個別に特定し，スケジューリングすることが実務上困難な場合には，過去の損金算入実績に将来の合理的な予測を加味した方法等により，合理的にスケジューリングが行われている限り，スケジューリングが不能な一時差異とは取り扱わない（適用指針第26号13）。

No	分類	スケジューリング不能差異の取扱い
1	過去（3年）及び当期のすべての事業年度において，期末における将来減算一時差異を十分に上回る課税所得が生じている。	回収可能と判断できるものとする。
2	過去（3年）及び当期のすべての事業年度において，課税所得が，期末における将来減算一時差異を下回るものの，安定的に生じている。	回収可能性はないものと判断する。ただし，将来のいずれかの時点で損金算入される可能性が高いと見込まれるものについて，当該将来のいずれかの時点で回収できることを企業が合理的な根拠をもって説明する場合，回収可能性があるものとする。
3	過去（3年）及び当期において，課税所得が大きく増減しており，いずれの事業年度においても重要な税務上の欠損金が生じていない。	回収可能性はないものと判断する。
4	過去（3年）又は当期において，重要な税務上の欠損金が生じており，翌期において課税所得が生じることが見込まれる。	
5	過去（3年）及び当期のすべての事業年度において，重要な税務上の欠損金が生じており，翌期においても重要な税務上の欠損金が生じることが見込まれる。	

54 第2部■単体納税における税効果会計

4-7 長期の将来減算一時差異の回収可能性の取扱い

　企業分類及びスケジューリングにより繰延税金資産の回収可能額を計算するに際して，退職給付引当金や建物の減価償却超過額（減損損失に係るものを除く）に係る将来減算一時差異のように，スケジューリングの結果，その将来解消年度が長期となる将来減算一時差異の回収可能性は，企業分類に従い次のように判断される（適用指針第26号35・100〜102）。

No	分類	長期の将来減算一時差異の取扱い
1	過去（3年）及び当期のすべての事業年度において，期末における将来減算一時差異を十分に上回る課税所得が生じている。	回収可能性があると判断できるものとする。
2	過去（3年）及び当期のすべての事業年度において，課税所得が，期末における将来減算一時差異を下回るものの，安定的に生じている。	
3	過去（3年）及び当期において，課税所得が大きく増減しており，いずれの事業年度においても重要な税務上の欠損金が生じていない。	将来の合理的な見積可能期間（おおむね5年）において当該将来減算一時差異のスケジューリングを行った上で，当該見積可能期間を超えた期間であっても，当期末における当該将来減算一時差異の最終解消見込年度までに解消されると見込まれる将来減算一時差異に係る繰延税金資産は回収可能性があると判断できるものとする。
4	過去（3年）又は当期において，重要な税務上の欠損金が生じており，翌期において課税所得が生じることが見込まれる。	翌期に解消される当該将来減算一時差異に係る繰延税金資産は回収可能性があると判断できるものとする。
5	過去（3年）及び当期のすべての事業年度において，重要な税務上の欠損金が生じており，翌期においても重要な税務上の欠損金が生じることが見込まれる。	原則として，当該将来減算一時差異に係る繰延税金資産の回収可能性はないものとする。

第4章 繰延税金資産の回収可能性　　**55**

4-8　その他の一時差異の回収可能性の取扱い

4-8-1　その他有価証券の評価差額

　損益計算書に計上されず，純資産の部に直接計上される有価証券評価差額の回収可能性の判断は，次のように行われる（適用指針第26号38・39・107・108）。

(1)　原則的方法

　個々の銘柄ごとに判断（他の一時差異と同様に処理）

　　　→評価差損：回収可能性を検討して繰延税金資産を認識

　　　→評価差益：繰延税金負債を認識

(2)　例外的方法

　スケジューリング不能と可能に分けて判断。

スケジューリング可能差異	スケジューリング不能差異
→評価差損と評価差益を別々に判断	→純額で判断
評価差損： スケジューリングの結果に基づき 回収可能性を検討して繰延税金資産を認識	純額の評価差損： 企業分類により判断（次頁の図表を参照）
評価差益：繰延税金負債を認識	純額の評価差益：繰延税金負債を認識

そして，投資有価証券評価損益はスケジューリング不能差異となることが多い
（スケジューリング可能となる評価差額はほとんどない）

したがって，実務上は，評価差額を一括して

- 評価差益の場合は，繰延税金負債が計上され，
- 評価差損の場合は，スケジューリング不能差異として企業分類に従って自動的に回収可能性を判断する（次頁の図表を参照）ことが多い。

　なお，減損処理したその他有価証券に関して，期末における時価が減損処理の直前の取得原価に回復するまでは，減損処理後の時価の上昇に伴い発生する

56   第2部　単体納税における税効果会計

評価差益は将来加算一時差異ではなく減損処理により生じた将来減算一時差異
の戻入れとなる。このため，原則どおり，個々の銘柄ごとにスケジューリング
を行い，当該その他有価証券に係る将来減算一時差異については当該スケ
ジューリングの結果に基づき回収可能性を判断した上で，繰延税金資産を計上
する（適用指針第26号38）。

　以上のうち，純額の評価差損について，企業分類に従って回収可能性の判断
を行う場合の考え方は次のとおりである。

No	分類	スケジューリング不能なその他有価証券の純額の評価差損の取扱い
1	過去（3年）及び当期のすべての事業年度において，期末における将来減算一時差異を十分に上回る課税所得が生じている。	回収可能と判断するものとする。
2	過去（3年）及び当期のすべての事業年度において，課税所得が，期末における将来減算一時差異を下回るものの，安定的に生じている。	
3	過去（3年）及び当期において，課税所得が大きく増減しており，いずれの事業年度においても重要な税務上の欠損金が生じていない。	将来の合理的な見積可能期間（おおむね5年）又は企業が合理的な根拠をもって説明する場合においては5年を超える見積可能期間の課税所得の見積額にスケジューリング可能な一時差異の解消額を加減した額に基づき，純額の評価差損に係る繰延税金資産を見積る場合，回収可能と判断するものとする。
4	過去（3年）又は当期において，重要な税務上の欠損金が生じており，翌期において課税所得が生じることが見込まれる。	回収不能と判断するものとする。
5	過去（3年）及び当期のすべての事業年度において，重要な税務上の欠損金が生じており，翌期においても重要な税務上の欠損金が生じることが見込まれる。	

4-8-2　減損損失

　原則どおり，企業分類とスケジューリングに従い回収可能性が判断される。また，スケジューリングの考え方は次のとおりである（適用指針第26号36・103〜105）。

⑴　償却資産

　償却資産の減損損失に係る将来減算一時差異は，減価償却計算を通して解消されることから，スケジューリング可能な一時差異として取り扱う。また，償却資産の減損損失に係る将来減算一時差異については，解消見込年度が長期にわたる将来減算一時差異の取扱いを適用しないものとする。したがって，減損損失によって生じた建物の減価償却超過額は，長期の将来減算一時差異ではなく，スケジューリング可能な一時差異に該当することになり，企業分類が③に該当する場合，5年超の解消額は回収不能と判断されることになる。

⑵　非償却資産

　土地等の非償却資産の減損損失に係る将来減算一時差異は，売却等に係る意思決定又は実施計画等がない場合，スケジューリング不能な一時差異として取り扱う。

4-8-3　繰延ヘッジ損益

　損益計算書に計上されず，直接純資産の部に計上される繰延ヘッジ損益に係る一時差異は，繰延ヘッジ損失と繰延ヘッジ利益とに区分し，繰延ヘッジ損失に係る将来減算一時差異については，回収可能性を判断した上で繰延税金資産を計上し，繰延ヘッジ利益に係る将来加算一時差異については繰延税金負債を計上する。

　具体的には，ヘッジ手段であるデリバティブの決済時期に対応する解消年度ごとに繰延ヘッジ損益の解消額を把握して，繰延ヘッジ損失の場合は他の将来減算一時差異と同様にスケジューリングによって回収可能額を計算し，繰延ヘッジ利益の場合は将来加算一時差異としてスケジューリングに含めて，その解消年度（回収年度）ごとの法定実効税率を適用して繰延税金資産及び繰延税

58 第2部■単体納税における税効果会計

金負債を計算することになる。

　この場合，繰延ヘッジ損失については，企業分類に応じて次のように回収可能性を判断する（適用指針第26号46・115）。

No	分類	繰延ヘッジ損失の取扱い
1	過去（3年）及び当期のすべての事業年度において，期末における将来減算一時差異を十分に上回る課税所得が生じている。	回収可能と判断するものとする。
2	過去（3年）及び当期のすべての事業年度において，課税所得が，期末における将来減算一時差異を下回るものの，安定的に生じている。	
3	過去（3年）及び当期において，課税所得が大きく増減しており，いずれの事業年度においても重要な税務上の欠損金が生じていない。	
4	過去（3年）又は当期において，重要な税務上の欠損金が生じており，翌期において課税所得が生じることが見込まれる。	翌期の課税所得の見積額に基づいて，翌期の一時差異等のスケジューリングの結果，繰延税金資産を見積る場合，当該繰延税金資産は回収可能性があるものとする^(注)。
5	過去（3年）及び当期のすべての事業年度において，重要な税務上の欠損金が生じており，翌期においても重要な税務上の欠損金が生じることが見込まれる。	回収不能と判断するものとする。

注：分類4については，適用指針第26号第46項において特段の定めがないため回収可能とすべきか不明確であるが，分類3において回収可能と判断される理由が，「繰延ヘッジ損失に係る将来減算一時差異について，ヘッジ有効性を考慮すれば，通常，ヘッジ対象に係る評価差益に関する将来加算一時差異とほぼ同時期に同額で解消されるものとみることもできると考えられること」であることからすると，分類4において，翌期の課税所得の見積額と相殺できる部分についてまで回収不能にしなければいけない理由は見当たらないため，当該部分については回収可能と判断できると考える。

　ただし，繰延ヘッジ損益をスケジューリングに含めると，将来の課税所得が十分ではなく，将来減算一時差異の一部しか回収可能にならなかった場合，回収可能額を損益計算書に計上される税効果と純資産の部に直接計上される税効果のどちらに配分するかなどの問題（手間）も生じる。

第4章 繰延税金資産の回収可能性　59

したがって，実務上は，繰延ヘッジ損益はスケジューリングに含めずに，繰延ヘッジ利益については繰延税金負債を計上し，繰延ヘッジ損失については（分類1）（分類2）（分類3）は回収可能とし，（分類4）（分類5）については回収不能と判断する簡便的な計算方法も採用されている。

4-8-4　繰越外国税額控除

翌期以降に外国税額控除余裕額が生じることが確実に見込まれる場合のみ繰越外国税額控除の実現が見込まれる額を繰延税金資産として計上する（適用指針第26号47・48）。

4-8-5　役員賞与引当金

役員賞与として損金不算入となるものは，将来将来減算一時差異に該当せず，税効果の対象とならない。

4-8-6　ストック・オプション

税制適格の新株予約権は，法人において人件費として損金算入されないため将来減算一時差異に該当せず，税効果の対象とならない。一方，税制非適格の新株予約権のうち，法人において権利行使時に人件費として損金算入されるものについては，付与時において将来減算一時差異に該当し，税効果の対象となる。

4-8-7　役員退職慰労引当金

役員在任期間の実績や社内規程等に基づいて役員の退任時期を合理的に見込む方法等によりスケジューリングが行われている場合は，スケジューリング可能差異として回収可能性を判断する。一方，スケジューリングが行われていない場合は，スケジューリング不能差異として取り扱う。ただし，役員退職慰労引当金は，税務上の損金の算入時期を個別に特定できない場合であっても，いずれかの時点では税務上の損金に算入されるものであることから，分類2に該当する企業であっても，将来のいずれかの時点で回収できることを企業が合理的な根拠をもって説明する場合，回収可能性があるものとする（適用指針第26

号37・106）。

4-8-8　完全支配関係にある国内の子会社株式の評価損

　完全支配関係にある国内の子会社株式の評価損は，当該子会社株式を売却したときは税務上損金に算入され，当該子会社を清算したときは税務上損金に算入されないが，当該子会社株式を将来売却するか，当該子会社を清算するか等が判明していない場合であっても，将来減算一時差異に該当するものとする。

　ただし，当該子会社株式の評価損について，企業が当該子会社を清算するまで当該子会社株式を保有し続ける方針がある場合等，将来において税務上損金に算入される蓋然性が低いときには，分類1に該当する企業であっても，当該子会社株式の評価損に係る繰延税金資産の回収可能性はないと判断することも考えられる（適用指針第26号67-2・67-3・67-4）。

　なお，分類2～5に該当する企業については，完全支配関係にある国内の子会社株式の評価損（スケジューリング不能差異）は回収不能となる。

4-8-9　組織再編に伴い受け取った子会社株式等

　組織再編に伴い受け取った子会社株式又は関連会社株式（事業分離に伴い分離元企業が受け取った子会社株式等を除く（結合分離適用指針第108項））に係る将来減算一時差異のうち，当該株式の受取時に生じていたもので，かつ，受取時に会計上の損益及び課税所得（税務上の欠損金）に影響を与えなかったものについては，予測可能な将来の期間に，その売却等を行う意思決定又は実施計画が存在する場合を除き，繰延税金資産を計上しない（適用指針第28号8(1)）。

4-9　回収可能性の毎期見直し

　回収可能性は決算期ごとに見直す必要があり，回収可能性の要件を満たさなくなった場合は繰延税金資産を取り崩し，回収可能性の要件を満たすことになった場合は繰延税金資産を積み増すこととなる（税効果会計基準第二. 二. 1，適用指針第26号8・10）。

この場合の会計処理は，当期増減分を含めて損益計算書の法人税等調整額に加減することとなる。ただし，有価証券評価差額及び繰延ヘッジ損益に係る繰延税金資産は評価差額に直接加減する。

4-10　繰延税金負債の支払可能性

解消年度に大きな欠損金が生じる見込みである場合，将来加算一時差異が解消（加算）されても税額は増加しない。したがって，繰延税金資産の回収可能性と同様に，繰延税金負債についても支払可能性を検討すべきではないかという議論が過去にあった。

しかし，現在は，繰延税金資産については回収可能性を検討するが，繰延税金負債については支払可能性を検討せず，繰延税金負債は，将来の会計期間における将来加算一時差異の解消に係る増額税金の見積額について，次の場合を除き，計上するとされている（適用指針第28号8(2)）。

①　企業が清算するまでに課税所得が生じないことが合理的に見込まれる場合

②　子会社株式及び関連会社株式に係る将来加算一時差異（事業分離に伴い分離元企業が受け取った子会社株式等を除く（結合分離適用指針第108項））について，親会社又は投資会社がその投資の売却等を当該会社自身で決めることができ，かつ，予測可能な将来の期間に，その売却等を行う意思がない場合

なお，繰延税金資産の回収可能性の検討において，将来の課税所得が見込まれない場合であっても，少なくともスケジューリング可能な将来加算一時差異と相殺できる部分（繰越欠損金の繰越期間で相殺できる部分を含む）については，回収可能と判断する方法を採用している場合，結果的に，繰延税金資産と相殺されるため，繰延税金負債が計上されない（「4-3」参照）。

4-11　ケーススタディ（単体納税における回収可能額の計算）

次にケーススタディにより，繰延税金資産の回収可能額の計算例を示すこととする。

分類2のケース

分類2では、課税所得との比較は不要となる。スケジューリング不能差異のみが回収不能となる。

[繰延税金資産 将来減算一時差異]

H31年3月期末決算	種類	残高	解消スケジュール							
			H32年3月期	H33年3月期	H34年3月期	H35年3月期	H36年3月期	5年超（又は回収期間超）	長期	スケ不能
賞与引当金	スケ可能	80,000	80,000							
未払事業税	スケ可能	55,000	55,000							
減損損失（償却資産）	スケ可能	300,000	30,000	30,000	30,000	30,000	30,000	150,000		
建物減価償却費	長期	130,000	10,000	10,000	10,000	10,000	10,000		80,000	
退職給付引当金	長期	250,000							250,000	
投資有価証券評価損	スケ不能	230,000								230,000
将来減算一時差異	計	1,045,000	175,000	40,000	40,000	40,000	40,000	150,000	330,000	230,000
	実効税率		30.62%	30.62%	30.62%	30.62%	30.62%	30.62%	30.62%	30.62%
繰延税金資産（回収可能性検討前）	金額	319,979	53,585	12,248	12,248	12,248	12,248	45,930	101,046	70,426
	実効税率		30.62%	30.62%	30.62%	30.62%	30.62%	30.62%	30.62%	30.62%
繰延税金資産（回収可能性検討後）将来減算一時差異	回収可能な将来減算一時差異	815,000	175,000	40,000	40,000	40,000	40,000	150,000	330,000	0
	金額	249,553	53,585	12,248	12,248	12,248	12,248	45,930	101,046	0

解消年度の法定実効税率を適用する（本ケースでは同じ）

分類2の場合は原則、回収不能となる。

第4章　繰延税金資産の回収可能性　63

分類3のケース

分類3では、5年の課税所得を限度に回収可能となる。また、長期の将来減算一時差異も回収可能となる。

なお、5年超（又は回収期間超）の将来加算一時差異の解消額と相殺できる分について、将来減算一時差異を回収可能としていない。

また、解消年度における将来減算一時差異の当期増減額を課税所得に加味していない。

【繰延税金資産　将来減算一時差異】

H31年3月期末決算	種類	残高	H32年3月期	H33年3月期	H34年3月期	H35年3月期	H36年3月期	5年超（又は回収期間超）	長期	スケ不能
税引前当期純利益			100,000	100,000	100,000	100,000	100,000			
将来加算一時差異の解消額			10,000	10,000	10,000	10,000	10,000	0	0	0
将来減算一時差異の当期増減額			0	0	0	0	0	0	0	0
将来減算一時差異の当期増減額		135,000	135,000							
受取配当金										
交際費										
課税所得			245,000	110,000	110,000	110,000	110,000			
賞与引当金	スケ可能	80,000	80,000							
未払事業税	スケ可能	55,000	55,000							
減価償却損失（償却資産）	スケ可能	300,000	30,000	30,000	30,000	30,000	30,000	150,000		
建物減価償却費	長期	130,000	10,000	10,000	10,000	10,000	10,000		80,000	
退職給付引当金	長期	250,000							250,000	
資産除去債務	スケ不能	230,000								230,000
合計		1,045,000	175,000	40,000	40,000	40,000	40,000	150,000	330,000	230,000
将来減算一時差異解消前の課税所得			70,000	70,000	70,000	70,000	70,000			
実効税率			30.62%	30.62%	30.62%	30.62%	30.62%	30.62%	30.62%	30.62%
繰延税金資産（回収可能性検討前）金額		319,979	53,585	12,248	12,248	12,248	12,248	45,930	101,046	70,426
実効税率			30.62%	30.62%	30.62%	30.62%	30.62%	30.62%	30.62%	30.62%
繰延税金資産（回収可能性検討後）金額		203,623	53,585	12,248	12,248	12,248	12,248	0	101,046	0
回収可能な将来減算一時差異　金額										

> 分類3では回収不能となる。

> 分類3では5年超の将来加算一時差異の解消額と相殺できる将来減算一時差異等を回収可能とできる。ただし、5年超の相殺できる将来減算一時差異等を回収可能とするものとし、その相殺できる将来減算一時差異等を回収可能とする計算方法を採用する場合、50,000が回収可能となる。

1年目に新たに生じる将来減算一時差異（本ケースでは、賞与引当金80,000と事業税55,000）がH32年3月期に新たに加算される。この場合、前年度の将来減算一時差異が1年目の将来加算一時差異となる。2年目以降は、同額が発生すると見込むため、ネットで0としている。これにより、1年目の将来減算一時差異解消後の課税所得がマイナスになってしまう問題を解決している。

【繰延税金負債　将来加算一時差異】

H31年3月期末決算	種類	残高	H32年3月期	H33年3月期	H34年3月期	H35年3月期	H36年3月期	5年超（又は回収期間超）	長期	スケ不能
有形固定資産	スケ可能	100,000	10,000	10,000	10,000	10,000	10,000	50,000		0
将来加算一時差異　合計		100,000	10,000	10,000	10,000	10,000	10,000	50,000		0
実効税率			30.62%	30.62%	30.62%	30.62%	30.62%	30.62%	30.62%	30.62%
繰延税金負債　金額		30,620	3,062	3,062	3,062	3,062	3,062	15,310		0

分類4のケース1

分類4では、翌期の課税所得を限度に回収可能となる。
将来加算一時差異の解消額と相殺して将来減算一時差異等を全回収可能としている。
なお、1年超の将来減算一時差異における将来加算一時差異の解消額を課税所得に加味していない。
また、解消年度における将来加算及び将来減算一時差異の当期増減額を課税所得に加味していない。

［繰延税金資産　将来減算一時差異等］

H31年3月期末決算

種類	残高	H32年3月期	H33年3月期	H34年3月期	H35年3月期	H36年3月期	5年超（又は回収期間超）	長期	スケ不能
課税所得									
税引前当期純利益		200,000	200,000	200,000	200,000	200,000	200,000	200,000	200,000
将来加算一時差異の解消額		10,000	10,000	10,000	10,000	10,000	10,000	10,000	10,000
受取配当金									
交際費									
課税所得		210,000	210,000	210,000	210,000	210,000	210,000	210,000	210,000
将来減算一時差異									
賞与引当金（スケ可能）	80,000	80,000							
未払事業税（スケ可能）	55,000	55,000							
減価償却超過（スケ可能）	300,000	40,000	40,000	40,000	40,000	40,000	100,000		
建物減価償却費（長期）	130,000						50,000	80,000	
退職給付引当金（長期）	250,000							250,000	
資産除去債務（スケ不能）	230,000								230,000
合計	1,045,000	175,000	40,000	40,000	40,000	40,000	150,000	330,000	230,000
将来減算一時差異解消後の課税所得	715,000	35,000	170,000	170,000	170,000	170,000	0	0	0
繰越欠損金（H30年3月期発生分　217,500／期末残高　217,500）	217,500	17,500	85,000	85,000	30,000	0	0	0	0
繰越欠損金控除後の課税所得	497,500	17,500	85,000	85,000	140,000	170,000	0	0	0
実効税率		30.62%	30.62%	30.62%	30.62%	30.62%	30.62%	30.62%	30.62%
繰延税金資産（回収可能性検討前）	319,979	53,585	12,248	12,248	12,248	12,248	45,930	101,046	70,426
繰延税金資産	66,599	5,359	26,027	26,027	9,186	0	0	0	0
繰延税金資産（合計）	386,578	58,944	38,275	38,275	21,434	12,248	45,930	101,046	70,426

> 分類4は1年分のみ回収可能。

回収可能な将来減算一時差異	175,000
回収可能な繰越欠損金	17,500
繰延税金資産	53,585
繰延税金資産	5,359
繰延税金資産（合計）	58,944
実効税率	30.62%
金額	58,944

［繰延税金負債　将来加算一時差異］

H31年3月期末決算

種類	残高	H32年3月期	H33年3月期	H34年3月期	H35年3月期	H36年3月期	5年超（又は回収期間超）	長期	スケ不能
将来加算一時差異									
有形固定資産（スケ可能）	100,000	10,000	10,000	10,000	10,000	10,000	50,000	0	0
合計	100,000	10,000	10,000	10,000	10,000	10,000	50,000	0	0
実効税率		30.62%	30.62%	30.62%	30.62%	30.62%	30.62%	30.62%	30.62%
繰延税金負債	30,620	3,062	3,062	3,062	3,062	3,062	15,310	0	0

分類4のケース2

分類4では、翌期の課税所得を限度に回収可能となる。

なお、1年超の将来減算一時差異等の解消額については、1年超の将来減算一時差異の解消額と相殺できるものとし、その相殺できる将来減算一時差異等を回収可能とする。また、解消年度における将来減算一時差異の当期増減額を課税所得に加味している。

[繰延税金資産／将来減算一時差異等]

H31年3月期末決算

種類	残高	H32年3月期	H33年3月期	H34年3月期	H35年3月期	H36年3月期	5年超（又は回収期間超）	長期	スケ不能
税引前当期純利益		200,000	200,000	200,000	200,000	200,000			
将来加算一時差異の解消額		10,000	10,000	10,000	10,000	10,000	50,000		
将来減算一時差異の当期増減額		135,000	0	0	0	0	0		
課税所得		345,000	210,000	210,000	210,000	210,000			
賞与引当金（スケ可能）	80,000	80,000							
未払事業税（スケ可能）	55,000	55,000							
減損損失（償却資産）（スケ可能）	300,000	30,000	30,000	30,000	30,000	30,000	150,000		
建物減価償却費（長期）	130,000	10,000	10,000	10,000	10,000	10,000		80,000	
退職給付引当金（長期）	250,000							250,000	
資産除去債務（スケ不能）	230,000								230,000
合計	1,045,000	175,000	40,000	40,000	40,000	40,000	150,000	330,000	230,000
将来減算一時差異解消前の課税所得		170,000	170,000	170,000	170,000	170,000			
繰越欠損金（H30年3月期発生分）期末残高 217,500	217,500	85,000	85,000	47,500					
繰越欠損金控除後の課税所得	632,500	85,000	85,000	122,500	170,000	170,000			
繰延税金資産（回収可能性検討前）実効税率	30.62%	30.62%	30.62%	30.62%	30.62%	30.62%	30.62%	30.62%	30.62%
将来減算一時差異	1,045,000	175,000	40,000	40,000	40,000	40,000	150,000	330,000	230,000
繰延税金資産	319,979	53,585	12,248	12,248	12,248	12,248	45,930	101,046	70,426
繰越欠損金	217,500	85,000	85,000	47,500					
繰延税金資産	66,599	26,027	26,027	14,545					
繰延税金資産（合計）	386,578	79,612	38,275	26,793	12,248	12,248	45,930	101,046	70,426
回収可能な将来減算一時差異	265,000	175,000	10,000	10,000	10,000	10,000	50,000	0	0
繰延税金資産	81,143	53,585	3,062	3,062	3,062	3,062	15,310	0	0
回収可能な繰越欠損金	85,000	85,000							
繰延税金資産	26,027	26,027							
繰延税金資産（合計）	107,170	79,612	3,062	3,062	3,062	3,062	15,310	0	0

将来減算一時差異等の解消額のうち、将来加算一時差異等の解消額10,000と相殺できる分について回収可能とする（将来減算一時差異等の解消額40,000＞将来加算一時差異等の解消額10,000のため、10,000を回収可能とする）。[4-3]参照。

将来減算一時差異等の解消額のうち、将来加算一時差異等の解消額50,000と相殺できる分について回収可能とする（将来減算一時差異等の解消額150,000＞将来加算一時差異等の解消額50,000のため、50,000を回収可能とする）。[4-3]参照。

[繰延税金負債／将来加算一時差異]

H31年3月期末決算

種類	残高	H32年3月期	H33年3月期	H34年3月期	H35年3月期	H36年3月期	5年超（又は回収期間超）	長期	スケ不能
将来加算一時差異 有形固定資産（スケ可能）	100,000	10,000	10,000	10,000	10,000	10,000	50,000		0
合計	100,000	10,000	10,000	10,000	10,000	10,000	50,000		0
実効税率	30.62%	30.62%	30.62%	30.62%	30.62%	30.62%	30.62%		30.62%
繰延税金負債 金額	30,620	3,062	3,062	3,062	3,062	3,062	15,310		0

分類5のケース

分類5では、全額回収不能となる。

なお、将来加算一時差異の解消額と相殺できる分について、将来減算一時差異等を全額回収可能としていない。

[繰延税金資産/将来減算一時差異等]

H31年3月期末決算		種類	額	残高	H32年3月期	H33年3月期	H34年3月期	H35年3月期	H36年3月期	5年超(又は回収期間超)	長期	スケ不能
課税所得	税引前当期純利益				200,000	200,000	200,000	200,000	200,000			
	将来加算一時差異の解消額				10,000	10,000	10,000	10,000	10,000			
	受取配当金											
	交際費											
	課税所得				210,000	210,000	210,000	210,000	210,000			
将来減算一時差異	賞与引当金	スケ可能		80,000	80,000							
	未払事業税	スケ可能		55,000	55,000							
	減損損失(償却資産)	スケ可能		300,000	30,000	30,000	30,000	30,000	30,000	150,000		
	建物減価償却費	長期		130,000	10,000	10,000	10,000	10,000	10,000		80,000	
	退職給付引当金	長期		250,000							250,000	
	資産除去債務	スケ不能		230,000								230,000
	合計			1,045,000	175,000	40,000	40,000	40,000	40,000	150,000	330,000	230,000
	将来減算一時差異解消後の課税所得				35,000	170,000	170,000	170,000	170,000			
繰越欠損金	期末残高			400,000	17,500	85,000	85,000	85,000	85,000	42,500		
	H28年3月期発生分		100,000									
	H29年3月期発生分		100,000									
	H30年3月期発生分		100,000									
	H31年3月期発生分		100,000									
	繰越欠損金控除後の課税所得			357,500	17,500	85,000	85,000	85,000	85,000			
	実効税率			30.62%	30.62%	30.62%	30.62%	30.62%	30.62%	30.62%	30.62%	30.62%
	将来減算一時差異			1,045,000	175,000	40,000	40,000	40,000	40,000	150,000	330,000	230,000
	繰延税金資産			319,979	53,585	12,248	12,248	12,248	12,248	45,930	101,046	70,426
	繰越欠損金			400,000	17,500	85,000	85,000	85,000	85,000	42,500		
	繰延税金資産(回収可能性検討前)			122,480	5,359	26,027	26,027	26,027	26,027	13,014		
	繰延税金資産(合計)			442,459	58,944	38,275	38,275	38,275	38,275	58,944	101,046	70,426
	実効税率			30.62%	30.62%	30.62%	30.62%	30.62%	30.62%	30.62%	30.62%	30.62%
	回収可能な将来減算一時差異			0	0	0	0	0	0	0	0	0
	繰延税金負債			0	0	0	0	0	0	0	0	0
	回収可能な繰越欠損金			0	0	0	0	0	0	0	0	0
	繰延税金資産(合計)			0	0	0	0	0	0	0	0	0

[繰延税金負債/将来加算一時差異]

H31年3月期末決算		種類	額	残高	H32年3月期	H33年3月期	H34年3月期	H35年3月期	H36年3月期	5年超(又は回収期間超)	長期	スケ不能
将来加算一時差異	有形固定資産	スケ可能		100,000	10,000	10,000	10,000	10,000	10,000	50,000		
	合計			100,000	10,000	10,000	10,000	10,000	10,000	50,000		0
	実効税率			30.62%	30.62%	30.62%	30.62%	30.62%	30.62%	30.62%		30.62%

第 **3** 部

連結納税における
税効果会計

第1章
繰延税金資産及び繰延税金負債の計上手順

　連結納税の税効果会計では，連結納税グループ全体の企業分類を考慮して連結納税会社及び連結納税主体の企業分類を決定する必要があり，スケジューリングについても自社の課税所得だけでなく，他社の課税所得を含めて回収可能額を計算することとなる。また，損益通算や繰越欠損金の切捨て等の取扱いのある法人税及び地方法人税と，単体納税と同じ取扱いとなる住民税及び事業税では，回収可能額の計算方法が異なるため，連結納税の税効果会計では，税金の種類ごとに回収可能額の計算を行うこととなる。このように連結納税を採用している場合の繰延税金資産の計算方法は，単体納税と比較して複雑なものとなっている。

　そこで，第3部では，税効果会計に係る連結納税制度及び単体納税の税効果会計の取扱いを踏まえて，連結納税会社が税効果会計を適用する場合の実務上の取扱い，具体的には，連結納税を採用している場合の企業分類及びスケジューリングに基づく繰延税金資産の回収可能額の計算方法について解説する。なお，第3部の意見に関する部分は，筆者の個人的な見解であることをあらかじめお断りする。

　なお，以下において次のように用語を定義する。

　連結納税主体：連結納税グループ

　連結納税会社：連結納税親会社又は連結納税子会社

　連結納税親会社：連結親法人

　連結納税子会社：連結子法人

第1章　繰延税金資産及び繰延税金負債の計上手順　69

1-1　連結納税会社の税効果会計の計上手順（個別財務諸表）

　連結納税における繰延税金資産及び繰延税金負債の計算は，単体納税と同様に連結納税会社ごとに計算する。

　連結納税では，連結納税親会社は，連結法人税の個別帰属額に関する書類を確定申告書に添付して提出するとともに，各連結納税子会社は，当該個別帰属額等を記載した書類を届け出ることとされているため連結納税会社ごとに申告調整額（一時差異等）が把握されることとなる。

　したがって，各連結納税会社の個別財務諸表においては，単体納税における利益積立金に相当する連結個別利益積立金額等に基づいて認識される財務諸表上の一時差異等に対して繰延税金資産及び繰延税金負債が計上されることとなる。

　そして，次のような手順によって，個別財務諸表において連結納税会社は繰延税金資産及び繰延税金負債を計上することとなる。

① 連結納税会社ごとに財務諸表上の一時差異等を抽出し，繰延税金資産及び繰延税金負債を計算する。

② 法人税及び地方法人税に係る繰延税金資産は，両税合わせて連結納税会社ごとに回収可能性を判断する。ただし，各連結納税会社の個別所得見積額だけではなく，他の連結納税会社の個別所得見積額（連結欠損金個別帰属額の回収可能性は連結所得見積額及び個別所得見積額）を考慮してスケジューリングを行う。

③ 住民税及び事業税に係る繰延税金資産は，それぞれ区分して連結納税会社ごとに回収可能性を判断する。つまり，各連結納税会社の個別所得見積額によりスケジューリングを行う。

1-2　連結納税主体の税効果会計の計上手順（連結財務諸表）

　連結財務諸表では，貸倒引当金の消去，棚卸資産の未実現損益の消去，資産の時価評価などの連結修正仕訳に伴う連結財務諸表固有の一時差異に対して繰延税金資産及び繰延税金負債を計算しなくてはいけない。

70   第3部▪連結納税における税効果会計

　具体的には次のような手順によって，連結財務諸表において連結納税主体は繰延税金資産及び繰延税金負債を計上することとなる。

① 連結納税会社ごとに個別財務諸表において計算された財務諸表上の一時差異等に対する繰延税金資産及び繰延税金負債を合計する。

② 連結納税主体に係る連結財務諸表固有の一時差異に対して，連結納税会社ごとに繰延税金資産及び繰延税金負債を計算又は修正する。

③ 法人税及び地方法人税に係る繰延税金資産については，両税合わせて連結納税主体を一体として回収可能性を判断する。つまり，連結所得見積額（連結欠損金個別帰属額の回収可能性は連結所得見積額及び個別所得見積額）によりスケジューリングを行うこととなる。具体的には各連結納税会社の個別財務諸表の計上額について，連結納税主体として連結所得見積額により回収可能額を見直すこととなる。

④ 住民税及び事業税に係る繰延税金資産については，それぞれ区分して連結納税会社ごとに回収可能性を判断する。つまり，各連結納税会社の個別所得見積額によりスケジューリングを行うこととなる。

　以上より，個別財務諸表（連結納税会社）と連結財務諸表（連結納税主体）における繰延税金資産及び繰延税金負債の計上手順をまとめると次のようになる。

第1章 繰延税金資産及び繰延税金負債の計上手順　71

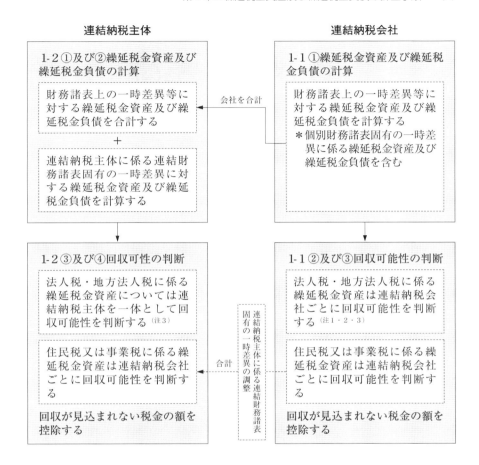

注1： 将来減算一時差異に係る繰延税金資産の回収可能性の判断については，連結納税会社の個別所得見積額だけではなく，他の連結納税会社の個別所得見積額も考慮する。
注2： 連結欠損金に係る繰延税金資産の回収可能性の判断については，連結納税主体における回収可能見込額のうち，各連結納税会社に帰属する金額を見積もることとなる。
注3： 連結欠損金に特定連結欠損金が含まれている場合には，連結欠損金に係る繰延税金資産の連結納税主体における回収可能性を判断するにあたって，連結所得見積額と各連結納税会社の個別所得見積額の両方を考慮する。
出所： 企業会計基準委員会　実務対応報告第7号「連結納税制度を適用する場合の税効果会計に関する当面の取扱い（その2）」Q1を一部加工

72　第3部　連結納税における税効果会計

第2章
繰延税金資産及び繰延税金負債の計算方法

2-1　連結納税会社の計算方法（個別財務諸表）

2-1-1　将来減算一時差異等の集計方法

　連結納税では，連結納税会社ごとに一時差異の明細となる別表五の二（一）付表一（連結個別利益積立金額及び連結個別資本金等の額の計算に関する明細書）が作成される。また，繰越欠損金は連結欠損金個別帰属額，外国税額控除超過額は外国税額控除超過額の個別帰属額として連結納税会社ごとに計算されている。さらに，地方税は単体納税と同様であるため，連結納税会社ごとに未払事業税が計算されている。

　したがって，単体納税と同様の別表等より財務諸表上の一時差異等が集計される。連結納税会社の財務諸表上の一時差異等を集計するための基礎資料は次のとおりである。

　なお，連結納税会社の財務諸表上の一時差異等には，連結納税主体（連結財務諸表）における資本連結手続及びその他の連結手続の結果消滅する一時差異（個別財務諸表固有の一時差異）が含まれる。

一時差異等の種類	数値が把握できる基礎資料	
一時差異	別表五の二（一）付表一	連結個別利益積立金額及び連結個別資本金等の額の計算に関する明細書
法人税に係る繰越欠損金（連結欠損金個別帰属額）	別表七の二付表一	連結欠損金当期控除額及び連結欠損金個別帰属額の計算に関する明細書
住民税に係る繰越欠損金（控除対象個別帰属調整額	●地方税第六号様式別表二	●控除対象個別帰属調整額の控除明細書

第2章　繰延税金資産及び繰延税金負債の計算方法　　**73**

及び控除対象個別帰属税額）	●地方税第六号様式別表二の二	●控除対象個別帰属税額の控除明細書
事業税に係る繰越欠損金	地方税第六号様式別表九	欠損金額等及び災害損失金の控除明細書
繰越外国税額控除	別表六（三）	外国税額の繰越控除余裕額又は繰越控除限度超過額等の計算に関する明細書
未払事業税	未払事業税の貸借対照表計上額（補助元帳）	－

74　第3部　連結納税における税効果会計

【繰延税金資産の計算（回収可能性検討前）】

将来減算 一時差異等	法人税及び 地方法人税	住民税	事業税	合計
賞与引当金	50,000,000	50,000,000	50,000,000	-
未払費用 （社会保険料）	4,000,000	4,000,000	4,000,000	-
退職給付引当金	300,000,000	300,000,000	300,000,000	-
役員退職 慰労引当金	150,000,000	150,000,000	150,000,000	← 別表五の二（一）付表一
減損損失（土地）	670,000,000	670,000,000	670,000,000	-
減価償却超過額	47,000,000	47,000,000	47,000,000	-
一括償却資産	3,000,000	3,000,000	3,000,000	-
未払事業税等	55,000,000	55,000,000	55,000,000	← 補助元帳
将来減算 一時差異（計）	1,279,000,000	1,279,000,000	1,279,000,000	-
法定実効税率（注）	23.54%	3.68%	3.64%	-
将来減算 一時差異に 係る繰延税金資産	301,076,600	47,067,200	46,555,600	-
連結欠損金 個別帰属額	280,000,000	280,000,000	-	← 別表七の二付表一
控除対象 個別帰属調整額	-	30,000,000	-	← 第六号様式別表二
控除対象 個別帰属税額		39,750,000	-	← 第六号様式別表二の二
事業税に係る 繰越欠損金	-	-	520,000,000	← 第六号様式別表九
繰越欠損金等（計）	280,000,000	280,000,000 69,750,000	520,000,000	-
法定実効税率（注）	23.54%	（上段）3.68% （下段）15.71%	3.64%	
繰越欠損金等に 係る繰延税金資産	65,912,000	21,261,725	18,928,000	
繰延税金資産 （合計）	366,988,600	68,328,925	65,483,600	500,801,125

（注）実際には解消年度の法定実効税率を乗じることになる。

第2章 繰延税金資産及び繰延税金負債の計算方法　75

| 連結個別利益積立金額及び連結個別資本金等の額の計算に関する明細書 | 連結事業年度 | 29・4・1 30・3・31 | 法人名 | P社（連結子法人A社） | 別表五の(二)付表一　平二十九・四・一以後終了連結事業年度分 |

I　連結個別利益積立金額の計算に関する明細書

区　分		期首現在連結個別利益積立金額 ①	当期の増減 減 ②	当期の増減 増 ③	差引翌期首現在連結個別利益積立金額 ①-②+③ ④
利　益　準　備　金	1	円	円	円	円
積　　立　　金	2				
賞与引当金	3				50,000,000
未払費用（社会保険料）	4				4,000,000
退職給付引当金	5				300,000,000
役員退職慰労引当金	6				150,000,000
減損損失（土地）	7				670,000,000
減価償却超過額	8				47,000,000
一括償却資産	9				3,000,000
	10				
	11				
	12				
	13				
	14				
	15				
	16				
	17				
繰　越　損　益　金（損は赤）	18				
小　　　計	19				
納　税　充　当　金	20				
未払連結法人税個別帰属額等（退職年金等積立金に対するものを除く。） 未払連結法人税個別帰属額及び未払連結地方法人税個別帰属額	21			中間 確定	
未納法人税及び未納地方法人税（附帯税を除く。）	22	△	△	△	△
未納道府県民税（均等割額及び利子割額を含む。）	23	△	△	中間 △ 確定 △	△
未納市町村民税（均等割額を含む。）	24	△	△	中間 △ 確定 △	△
差　引　合　計　額	25				

一時差異集計表へ

II　連結個別資本金等の額の計算に関する明細書

区　分		期首現在連結個別資本金等の額 ①	当期の増減 減 ②	当期の増減 増 ③	差引翌期首現在連結個別資本金等の額 ①-②+③ ④
資　本　金　又　は　出　資　金	26	円	円	円	円
資　本　準　備　金	27				
	28				
	29				
差　引　合　計　額	30				

法　0301-0501-02-付1

76　　第3部　連結納税における税効果会計

連結欠損金当期控除額及び連結欠損金個別帰属額の計算に関する明細書

連結事業年度	29・4・1 〜 30・3・31	法人名	P社（連結子法人A社）

別表七の二付表一　平二十九・四・一以後終了連結事業年度分

連結欠損金当期控除額の計算

控除前連結所得金額（別表四の二「45の①」）	1	円	連結所得金額控除限度額 $(1) \times \dfrac{50,55,60\,\text{又は}100}{100}$	2	円

発生連結事業年度	控除未済連結欠損金額（別表七の二「1」）	(3)のうち特定連結欠損金に係る控除未済額（別表七の二「2」）	当期控除額　当該発生連結事業年度の(12)と(2)−当期発生連結事業年度前の(8)の合計額のうち少ない金額	(3)のうち非特定連結欠損金に係る控除未済額 (3)−(4)	当期控除額　当該発生連結事業年度の(6)と(2)−当期発生連結事業年度前の(8)の合計額のうち少ない金額	連結欠損金当期控除額 (5)+(7)
	3	4	5	6	7	8
：・：・：	円	円	円	円	円	円
：・：・：						
：・：・：						
：・：・：						
計						

連結欠損金個別帰属額の計算

連結法人名　連結子法人A社

特定連結欠損金個別帰属額の計算

発生連結事業年度	控除未済連結欠損金個別帰属額 [（前期の(20)又は(28)）又は別表七の二付表二「21」]	(9)のうち特定連結欠損金に係る控除未済額の個別帰属額 [（前期の(14)又は別表七の二付表二「21」の内書］	調整前当期控除額　当該発生連結事業年度の(10)と(2)（別表四の二付表「45の個別帰属額］）−当該発生連結事業年度前の(19)の合計額のうち少ない金額	各連結法人の調整前当期控除額の合計額 ［各連結法人の(11)の合計額］	特定連結欠損金個別帰属額 (5)×$\dfrac{(11)}{(12)}$	特定連結欠損金個別帰属額の翌期繰越額 (10)−(13)
	9	10	11	12	13	14
20・3・31	円	円	円	円	円	
21・4・1						円
22・3・31						
23・4・1						
24・3・31						
25・4・1						
26・4・1						
27・4・1						
28・4・1						
29・3・31						
計						

非特定連結欠損金個別帰属額の計算

発生連結事業年度	(9)のうち非特定連結欠損金に係る控除未済額の個別帰属額 (9)−(10)	各連結法人の非特定連結欠損金に係る控除未済額の個別帰属額の合計額 ［各連結法人の(15)の合計額］	非特定連結欠損金の当期個別帰属額 (7)×$\dfrac{(15)}{(16)}$	非特定連結欠損金個別帰属額の翌期繰越額 (15)−(17)	連結欠損金当期控除額の個別帰属額 (13)+(17)	連結欠損金個別帰属額の翌期繰越額 (14)+(18)
	15	16	17	18	19	20
20・4・1	円	円	円	円	円	
21・4・1			円			円
22・3・31						
23・4・1						
24・3・31						
25・4・1						80,000,000
26・4・1						
27・4・1						160,000,000
28・4・1						
29・3・31						
計						240,000,000

連結欠損金当期発生額に係る個別帰属額の計算

連結欠損金額（別表四の二「55の①」）	21	円		連結欠損金の繰戻し額（別表七の二「3の当期分」）	25	円
個別欠損金額（別表四の二「55の①」）	22		繰戻し還付	各連結法人の連結欠損金当期発生額に係る個別帰属額（各連結法人の(24)の合計額）	26	
各連結法人の個別欠損金額の合計額（各連結法人の(22)の合計額）	23			連結欠損金の繰戻し額の個別帰属額 (25)×$\dfrac{(24)}{(26)}$	27	
連結欠損金当期発生額に係る個別帰属額 (21)×$\dfrac{(22)}{(23)}$	24			連結欠損金当期発生額に係る個別帰属額の翌期繰越額 (24)−(27)	28	40,000,000

法人税及び地方法人税，住民税に係る一時差異集計表へ ←

法　0301−0700−02−付1

第２章　繰延税金資産及び繰延税金負債の計算方法　　**77**

控除対象個別帰属調整額の控除明細書

連結事業年度	平成 29 年 4 月 1 日から	法人名	連結子法人Ａ社
又は事業年度	平成 30 年 3 月 31 日まで		

第六号様式別表二（提出用）（平成二十八年六月改正）

事業年度又は連結事業年度	連結適用前欠損金額又は連結適用前災害損失欠損金額 ①	控除対象個別帰属調整額 (①×234/100又は①×20/100) ②	既に控除を受けた額 ③	控除未済額 ②−③ ④	当期控除額 ⑤	翌期繰越額 ⑥
平成　年　月　日から 平成　年　月　日まで	円	円	円	円	円	
平成　年　月　日から 平成　年　月　日まで						円
平成　年　月　日から 平成　年　月　日まで						
平成　年　月　日から 平成　年　月　日まで						
平成　年　月　日から 平成　年　月　日まで						
平成　年　月　日から 平成　年　月　日まで						
平成　年　月　日から 平成　年　月　日まで						
平成　年　月　日から 平成　年　月　日まで						
平成 24 年 4 月 1 日から 平成 25 年 3 月 31 日まで						30,000,000
計						30,000,000

住民税に係る一時差異集計表へ ←

◆東京都主税局

(都・法) 16120·262

78　第３部▓連結納税における税効果会計

控除対象個別帰属税額
の控除明細書

連結事業年度	平成 29 年 4 月 1 日から	法人名	連結子法人Ａ社
又は事業年度	平成 30 年 3 月 31 日まで		

第六号様式別表二の二（提出用）（平成二十四年六月改正）

連結事業年度 又は事業年度	控除対象個別帰属税額 ①	既に控除を受けた額 ②	控除未済額 ①－② ③	当期控除額 ④	翌期繰越額 ⑤
平成 20 年 4 月 1 日から 平成 21 年 3 月 31 日まで	円	円	円	円	
平成 21 年 4 月 1 日から 平成 22 年 3 月 31 日まで					円
平成 22 年 4 月 1 日から 平成 23 年 3 月 31 日まで					
平成 23 年 4 月 1 日から 平成 24 年 3 月 31 日まで					
平成 24 年 4 月 1 日から 平成 25 年 3 月 31 日まで					
平成 25 年 4 月 1 日から 平成 26 年 3 月 31 日まで					12,000,000
平成 26 年 4 月 1 日から 平成 27 年 3 月 31 日まで					15,000,000
平成 27 年 4 月 1 日から 平成 28 年 3 月 31 日まで					5,100,000
平成 28 年 4 月 1 日から 平成 29 年 3 月 31 日まで					
当　　期　　分					7,650,000
計		円		円	39,750,000

住民税に係る一時差異集計表へ ◀

◆東京都主税局

都・法 1612 Ⓠ263

第2章■繰延税金資産及び繰延税金負債の計算方法　　79

欠損金額等及び災害損失金の控除明細書	事業年度	平成 29 年 4 月 1 日から 平成 30 年 3 月 31 日まで	法人名	連結子法人A社

第六号様式別表九（提出用）（平成二十九年改正）

控除前所得金額 第6号様式⑰－（別表10⑨又は㉑）	①	円 〜〜〜〜	所得金額控除限度額 ①×$\frac{50、55、60又は100}{100}$	②	円 〜〜〜〜

事　業　年　度	区　　　分	控除未済欠損金額等又は控除未済災害損失金③	当期控除額④ (当該事業年度の③と(②－当該事業年度前の④の合計額)のうち少ない金額)	翌期繰越額⑤ ((③－④)又は別表11⑫)
平成20年 4 月 1 日から 平成21年 3 月31日まで	欠損金額等・災害損失金	円	円	
平成21年 4 月 1 日から 平成22年 3 月31日まで	欠損金額等・災害損失金			
平成22年 4 月 1 日から 平成23年 3 月31日まで	欠損金額等・災害損失金			
平成23年 4 月 1 日から 平成24年 3 月31日まで	欠損金額等・災害損失金			
平成24年 4 月 1 日から 平成25年 3 月31日まで	欠損金額等・災害損失金	〜〜〜〜		100,000,000
平成25年 4 月 1 日から 平成26年 3 月31日まで	欠損金額等・災害損失金	〜〜〜〜		120,000,000
平成26年 4 月 1 日から 平成27年 3 月31日まで	欠損金額等・災害損失金	〜〜〜〜		50,000,000
平成27年 4 月 1 日から 平成28年 3 月31日まで	欠損金額等・災害損失金	〜〜〜〜		180,000,000
平成28年 4 月 1 日から 平成29年 3 月31日まで	欠損金額等・災害損失金			
計				450,000,000
当期分	欠損金額等・災害損失金	70,000,000		
同上のうち	災　害　損　失　金			円
	青　色　欠　損　金	70,000,000		70,000,000
合　　計				520,000,000

災　害　に　よ　り　生　じ　た　損　失　の　額　の　計　算				
災　害　の　種　類		災害のやんだ日又はやむを得ない事情のやんだ日	平成　　年　　月　　日	
当期の欠損金額 ⑥	円	差引災害により生じた損失の額 (⑦－⑧) ⑨		円
災害により生じた損失の額 ⑦		繰越控除の対象となる損失の額 (⑥と⑨のうち少ない金額) ⑩		
保険金又は損害賠償金等の額 ⑧				

◆東京都主税局

都・法 17120-224

80　第3部■連結納税における税効果会計

2-1-2　連結納税特有の税務処理に伴う一時差異等の取扱い

　連結納税では，繰越欠損金の切捨てや時価評価など連結納税特有の税務上の取扱いがある。そのため，単体納税における税効果会計と比較して，次のような連結納税特有の一時差異等の取扱いが生じる。

連結納税特有の処理	一時差異等の取扱い
連結納税子会社の繰越欠損金の切捨て	連結納税開始又は加入により切り捨てられてしまう連結納税子会社の繰越欠損金は，連結納税開始直前事業年度又は連結納税加入直前事業年度に税効果の対象（一時差異等）からは除外されることとなる。 　ただし，地方税は単体納税が継続されるため住民税及び事業税において繰越欠損金は切り捨てられない。そのため，住民税では，控除対象個別帰属調整額として，事業税では，事業税に係る繰越欠損金として，繰越欠損金が一時差異等に含まれることとなる。
連結納税子会社の資産の時価評価損益の計上	連結納税開始又は加入により保有資産を時価評価する連結納税子会社は，連結納税開始直前事業年度又は連結納税加入直前事業年度に当該時価評価損益が一時差異に含まれることとなる。
連結納税会社間債権に対する貸倒引当金の繰入制限	連結納税では，連結納税会社間債権に対する貸倒引当金は引当対象外となるため，連結納税開始事業年度又は連結納税加入事業年度以後，連結納税会社間債権に対する貸倒引当金に対応する貸倒引当金繰入限度超過額が一時差異に該当する。
連結納税子会社株式の帳簿価額の修正	連結納税子会社株式の帳簿価額修正額は，予測可能な将来，連結納税子会社株式が売却される可能性が高い等の要件を満たす場合に認識される投資に係る一時差異の修正額として取り扱われる。 　投資に係る一時差異とは，子会社株式評価減の否認額や親会社の投資の連結貸借対照表上の価額と個別貸借対照表上の簿価との差異をいう。

2-1-3　法定実効税率

　連結納税における繰延税金資産及び繰延税金負債の計算は，法人税及び地方法人税，住民税，事業税に区別して行うこととなる。これは損益通算の取扱いや繰越欠損金の金額等が法人税及び地方法人税，住民税，事業税ごとに異なることから，税金の種類ごとに回収可能性の判定を行う必要があるためである。

第2章　繰延税金資産及び繰延税金負債の計算方法　　81

したがって，繰延税金資産及び繰延税金負債の計算において，一時差異等に乗じる法定実効税率も，法人税及び地方法人税，住民税，事業税ごとに計算することとなる。

なお，本書では，事業税に地方法人特別税を含めて解説している。

税金の種類ごとの法定実効税率の計算式及び外形標準課税が適用される連結納税適用会社について，東京都の最高税率で計算した法定実効税率は次のとおりとなる（実務対応報告第5号Q2，実務対応報告第7号Q2）。

また，「法定実効税率」の一覧表を『［連結納税］繰延税金資産の回収可能額の計算シート』とともに，Webサイトからダウンロードできるようにしたため，外形標準課税が適用されない連結納税適用会社の法定実効税率については，そちらで確認してほしい（ダウンロードの方法は「本書のご利用にあたって」参照）。

【図表】　連結納税適用会社の法定実効税率

① 平成28年4月1日以後開始事業年度

税金の種類	計算方法
法人税及び地方法人税	｛法人税率×（1＋地方法人税率）｝／（1＋事業税率） ＝｛23.4％×（1＋4.4％）｝／（1＋3.7794％） ＝23.54％
住民税	法人税率×住民税率／（1＋事業税率） ＝23.4％×16.3％／（1＋3.7794％） ＝3.68％ ただし，控除対象個別帰属調整額及び控除対象個別帰属税額については， 住民税率／（1＋事業税率） ＝16.3％／（1＋3.7794％） ＝15.71％
事業税	事業税率／（1＋事業税率） ＝3.7794％／（1＋3.7794％） ＝3.64％
合計税率	30.86％

（※）　事業税率＝事業税率0.88％＋地方法人特別税率2.8994％（0.7％×414.2％）＝3.7794％

82　第3部 連結納税における税効果会計

② 平成30年4月1日以後開始事業年度

税金の種類	計算方法
法人税及び地方法人税	｛法人税率×（1＋地方法人税率)｝／（1＋事業税率) ＝｛23.2%×（1＋4.4%)｝／（1＋3.7794%) ＝23.34%
住民税	法人税率×住民税率／（1＋事業税率) ＝23.2%×16.3%／（1＋3.7794%) ＝3.64% ただし，控除対象個別帰属調整額及び控除対象個別帰属税額については， 住民税率／（1＋事業税率) ＝16.3%／（1＋3.7794%) ＝15.71%
事業税	事業税率／（1＋事業税率) ＝3.7794%／（1＋3.7794%) ＝3.64%
合計税率	30.62%

（※）　事業税率＝事業税率0.88%＋地方法人特別税率2.8994%（0.7%×414.2%）＝3.7794%

③ 平成31年10月1日以後開始事業年度

税金の種類	計算方法
法人税 及び 地方法人税	法人税率×（1＋地方法人税率）／（1＋事業税率) ＝　｛23.2%×（1＋10.3%)｝　／（1＋3.78%) ＝24.66%
住民税	法人税率×住民税率／（1＋事業税率) ＝23.2%×10.4%／（1＋3.78%) ＝2.32% ただし，控除対象個別帰属調整額及び控除対象個別帰属税額については， 住民税率／（1＋事業税率) ＝10.4%／（1＋3.78%) ＝10.02%
事業税	事業税率／（1＋事業税率) ＝3.78%／（1＋3.78%) ＝3.64%
合計税率	30.62%

　なお，住民税において，控除対象個別帰属調整額及び控除対象個別帰属税額（控除対象個別帰属税額等）に対する法定実効税率が，住民税の通常の計算式

と違うのは，控除対象個別帰属税額等は，法人税で切捨て又は損益通算によって消滅した繰越欠損金又は個別欠損金額に法人税率を乗じた額（つまり，既に法人税率を乗じている金額）であり，それが課税標準（法人税額）から控除されて減少する住民税の金額は，その控除額に住民税率を乗じた金額になるため，通常の計算式から法人税率を除外して計算する必要があるためである。

また，控除対象個別帰属税額等は切捨て又は損益通算された事業年度（発生事業年度）の法人税率を乗じて計算されることから，仮に，控除対象個別帰属税額等の発生事業年度と回収事業年度の法人税率が異なる場合には，繰越欠損金又は個別欠損金額に回収事業年度の通常の計算式による住民税の法定実効税率を乗じた金額と実際の住民税の減少額が相違することになる。

【控除対象個別帰属税額等の法定実効税率が通常の計算式と異なる理由】

注１：法人税で切捨て又は損益通算によって消滅した繰越欠損金又は個別欠損金額となる。
注２：法人税率は，控除対象個別帰属税額等が生じる事業年度の税率が適用される。住民税と事業税は，繰越控除される事業年度の税率が適用される。

なお，単体納税と同様に連結納税会社についても，繰延税金資産又は繰延税金負債の金額は，回収又は支払が行われると見込まれる期（将来減算一時差異等及び将来加算一時差異の解消年度）の税率に基づいて計算するとされているため（税効果会計基準第二．二．２），将来の事業年度ごとに法定実効税率が異なる場合は，解消年度ごとの将来減算一時差異等及び将来加算一時差異の解消額に対して，当該解消年度で適用される法定実効税率を乗じて繰延税金資産を計算する必要がある。

84　第3部■連結納税における税効果会計

　また，税効果会計上で適用する税率は，決算日において国会で成立している税法に規定されている税率による（適用指針第28号46・47）。したがって，改正税法が当該決算日までに国会で成立しており，将来の解消年度ごとの適用税率が確定している場合は，解消年度ごとに改正後の税率を適用する。

2-2　連結納税主体の計算方法（連結財務諸表）

　連結財務諸表における繰延税金資産及び繰延税金負債の計算方法は，単体納税を採用している場合の連結財務諸表における繰延税金資産及び繰延税金負債の計算と同様に次の2つの手順となる。

① 　連結納税会社ごとに個別財務諸表において計算された財務諸表上の一時差異等に対する繰延税金資産及び繰延税金負債を合計する。

② 　連結納税主体に係る連結財務諸表固有の一時差異に対する繰延税金資産及び繰延税金負債を計算する。

　単体納税と同様に，連結納税を採用している場合についても，連結納税主体における資本連結手続及びその他の連結手続上生じた一時差異（連結納税主体に係る連結財務諸表固有の一時差異）を調整し，繰延税金資産及び繰延税金負債を修正する必要がある。

【繰延税金資産の計算（回収可能性検討前）】

将来減算一時差異	連結納税親会社P社			連結納税子会社A社			連結財務諸表（合計）
	個別財務諸表	連結修正	連結財務諸表	個別財務諸表	連結修正	連結財務諸表	
賞与引当金	900,000	0	900,000	50,000		50,000	950,000
未払費用	10,000	0	10,000	4,000		4,000	14,000
退職給付引当金	500,000	0	500,000	300,000		300,000	800,000
貸倒引当金	100,000	0	100,000	150,000	▲ 50,000	100,000	200,000
役員退職慰労引当金	200,000	0	200,000	100,000		100,000	300,000
連結納税開始に伴う時価評価益（土地）※2		0	0	670,000	▲ 670,000	0	0
減価償却超過額	180,000	0	180,000	47,000		47,000	227,000
未払事業税等	90,000	0	90,000	70,000		70,000	160,000
資本連結手続上の評価損		0	0		100,000	100,000	100,000
未実現利益の消去		0	0		300,000	300,000	300,000
将来減算一時差異等（計）	1,980,000	0	1,980,000	1,391,000	▲ 320,000	1,071,000	3,051,000
法定実効税率※1	30%	30%	30%	30%	30%	30%	-
繰延税金資産	594,000	0	594,000	417,300	▲ 96,000	321,300	915,300

※1 実際には，税目ごとに，解消年度の法定実効税率が適用される。

※2 連結修正仕訳（連結納税開始に伴う土地の時価評価益）

［前期（連結納税申請前事業年度）］

資本連結手続において時価評価を行っている連結納税子会社が所有する土地の帳簿価額は330,000，時価は1,000,000である。なお，会計と税務上の帳簿価額は一致する。

　i　個別財務諸表

仕訳なし

①個別財務諸表の土地のBS計上額（簿価）	330,000
②税務上の土地のBS計上額（簿価）	330,000
③個別財務諸表上の将来減算又は加算一時差異（①－②）	0

　ii　連結財務諸表

● 資本連結手続（土地の時価評価）

土地　670,000／　評価差額　670,000

評価差額　201,000／　繰延税金負債　201,000

① 連結財務諸表の土地のBS計上額（簿価）	1,000,000
② 税務上の土地のBS計上額（簿価）	330,000
③ 個別財務諸表上の将来加算一時差異（①－②）	670,000

［当期（連結納税申請事業年度）］

連結納税開始に伴い連結納税子会社A社が土地の時価評価を行った。土地の時価は資本連結手続における時価と同じである。

　i　個別財務諸表

● 連結納税開始に伴う土地の時価評価に対応する納税額と税効果の計上

86　第3部■連結納税における税効果会計

法人税，住民税及び事業税　201,000　／未払法人税等　201,000
繰延税金資産　201,000　／　法人税等調整額　201,000

① 個別財務諸表の土地のBS計上額（簿価）	330,000
② 税務上の土地のBS計上額（簿価）	1,000,000
③ 個別財務諸表上の将来減算一時差異（②-①）	670,000

　ⅱ　連結財務諸表
●資本連結手続（土地の時価評価）
土地　670,000／　評価差額　670,000
評価差額　201,000／　繰延税金負債　201,000
●税務上の土地の時価評価に伴う繰延税金資産及び繰延税金負債の取崩し
繰延税金負債　201,000　／　繰延税金資産　201,000

① 連結財務諸表の土地のBS計上額（簿価）	1,000,000
② 税務上の土地のBS計上額（簿価）	1,000,000
③ 個別財務諸表上の将来減算又は加算一時差異（①-②）	0

第3章
連結納税の繰延税金資産の回収可能性

3-1 単体納税における回収可能額の計算方法

3-1-1 単体納税における回収可能額の計算手順

第2部第4章で解説したとおり，単体納税における繰延税金資産の回収可能額の計算は次の手順によって行われる。

手順1：企業分類の決定

手順2：スケジューリングによる回収可能額の計算

連結納税における繰延税金資産についても，企業分類とスケジューリングに基づいて回収可能額が計算されるため，以下に企業分類とスケジューリングによる回収可能額の計算方法を再度整理することとする。

3-1-2 企業分類による回収可能額の計算

⑴ 企業分類とスケジューリングの関係

繰延税金資産の回収可能性は，将来の課税所得が将来減算一時差異等の解消額を上回る場合に，当該解消額について回収可能性があると判断されることとなる。つまり，繰延税金資産の回収可能性は，将来年度の会社の収益力に基づく課税所得により判断することとなる。しかし，将来年度の会社の収益力を客観的に判断することは実務上困難な場合が多い。

そこで，実務上，会社の過去の業績等の状況を主たる判断基準として，繰延税金資産の回収可能性を判断することにしている（適用指針第26号15）。具体的には，過去の業績により会社をランク付けして将来減算一時差異等の種類や解消時期により，繰延税金資産の回収可能額を計算するという方法が実務上採用されている。この繰延税金資産の回収可能額を計算するための会社のランク

88 第3部■連結納税における税効果会計

を「企業分類」という。繰延税金資産の回収可能額の計算はこの企業分類の決定から始まる。

⑵ 企業分類

　上記⑴のとおり，収益力に基づく一時差異等加減算前課税所得^{（注）}等に基づいて繰延税金資産の回収可能性を判断する際に，要件に基づき企業を（分類1）から（分類5）に分類し，その分類に応じて，回収が見込まれる繰延税金資産の計上額を決定することになる（適用指針第26号15）。

注：「一時差異等加減算前課税所得」とは，将来の事業年度における課税所得の見積額から，その事業年度において解消することが見込まれる当期末に存在する将来加算（減算）一時差異の額（及び該当する場合は，その事業年度において控除することが見込まれる当期末に存在する税務上の繰越欠損金の額）を除いた額をいう（適用指針第26号3⑼）。

　繰延税金資産の回収可能性の判断基準となる企業分類の定義と分類ごとの回収可能性の判断指針は次のとおりである（適用指針第26号17～31）。

　なお，（分類1）から（分類5）に係る分類の要件をいずれも満たさない企業は，過去の課税所得又は税務上の欠損金の推移，当期の課税所得又は税務上の欠損金の見込み，将来の一時差異等加減算前課税所得の見込み等を総合的に勘案し，各分類の要件からの乖離度合いが最も小さいと判断されるものに分類する（適用指針第26号16）。

分類	分類の要件	回収可能性の判断指針
分類1	次の要件をいずれも満たす場合。 ⑴　過去（3年）及び当期のすべての事業年度において，期末における将来減算一時差異を十分に上回る課税所得が生じている。 ⑵　当期末において，近い将来に経営環境に著しい変化が見込まれない。	原則として，繰延税金資産の全額について回収可能性があるものとする。
分類2	次の要件をいずれも満たす場合。 ⑴　過去（3年）及び当期のすべての事業年度において，臨時的な原因により生じたものを除いた課税所得が，期末における将来減算一	・一時差異等のスケジューリングの結果，繰延税金資産を見積る場合，当該繰延税金資産は回収可能性があるものとする。 ・原則として，スケジューリング不

	時差異を下回るものの，安定的に生じている。 (2)　当期末において，近い将来に経営環境に著しい変化が見込まれない。 (3)　過去（3年）及び当期のいずれの事業年度においても重要な税務上の欠損金が生じていない。	能な将来減算一時差異に係る繰延税金資産について，回収可能性がないものとする。
分類3	次の要件をいずれも満たす場合（ただし，分類4の(2)又は(3)の要件を満たす場合を除く）。 (1)　過去（3年）及び当期において，臨時的な原因により生じたものを除いた課税所得が大きく増減している。 (2)　過去（3年）及び当期のいずれの事業年度においても重要な税務上の欠損金が生じていない。 なお，(1)における課税所得から臨時的な原因により生じたものを除いた数値は，負の値となる場合を含む。	• 将来の合理的な見積可能期間（おおむね5年）以内の一時差異等加減算前課税所得の見積額に基づいて，当該見積可能期間の一時差異等のスケジューリングの結果，繰延税金資産を見積る場合，当該繰延税金資産は回収可能性があるものとする。 • 将来の合理的な見積可能期間は，個々の企業の業績予測期間，業績予測能力，当該企業の置かれている経営環境等を勘案した結果，5年以内のより短い期間となる場合がある。その場合，当該期間を合理的な見積可能期間とする。
分類4	次のいずれかの要件を満たし，かつ，翌期において一時差異等加減算前課税所得が生じることが見込まれる場合。 (1)　過去（3年）又は当期において，重要な税務上の欠損金が生じている。 (2)　過去（3年）において，重要な税務上の欠損金の繰越期限切れとなった事実がある。 (3)　当期末において，重要な税務上の欠損金の繰越期限切れが見込まれる	• 翌期の一時差異等加減算前課税所得の見積額に基づいて，翌期の一時差異等のスケジューリングの結果，繰延税金資産を見積る場合，当該繰延税金資産は回収可能性があるものとする。
分類5	次の要件をいずれも満たす場合。 (1)　過去（3年）及び当期のすべての事業年度において，重要な税務上の欠損金が生じている。 (2)　翌期においても重要な税務上の欠損金が生じることが見込まれる。	原則として，繰延税金資産の回収可能性はないものとする。

90　第3部■連結納税における税効果会計

また，以下のような例外的取扱いがある。

分類	回収可能性の判断指針（例外的取扱い）
分類2	・スケジューリング不能な将来減算一時差異のうち，税務上の損金算入時期が個別に特定できないが将来のいずれかの時点で損金算入される可能性が高いと見込まれるものについて，当該将来のいずれかの時点で回収できることを企業が合理的な根拠をもって説明する場合，当該スケジューリング不能な将来減算一時差異に係る繰延税金資産は回収可能性があるものとする。 ・例えば，業務上の関係を有する企業の株式，いわゆる政策保有株式のうち過去に減損処理を行った上場株式について，当期末において，株式の売却時期の意思決定は行っていないが，市場環境，保有目的，処分方針等を勘案すると将来のいずれかの時点で売却する可能性が高いと見込む場合が考えられる（適用指針第26号75）。
分類3	・臨時的な原因により生じたものを除いた課税所得が大きく増減している原因，中長期計画，過去における中長期計画の達成状況，過去（3年）及び当期の課税所得の推移等を勘案して，5年を超える見積可能期間においてスケジューリングされた一時差異等に係る繰延税金資産が回収可能であることを企業が合理的な根拠をもって説明する場合，当該繰延税金資産は回収可能性があるものとする。なお，ここでいう中長期計画は，おおむね3年から5年の計画を想定している（分類4に同じ）。 ・例えば，製品の特性により需要変動が長期にわたり予測できる場合や長期契約が新たに締結されたことにより，長期的かつ安定的な収益が計上されることが明確になる場合が考えられる（適用指針第26号85）。
分類4	・重要な税務上の欠損金が生じた原因，中長期計画，過去における中長期計画の達成状況，過去（3年）及び当期の課税所得又は税務上の欠損金の推移等を勘案して，将来の一時差異等加減算前課税所得を見積る場合，将来において5年超にわたり一時差異等加減算前課税所得が安定的に生じることを企業が合理的な根拠をもって説明するときは（分類2）に該当するものとして取り扱い，将来においておおむね3年から5年程度は一時差異等加減算前課税所得が生じることを企業が合理的な根拠をもって説明するときは（分類3）に該当するものとして取り扱う。 ・例えば，重要な税務上の欠損金が生じた後に課税所得が生じたことにより当期末において税務上の繰越欠損金が存在しないことが見込まれる場合，（分類2）又は（分類3）に該当するものとして取り扱われる可能性がある（適用指針第26号90）。 ・（分類2）に該当するものとして取り扱われる例としては，過去において（分類2）に該当していた企業が，当期において災害による損失により重要な税務上の欠損金が生じる見込みであることから（分類4）に係る分類の要件を満たすものの，将来において5年超にわたり一時差異等加減算前課税所得が安定的に生じることを企業が合理的な根拠をもって説明するときが挙げられる（適用指針第26号91）。

第3章 連結納税の繰延税金資産の回収可能性　　91

- （分類3）に該当するものとして取り扱われる例としては，過去におい
て業績の悪化に伴い重要な税務上の欠損金が生じており（分類4）に該
当していた企業が，当期に代替的な原材料が開発されたことにより，業
績の回復が見込まれ，その状況が将来も継続することが見込まれる場合
に，将来においておおむね3年から5年程度は一時差異等加減算前課税
所得が生じることを企業が合理的な根拠をもって説明するときが挙げら
れる（適用指針第26号92）。

(3) 企業分類ごとの回収可能性の簡便判定表

　企業分類における将来減算一時差異の種類ごとの繰延税金資産の回収可能性
は次のようにまとめられる。

分類ごとの回収可能性の判定表						
将来減算一時差異の種類		分類1	分類2	分類3	分類4 ※3	分類5
スケジューリング可能一時差異	1年内	◎	○	○	○	×
	5年以内	◎	○	○	×	×
	5年超	◎	○	×※2	×	×
長期の将来減算一時差異	1年内	◎	○	○	×	×
	5年以内	◎	○	○	×	×
	5年超	◎	○	◎	×	×
スケジューリング不能差異		◎	×※1	×	×	×

◎：将来減算一時差異はスケジューリングの結果に関係なく回収可能。繰越欠損金
　　はスケジューリングの範囲内で回収可能（なお，繰延税金資産の計算において，
　　将来減算一時差異等に乗じる法定実効税率が将来減算一時差異等の解消年度ご
　　とに異なる場合は，将来減算一時差異等の解消年度を把握する必要がある）。
○：スケジューリングの範囲内で回収可能
×：スケジューリングの結果に関係なく回収不能
※1　企業が合理的な根拠をもって説明する場合，スケジューリング不能差異も回収可能と
　　なる。
※2　分類3における5年内の回収可能額は，5年以内の合理的な期間をいう。ただし，企
　　業が合理的な根拠をもって説明する場合，5年を超える見積可能期間も回収可能となる。
※3　企業が合理的な根拠をもって説明する場合，分類2又は分類3として取り扱われる。

　なお，スケジューリングをするための一時差異の種類と適用される法定実効
税率は次のように区分される。

92　第3部　連結納税における税効果会計

種類	本書における略称	内容	適用される法定実効税率
スケジューリング可能差異	スケ可能	スケジューリングの結果，その将来解消年度がわかる一時差異（スケジューリングの結果，その将来解消年度が長期にわたる将来減算一時差異は除く）	解消年度ごとに定められている法定実効税率
長期の将来減算一時差異	長期	退職給付引当金や建物の減価償却超過額（減損損失に係るものを除く）に係る将来減算一時差異のように，スケジューリングの結果，その将来解消年度が長期となる将来減算一時差異。このような一時差異は，企業が継続する限り，長期にわたるが将来解消され，将来の税金負担額を軽減する効果を有する	段階的に法定実効税率の引き下げが改正税法で定められている場合は，そのうち，税率が変更される最終事業年度の法定実効税率を適用するものと考えられる（但し，スケジューリング期間を超えるものに限る）。スケジューリング期間内の解消額はスケジューリング可能差異と同じく解消年度ごとの法定実効税率となる。
スケジューリング不能差異	スケ不能	将来解消年度が不明な一時差異 ①将来の一定の事実が発生することによって，税務上損金又は益金算入の要件を充足することが見込まれる一時差異 ②会社による将来の一定の行為の実施について意思決定又は実施計画等の存在により，税務上損金又は益金算入の要件を充足することが見込まれる一時差異 のうち，将来の一定の事実の発生が見込めないこと，あるいは，会社による将来の一定の行為の実施についての意思決定又は実施計画等が存在しないことにより，税務上の損	段階的に法定実効税率の引き下げが改正税法で定められている場合は，そのうち，税率が変更される最終事業年度の法定実効税率を適用するものと考えられる。

		金又は益金算入時期が明確でない場合は，スケジューリングが不能な一時差異に該当する	

3-1-3　スケジューリングによる回収可能額の計算

⑴　スケジューリングによる回収可能額の計算の考え方

　会計では既に費用処理が行われているが，税務上は将来，損金として認められるものを「将来減算一時差異等」といい，将来減算一時差異等が損金として認められた時の「税金が減少する効果」を資産計上したものが「繰延税金資産」となる。そして，将来減算一時差異等に「税効果」（税金減少効果）があるためには，損金算入時に税金が発生している，つまり，課税所得が発生している必要がある。言い換えると，そもそも赤字の会社に税金減少効果はない，ということである。

　したがって，繰延税金資産が将来，税負担を軽減する効果を有するためには将来減算一時差異等の解消年度において十分な課税所得の発生が見込まれていなくてはならない。つまり，将来減算一時差異等の解消額を上回る課税所得が発生することが見込まれていれば，その解消される将来減算一時差異等について税金軽減効果があることになる。

　このように繰延税金資産の回収可能性の判定において，将来減算一時差異等の解消額を上回る課税所得が発生する場合にその将来減算一時差異等について回収可能性があると判断する回収可能額の計算方法をスケジューリングという。具体的には，スケジューリングとは，解消年度ごとに将来の課税所得と将来減算一時差異等の解消額を比較してどちらか小さい金額を回収可能とする繰延税金資産の回収可能額の計算方法をいう。

　なお，将来加算一時差異がある場合は，将来加算一時差異の解消額を課税所得に加算して将来減算一時差異等の回収可能額を計算することとなる。

⑵　スケジューリングによる回収可能額の計算手順

　実務上，スケジューリングによる回収可能額の計算手順は次のとおりとなる。

94 第3部■連結納税における税効果会計

　なお，スケジューリングによる回収可能額の計算手順の考え方は，第2部第
4章「4-3」（50頁）も参考にしてほしい。

【スケジューリングによる回収可能額の計算手順】

手順	内　　　　　容
No.1	将来年度ごとに将来減算一時差異等の解消額のスケジューリングを行う
No.2	将来年度ごとに将来加算一時差異の解消額のスケジューリングを行う
No.3	将来年度ごとに課税所得見込額及び将来加算一時差異の解消額を合計したものと将来減算一時差異等の解消額を相殺する
No.4	上記3で相殺された将来減算一時差異等の解消額は回収可能性があるものとされる
No.5	上記3で相殺できなかった将来減算一時差異等は，繰越欠損金として，欠損金の繰越期間内の課税所得見込額及び将来加算一時差異の解消額を合計したものと相殺する
No.6	上記5で相殺された将来減算一時差異等の解消額は回収可能性があるものとされる

以上，1～6の結果，相殺できなかった将来減算一時差異等に係る繰延税金資産については，その回収可能性がないと判断され，繰延税金資産から控除されることとなる。

第3章 連結納税の繰延税金資産の回収可能性　95

【スケジューリング】

	発生	解消年度及び解消額の見積り			
	×1年末	×2年末	×3年末	………	×10年末
課税所得（見積額）	—	300	100		200
将来加算一時差異	80	50	10		20
将来減算一時差異	(550)	(250)	(300)		—
差引	(470)	100	(190)		220

①X2年末は課税所得及び将来加算一時差異の合計が350であるため，将来減算
　一時差異の解消額250は全額回収可能となる。
②X3年末は課税所得及び将来加算一時差異の合計が110であるため，将来減算
　一時差異の解消額300のうち110は回収可能となる。
③X3年末の将来減算一時差異の解消額300のうち，課税所得及び将来加算一時
　差異の合計110で相殺できなかった190は繰越欠損金として欠損金の繰越期間
　内であるX10年末の課税所得及び将来加算一時差異の合計220と相殺される。
以上より，将来減算一時差異550は全額回収可能となる。

(3)　スケジューリングで利用する将来の課税所得

　スケジューリングによる回収可能額の計算根拠となる将来の課税所得は，実
現可能，かつ，合理的なものでなければならない。そして，この将来の課税所
得を合理的に見積もるポイントは次のとおりとなる（適用指針第26号32）。

【将来年度の課税所得を合理的に見積もるポイント】

ポイント1

　具体的には，適切な権限を有する機関の承認を得た業績予測の前提となった数
値を，経営環境等の企業の外部要因に関する情報や企業が用いている内部の情
報（過去における中長期計画の達成状況，予算やその修正資料，業績評価の基
礎データ，売上見込み，取締役会資料を含む。）と整合的に修正し，課税所得又
は税務上の欠損金を見積る。なお，ここでいう中長期計画は，おおむね3年か
ら5年の計画を想定している（適用指針第26号24）。

96 第3部 連結納税における税効果会計

ポイント2

　業績予測は，中長期計画，事業計画又は予算編成の一部等その呼称は問わない。

　（ポイント1）については，実務上，例えば，過去の事業計画の達成状況がよくない場合，過去の事業計画の達成割合を計算し，その達成割合を新規の事業計画の数値に乗じて，将来年度の課税所得を見積もるなど，新規の事業計画について，将来予測の不確実性を勘案し，一定のストレス（減額調整）を付加することもある。

3-2　連結納税における回収可能性の基本的考え方

　連結納税では，連結納税グループを一体として回収可能性をみるため，他の子会社の課税所得により回収可能性が増加する場合があるとともに，他の子会社の欠損金により回収可能性が減少する場合がある。

【ケース1　繰延税金資産の回収可能性が改善するケース】

【ケース２　繰延税金資産の回収可能性が悪化するケース】

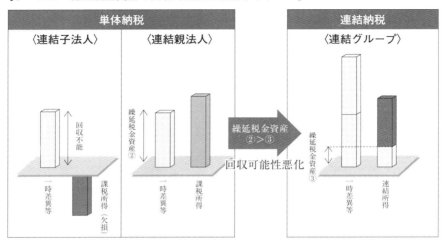

そして，連結納税における回収可能性の判定は，将来減算一時差異等の種類ごとに連結財務諸表及び個別財務諸表それぞれについて，次のような考え方による（実務対応報告第５号Ｑ４）。

	将来減算一時差異に係る繰延税金資産	連結欠損金に係る繰延税金資産	
		特定連結欠損金が含まれていない場合	特定連結欠損金が含まれている場合
連結納税主体を含む連結財務諸表	連結所得見積額に基づいて回収可能性を判断	連結納税主体を一体とみなしたうえで回収可能性を判断（連結所得見積額に基づいて回収可能性を判断）	連結納税主体を一体とみなしたうえで回収可能性を判断（連結所得見積額及び個別所得見積額の両方を考慮して回収可能性を判断）
連結納税主体を構成する連結納税会社の個別財務諸表（連結納税親会社及び連結納税子会社）	まず個別所得見積額に基づいて判断し，回収可能性が認められないものについて連結所得見積額に基づき判断		

出所：第200回企業会計基準委員会審議資料（平成22年度税制改正に伴う検討について「審議(1)-5 平成22年度税制改正対応：連結欠損金に係る繰延税金資産の回収可能性について／Ⅲ.会計上の取扱いに関する検討／１．回収可能性判定における考え方」）

98   第3部 連結納税における税効果会計

　そして，実務では，連結納税における繰延税金資産の回収可能額の計算は，単体納税と同様に次の手順によって行われる。
　手順1：企業分類の決定
　手順2：スケジューリングによる回収可能額の計算
　また，連結納税では損益通算の取扱いや繰越欠損金の金額等が法人税及び地方法人税，住民税，事業税ごとに異なるため，税金の種類ごとに回収可能性の判定を行う必要がある。以上により，企業分類とスケジューリングによって判定される連結納税における回収可能性は次のようにまとめられる。

≪個別財務諸表≫
　法人税及び地方法人税に係る繰延税金資産は連結納税会社ごとに回収可能性を判断する。

	法人税及び地方法人税	住民税，事業税
企業分類	将来減算一時差異については，連結納税主体と連結納税会社の分類のうち，より上位の分類を適用する 　連結欠損金については，特定連結欠損金が含まれていない場合は，連結納税主体の分類を適用し，特定連結欠損金が含まれている場合は，連結納税主体の分類と連結納税会社の分類をそれぞれ考慮する	各連結納税会社の分類を適用
スケジューリング	各連結納税会社の個別所得見積額だけではなく，他の連結納税会社の個別所得見積額を考慮する 　連結欠損金については，特定連結欠損金が含まれていない場合は，連結所得見積額を考慮し，特定連結欠損金が含まれている場合は，連結所得見積額と個別所得見積額を考慮する	各連結納税会社の個別所得見積額だけを考慮する

≪連結財務諸表≫

　法人税及び地方法人税に係る繰延税金資産については連結納税主体を一体と
して回収可能性を判断する。

	法人税及び地方法人税	住民税，事業税
企業分類	連結納税主体の分類を適用 連結欠損金については，特定連結欠損金が含まれていない場合は，連結納税主体の分類を適用し，特定連結欠損金が含まれている場合は，連結納税主体の分類と連結納税会社の分類をそれぞれ考慮する	各連結納税会社の分類を適用
スケジューリング	連結所得見積額を考慮する 連結欠損金については，特定連結欠損金が含まれていない場合は，連結所得見積額を考慮し，特定連結欠損金が含まれている場合は，連結所得見積額と個別所得見積額を考慮する	各連結納税会社の個別所得見積額だけを考慮する

3-3　連結納税の税金計算の仕組み

　繰延税金資産の回収可能額を計算するためには，スケジューリングによる回
収可能額の計算が必要となるが，スケジューリングとは将来の税金計算を行う
ことである。

　そのため，スケジューリングによる回収可能額の計算のロジックを理解する
ために，連結納税における税金計算の仕組み，特に，法人税の損益通算，連結
欠損金の発生と控除の取扱い，住民税の計算，控除対象個別帰属調整額及び控
除対象個別帰属税額の発生と控除の取扱いについて理解することが必須となる。

　連結納税では，次のように法人税，地方法人税，住民税，事業税が計算さ
れる。

第3部　連結納税における税効果会計

＜連結納税の税金計算の仕組み＞

連結納税開始直前事業年度（2017／3期）	P社	A社	B社	合計
課税所得（欠損金控除前）	▲3,000	▲2,000	▲2,000	▲7,000
【法人税の計算】				
課税所得（欠損金控除前）	▲3,000	▲2,000	▲2,000	▲7,000
繰越欠損金	0	0	0	0
課税所得	▲3,000	▲2,000	▲2,000	▲7,000
法人税率	23.4%	23.4%	23.4%	–
法人税額	0	0	0	0
[法人税に係る繰越欠損金]				
期首残高	0	0	0	0
当期使用額	0	0	0	0
当期発生額	3,000	2,000	2,000	7,000
期末残高	3,000	2,000	2,000	7,000
【地方法人税の計算】				
法人税額	0	0	0	0
基準法人税額	0	0	0	0
地方法人税率	4.4%	4.4%	4.4%	–
地方法人税額	0	0	0	–
【住民税の計算】				
法人税額	0	0	0	0
法人税割額	0	0	0	0
住民税率	16.3%	16.3%	16.3%	–
住民税額	0	0	0	0
[控除対象個別帰属調整額及び控除対象個別帰属税額]				
期首残高	0	0	0	0
当期使用額	0	0	0	0
当期発生額	0	0	0	0
期末残高	0	0	0	0
【事業税の計算】				
課税所得（欠損金控除前）	▲3,000	▲2,000	▲2,000	▲7,000
繰越欠損金	0	0	0	0
課税所得	▲3,000	▲2,000	▲2,000	▲7,000
事業税率	3.779%	3.779%	3.779%	–
事業税額	0	0	0	0
[事業税に係る繰越欠損金]				
期首残高	0	0	0	0
当期使用額	0	0	0	0
当期発生額	3,000	2,000	2,000	7,000
期末残高	3,000	2,000	2,000	7,000

P社は連結親法人であるため非特定連結欠損金として持込み。A社は特定連結子法人であるため、特定連結欠損金として持込み。B社は特定連結子法人ではないため、連結納税開始に伴い法人税では切り捨てられる。

B社は、繰越欠損金が法人税で切り捨てられたため、住民税では、控除対象個別帰属調整額として住民税の繰越欠損金となる。金額は住民税の課税標準である法人税割額に相当させるため、切捨て繰越欠損金×法人税率（2,000×23.4％）で計算される。

事業税に係る繰越欠損金は、切捨ても、損益通算もないため、法人税、住民税とは別に、各連結法人ごとに繰越欠損金が発生、使用されていく。

連結納税開始事業年度（2018／3期）	P社（連結親法人）	A社（特定連結子法人）
個別所得（欠損金控除前）	4,000	1,000
【法人税の計算】		
連結所得（欠損金控除前）	4,000	1,000
連結欠損金	650	1,000
連結所得	3,350	0
連結法人税率	23.4%	23.4%
連結法人税額	784	
[連結欠損金]		
期首残高	3,000	2,000
2017／3期（非特定連結欠損金）	3,000	0
2017／3期（特定連結欠損金）	0	2,000
当期使用額	650	1,000
2017／3期（非特定連結欠損金）	650	0
2017／3期（特定連結欠損金）	0	1,000
当期発生額	0	0
期末残高	2,350	1,000
【地方法人税の計算】		
連結法人税個別帰属額	784	
基準法人税額	784	0
地方法人税率	4.4%	4.4%
地方法人税額	34	0
【住民税の計算】		
連結法人税個別帰属額	784	0
個別帰属法人税額	784	0
控除対象個別帰属調整額及び控除対象個別帰属税額	0	0
法人税割額	784	0
住民税率	16.3%	16.3%
住民税額	128	0
[控除対象個別帰属調整額及び控除対象個別帰属税額]		
期首残高	0	0
2017／3期	0	0
当期使用額	0	0
2017／3期	0	0
当期発生額	0	0
期末残高	0	0
【事業税の計算】		
課税所得（欠損金控除前）	4,000	1,000
繰越欠損金	2,200	550
課税所得	1,800	450
事業税率	3.779%	3.779%
事業税額	68	17
[事業税に係る繰越欠損金]		
期首残高	3,000	2,000
2017／3期	3,000	2,000
当期使用額	2,200	550
2017／3期	2,200	550
当期発生額	0	0
期末残高	800	1,450

第3章 連結納税の繰延税金資産の回収可能性　　101

左側明細表

B社 (非特定連結子法人)	合計
▲2,000	3,000
▲2,000	3,000
0	1,650
▲2,000	1,350
23.4%	23.4%
▲468	316
0	5,000
0	3,000
0	2,000
-	-
0	1,650
0	650
0	1,000
-	-
0	0
0	3,350
▲468	316
▲468	316
4.4%	4.4%
▲20	14
▲468	316
0	784
0	0
0	784
16.3%	-
0	128
468	468
468	468
-	-
0	0
0	0
468	468
936	936
▲2,000	3,000
0	2,750
▲2,000	250
3.779%	-
0	85
2,000	7,000
2,000	7,000
-	-
0	2,750
0	2,750
-	-
2,000	2,000
4,000	6,250

主表

連結納税適用事業年度 （2019／3期）	P社	A社	B社	合計
個別所得（欠損金控除前）	▲9,000	4,000	4,000	▲1,000
【法人税の計算】				
連結所得（欠損金控除前）	▲9,000	4,000	4,000	▲1,000
連結欠損金	0	0	0	0
連結所得	▲9,000	4,000	4,000	▲1,000
連結法人税率	23.2%	23.2%	23.2%	23.2%
連結法人税額	▲1,856	928	928	0
【連結欠損金】				
期首残高	2,350	1,000	0	3,350
2017／3期（非特定連結欠損金）	2,350	0	0	2,350
2017／3期（特定連結欠損金）	0	1,000	0	1,000
2018／3期（非特定連結欠損金）	0	0	0	0
2018／3期（特定連結欠損金）	0	0	0	0
当期使用額	0	0	0	0
2017／3期（非特定連結欠損金）	0	0	0	0
2017／3期（特定連結欠損金）	0	0	0	0
2018／3期（非特定連結欠損金）	0	0	0	0
当期発生額	1,000	0	0	1,000
期末残高	3,350	1,000	0	4,350
【地方法人税の計算】				
連結法人税個別帰属額	▲1,856	928	928	0
基準法人税額	▲1,856	928	928	0
地方法人税率	4.4%	4.4%	4.4%	4.4%
地方法人税額	▲82	41	41	0
【住民税の計算】				
連結法人税個別帰属額	▲1,856	928	928	0
個別帰属法人税額	0	928	928	1,856
控除対象個別帰属調整額及び控除対象個別帰属税額	0	0	▲928	928
法人税割額	0	928	0	928
住民税率	16.3%	16.3%	16.3%	-
住民税額	0	151	0	151
[控除対象個別帰属調整額及び控除対象個別帰属税額]				
期首残高	0	0	936	936
2017／3期	0	0	468	468
2018／3期	0	0	468	468
当期使用額	0	0	928	928
2017／3期	0	0	468	468
2018／3期	0	0	460	460
当期発生額	1,856	0	0	1,856
期末残高	1,856	0	8	1,864
【事業税の計算】				
課税所得（欠損金控除前）	▲9,000	4,000	4,000	▲1,000
繰越欠損金	0	1,450	2,000	3,450
課税所得	▲9,000	2,550	2,000	▲4,450
事業税率	3.779%	3.779%	3.779%	-
事業税額	0	96	76	172
[事業税に係る繰越欠損金]				
期首残高	800	1,450	4,000	6,250
2017／3期	800	1,450	2,000	4,250
2018／3期	0	0	2,000	2,000
当期使用額	0	1,450	2,000	3,450
2017／3期	0	1,450	2,000	3,450
2018／3期	0	0	0	0
当期発生額	9,000	0	0	9,000
期末残高	9,800	0	2,000	11,800

注記

連結所得3,000の55%である1,650が控除限度額であり、まず、A社の特定連結欠損金2,000をA社の個別所得1,000を限度に控除する。次に、P社の非特定連結欠損金3,000を控除限度額の残額650（3,000×55％－1,000）を限度に控除する。

B社は個別所得がマイナスであるが、連結所得がプラスであるため、連結欠損金は発生せず、連結欠損金個別帰属額は生じない。

B社の個別欠損金額（▲2,000）は、損益通算によりP社及びA社の個別所得と相殺されてしまったため、法人税では繰越欠損金とならない。そのため、住民税では損益通算がなかったものとして、損益通算分の法人税割額に相当するマイナスの連結法人個別帰属額を控除対象個別帰属税額とする。

個別欠損金額9,000のうち、損益通算された8,000に法人税率を乗じた額が連結法人税個別帰属となる。

損益通算された後の連結所得がマイナスの場合に連結欠損金が発生する。この場合、個別帰属額は、個別欠損金の発生したP社の連結欠損金となる。個別欠損金額が複数の連結法人で発生する場合は個別欠損金の発生比で按分する。

住民税の課税標準となる個別帰属法人税額（プラスの連結法人税個別帰属額）から控除対象個別帰属調整額及び控除対象個別帰属税額が控除される。

102　第3部　連結納税における税効果会計

　この連結納税の税金計算の仕組みに基づき，以下に連結納税を採用している場合の繰延税金資産の回収可能額の計算方法について，計算例を交えながら解説していきたい。

3-4　連結納税の繰延税金資産の回収可能性の実務

3-4-1　繰延税金資産の回収可能額の計算手順

　実務では，連結納税における繰延税金資産の回収可能額の計算は，単体納税と同様に図表1の手順によって行われる。

【図表1】　回収可能性の計算手順

No	手順	手続
Ⅰ	企業分類の決定	企業分類を決定する。
Ⅱ	スケジューリングによる回収可能額の計算	スケジューリングにより将来減算一時差異等の回収可能額を計算する。
Ⅲ	企業分類による最終的な回収可能額の決定	スケジューリングによる回収可能額について，企業分類により最終的な回収可能額を決定する。

　そして，企業分類とスケジューリングについて，連結納税では，個別財務諸表において法人税及び地方法人税，住民税，事業税の区分ごとに図表2のように取り扱われることとなる。

【図表2】　法人税及び地方法人税，住民税，事業税の取扱い

	法人税及び地方法人税	住民税，事業税
企業分類	将来減算一時差異については，連結納税主体と連結納税会社の分類のうち，より上位の分類を適用する。 連結欠損金については，特定連結欠損金が含まれていない場合は，連結納税主体の分類を適用し，特定連結欠損金が含まれている場合は，連結納税主体の分類と連結納税会社の分類をそれぞれ考慮する。	各連結納税会社の分類を適用する。

第3章 連結納税の繰延税金資産の回収可能性　103

スケジューリング	各連結納税会社の個別所得見積額だけではなく，他の連結納税会社の個別所得見積額を考慮する。連結欠損金については，特定連結欠損金が含まれていない場合は，連結所得見積額を考慮し，特定連結欠損金が含まれている場合は，連結所得見積額と個別所得見積額を考慮する。	各連結納税会社の個別所得見積額だけを考慮する。

　次に，〔手順Ⅰ〕～〔手順Ⅲ〕で行われる繰延税金資産の回収可能額の計算について，ケーススタディの計算例を交えながら解説する。ケーススタディの前提条件は図表3のとおりである。

【図表3】　ケーススタディの前提条件

1．対象事業年度：2018年4月1日～2019年3月31日
2．課税所得（将来減算一時差異解消前）

事業年度／会社名	トラスト1	トラスト2	トラスト3
2020.3期	300	200	▲ 200
2021.3期	300	300	100
2022.3期	300	300	100

3．将来減算一時差異
トラスト1（トラスト2及びトラスト3も同じとする）

将来減算一時差異	種類	残高	解消スケジュール					
			2020.3期	2021.3期	2022.3期	3年超（又は回収期間超）	長期	スケ不能
賞与引当金	スケ可能	20	20					
未払事業税	スケ可能	20	20					
減損損失（償却資産）	スケ可能	55	5	5	5	40		
建物減価償却費	長期	65	5	5	5		50	
退職給付引当金	長期	50					50	
投資有価証券評価損	スケ不能	50						50
合計		260	50	10	10	40	100	50

104　第3部　連結納税における税効果会計

なお，将来加算一時差異はないものとする。

4．繰越欠損金の状況

① 非特定連結欠損金個別帰属額

発生事業年度			連結納税親会社	連結納税子会社	連結納税子会社
年	月	日	トラスト1	トラスト2	トラスト3
2016	3	31	200		
2017	3	31	200		
			400	0	0

② 特定連結欠損金個別帰属額

発生事業年度			連結納税親会社	連結納税子会社	連結納税子会社
年	月	日	トラスト1	トラスト2	トラスト3
2016	3	31		40	200
2017	3	31		40	200
			0	80	400

③ 控除対象個別帰属税額及び控除対象個別帰属調整額

発生事業年度			連結納税親会社	連結納税子会社	連結納税子会社
年	月	日	トラスト1	トラスト2	トラスト3
2018	3	31		30	50
2019	3	31			50
			0	30	100

④ 繰越欠損金（事業税）

発生事業年度			連結納税親会社	連結納税子会社	連結納税子会社
年	月	日	トラスト1	トラスト2	トラスト3
2016	3	31	100	40	200
2017	3	31	200	40	200
2018	3	31		130	200
2019	3	31			200
			300	210	800

トラスト2は他の連結納税会社との吸収合併により上記の繰越欠損金を引き継いだ。

3-4-2 〔手順I〕企業分類の決定

　繰延税金資産の回収可能性は，具体的には，過去の業績により会社をランクづけして将来減算一時差異等の種類や解消時期により，繰延税金資産の回収可能額を計算するという方法が実務上採用されている（適用指針第26号15）。こ

の繰延税金資産の回収可能額を計算するための会社のランクを「企業分類」という。繰延税金資産の回収可能額の計算はこの企業分類の決定からはじまる。

連結納税を採用している場合，実務上，個別財務諸表における法人税及び地方法人税，住民税，事業税に係る企業分類を，次のような考え方により決定することになる。

ここで，連結納税主体の企業分類とは，連結納税グループ全体の将来減算一時差異と当期及びおおむね過去３期の課税所得との比較，そして，連結納税グループ全体での繰越欠損金の発生状況により判定する連結納税グループ全体の企業分類をいう。

なお，企業分類の定義は単体納税の場合と同様である（88頁参照）。

(1) 将来減算一時差異（法人税及び地方法人税）

将来減算一時差異に係る繰延税金資産の回収可能性を判断する場合，連結納税主体の分類が連結納税会社の分類と同じか上位（分類のうち，（分類１）を最上位とする）にあるときは連結納税主体の分類に応じた判断を行い，連結納税会社の分類が連結納税主体の分類の上位にあるときは，まず自己の個別所得見積額に基づいて判断することになるため，当該連結納税会社の分類に応じた判断を行うこととなる（実務対応報告第７号Ｑ３）。

これは，連結納税では損益通算が行われるため，連結納税会社の個別所得見積額だけではなく，他の連結納税会社の個別所得見積額を含めて回収可能額が計算されるためである。

(2) 連結欠損金個別帰属額

連結欠損金個別帰属額の分類については，実務対応報告第７号Ｑ３において，「連結欠損金個別帰属額に係る繰延税金資産の回収可能性を判断するにあたっては，連結欠損金に特定連結欠損金が含まれていない場合には連結所得見積額を考慮し，連結欠損金に特定連結欠損金が含まれている場合には連結所得見積額及び個別所得見積額の両方を考慮することになるが，具体的には，それぞれの所得の見積単位における分類に応じた判断を行うことが適当であると考えられる」とされているため，その考え方に従い，連結欠損金個別帰属額の分類に

106　第3部■連結納税における税効果会計

ついて，①連結欠損金個別帰属額で分類を1つ決定する方法と②非特定連結欠
損金個別帰属額と特定連結欠損金個別帰属額で別々に分類を設定する方法，の
いずれかの方法が考えられるが，連結納税の税効果会計システムなど実務上は，
②の方法が採用されていることが多く，本章のケーススタディでも②の方法で
回収可能額の計算例を示すこととする。

① 連結欠損金個別帰属額で分類を1つ決定する方法

　連結欠損金個別帰属額に係る繰延税金資産の回収可能性を判断する場合，連
結欠損金に特定連結欠損金が含まれていない場合は，連結納税主体の分類によ
り回収可能性を判断し，連結欠損金に特定連結欠損金が含まれている場合は，
連結納税主体の分類と連結納税会社の分類のうち，より下位の分類により回収
可能性を判断する方法である。これは，連結欠損金に特定連結欠損金が含まれ
ていない場合は，連結欠損金のすべてが連結所得見積額のみを限度に解消され，
連結欠損金に特定連結欠損金が含まれている場合は，連結欠損金の一部（特定
連結欠損金）が連結所得見積額及び個別所得見積額のいずれか低い金額を限度
に解消されるためである。

② 非特定連結欠損金個別帰属額と特定連結欠損金個別帰属額で別々に分類を
設定する場合

　連結欠損金個別帰属額のうち，連結所得見積額を限度に解消される非特定連
結欠損金個別帰属額と，連結所得見積額及び個別所得見積額のいずれか低い金
額を限度に解消される特定連結欠損金個別帰属額を，別々の一時差異等と考え
て，それぞれ次のように分類を設定する方法である。

(i) 非特定連結欠損金個別帰属額

　非特定連結欠損金個別帰属額に係る繰延税金資産の回収可能性を判断する場
合，連結納税主体の分類により回収可能性を判断することになる。これは，連
結欠損金は損益通算後の連結所得と相殺されることにより解消されるためであ
る。つまり，連結所得が発生しない場合は，連結欠損金は解消されないため，
連結所得により決定される連結納税主体の分類により回収可能性を判断するこ
ととなる。

(ii) 特定連結欠損金個別帰属額

　一方，連結欠損金個別帰属額のうち，連結納税子会社の開始前繰越欠損金や

第3章　連結納税の繰延税金資産の回収可能性　**107**

連結納税子会社の加入前繰越欠損金，連結納税会社が連結納税会社以外の被合併法人及び残余財産確定法人から引き継いだ繰越欠損金など，特定連結欠損金個別帰属額に係る繰延税金資産の回収可能性を判断する場合，連結納税主体の分類と連結納税会社の分類のうち，より下位の分類により回収可能性を判断することになる。これは，特定連結欠損金個別帰属額は，当該連結納税会社の個別所得を限度としてのみ連結欠損金として繰越控除ができるためである。つまり，特定連結欠損金個別帰属額は，連結所得が発生しない場合，あるいは，個別所得が発生しない場合のいずれかの場合には解消されないこととなる。したがって，連結所得により決定される連結納税主体の分類と個別所得により決定される連結納税会社の分類のいずれか下位の分類を適用することとなる。

【特定連結欠損金と回収可能限度額（個別所得を限度とするケース）】

〈個別所得〉　　　　　〈控除前調整　　　　　〈特定連結欠損金〉
　　　　　　　　　　　　連結所得金額〉

【特定連結欠損金と回収可能限度額（連結所得を限度とするケース）】

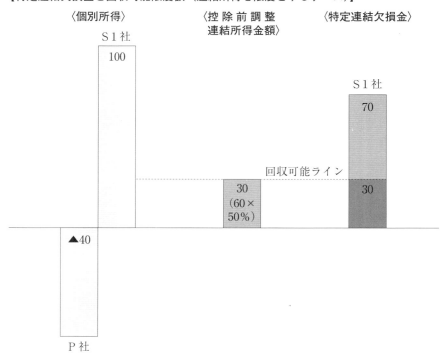

注：連結所得控除限度額は連結所得の50％とするが，連結親法人の資本金が1億円以下である場合（連結親法人が資本金5億円以上の大法人の100％子法人である場合又は連結親法人が完全支配関係がある複数の大法人に発行済株式等の全部を所有されている場合を除く）は連結所得の100％となる（法法81の9①⑧）。

(3) 地方税

　地方税については単体納税と同様に，連結納税会社の分類により回収可能性を判断する。これは，地方税には単体納税が適用されるためである。

　なお，法人税の税金計算の結果から税額が計算される住民税について，連結欠損金個別帰属額の回収可能性の判断において，法人税における連結欠損金個別帰属額に係る分類で判断すべきか否かについては議論があろう。ただし，連結納税の税効果会計システムなど，実務上は，連結欠損金個別帰属額の回収可能性の判断においても，単体納税と同様に，連結納税会社の分類により回収可

能性を判断していることが多い。

　以上，連結納税における企業分類の判定をまとめると図表4のとおりとなる。

【図表4】　企業分類の判定

【個別財務諸表】連結納税における企業分類の判定																											
企業分類の判定	連結納税主体	連結グループ全体の判定による分類	①					②					③					④					⑤				
	各連結納税会社	各連結納税会社の判定による分類	①	②	③	④	⑤	①	②	③	④	⑤	①	②	③	④	⑤	①	②	③	④	⑤	①	②	③	④	⑤
適用される企業分類の決定	将来減算一時差異に係る分類	より上位の分類が優先	①	①	①	①	①	①	②	②	②	②	①	②	③	③	③	①	②	③	④	④	①	②	③	④	⑤
	非特定連結欠損金に係る分類	連結納税主体の分類	①	①	①	①	①	②	②	②	②	②	③	③	③	③	③	④	④	④	④	④	⑤	⑤	⑤	⑤	⑤
	特定連結欠損金に係る分類	より下位の分類が優先	①	②	③	④	⑤	②	②	③	④	⑤	③	③	③	④	⑤	④	④	④	④	⑤	⑤	⑤	⑤	⑤	⑤
	地方税に係る分類	連結納税会社の分類	①	②	③	④	⑤	①	②	③	④	⑤	①	②	③	④	⑤	①	②	③	④	⑤	①	②	③	④	⑤

(4)　ケーススタディによる企業分類

　次にケーススタディを使って，企業分類の判定例を示すこととする。

　当期及びおおむね過去3年以上の課税所得及び将来減算一時差異等から連結納税会社及び連結納税主体の分類を判定する。連結納税会社の分類は単体納税の分類を採用し，連結納税主体の分類は連結納税グループ全体で判定する（図表5）。具体的な企業分類の判定基準は，適用指針第26号17～31に従う（第3章「3-1-2」(2)参照）。

110　　第３部　連結納税における税効果会計

【図表5】　ケーススタディによる企業分類

<table>
<tr><td colspan="2" rowspan="2">事業年度</td><td>連結納税
親会社</td><td>連結納税
子会社</td><td>連結納税
子会社</td><td rowspan="2">連結納税
主体</td></tr>
<tr><td>トラスト1</td><td>トラスト2</td><td>トラスト3</td></tr>
<tr><td rowspan="4">課税所得</td><td>2016.3 期</td><td>▲500</td><td>300</td><td>▲200</td><td>▲400</td></tr>
<tr><td>2017.3 期</td><td>▲200</td><td>300</td><td>▲200</td><td>▲100</td></tr>
<tr><td>2018.3 期</td><td>200</td><td>100</td><td>▲200</td><td>100</td></tr>
<tr><td>2019.3 期</td><td>200</td><td>100</td><td>▲200</td><td>100</td></tr>
<tr><td colspan="2">繰越欠損金</td><td>300</td><td>210</td><td>800</td><td>880</td></tr>
<tr><td colspan="2">将来減算一時差異</td><td>260</td><td>260</td><td>260</td><td>780</td></tr>
<tr><td colspan="2">将来減算一時差異等（合計）</td><td>560</td><td>470</td><td>1,060</td><td>1,660</td></tr>
<tr><td colspan="2">連結納税会社と連結納税主体のそれぞれの分類</td><td>④</td><td>②</td><td>⑤</td><td>④</td></tr>
<tr><td rowspan="4">最終判定</td><td>将来減算一時差異に係る法人税及び地方法人税の分類</td><td>④</td><td>②</td><td>④</td><td>連結納税会社と連結納税主体の分類のうち，上位を採用</td></tr>
<tr><td>非特定連結欠損金に係る分類</td><td>④</td><td>④</td><td>④</td><td>連結納税主体の分類を採用</td></tr>
<tr><td>特定連結欠損金に係る分類</td><td>④</td><td>④</td><td>⑤</td><td>連結納税会社と連結納税主体の分類のうち，下位を採用</td></tr>
<tr><td>地方税の分類</td><td>④</td><td>②</td><td>⑤</td><td>連結納税会社の分類を採用</td></tr>
</table>

注１：①→（分類１），②→（分類２），③→（分類３），④→（分類４），⑤→（分類５）とする（以下，本書で同じ）。

注２：トラスト２の課税所得は，吸収合併をした他の連結納税会社の課税所得（欠損金額）を含めている。

注３：繰越欠損金は，連結納税会社は事業税に係る繰越欠損金，連結納税主体は連結欠損金とする。

⑸　企業分類とスケジューリングの関係

　企業分類については上記の考え方によって判定されることとなるが，このうち，法人税及び地方法人税，住民税，事業税ごとに，分類が②，③，④のいずれかの場合，次で解説するスケジューリングを行い，将来の課税所得との比較

によって回収可能額を計算することとなる（また，分類が①の場合でも，繰延税金資産の計算において，将来減算一時差異等に乗じる法定実効税率が将来減算一時差異等の解消年度ごとに異なる場合は，将来減算一時差異等の解消年度を把握する必要がある）。

そして，連結納税における回収可能性の検討において，スケジューリングを実施する場合は，連結財務諸表及び個別財務諸表ともに連結納税会社の個別所得見積額だけでなく，連結所得見積額を含めて回収可能額が計算されることから，連結納税主体とすべての連結納税会社の分類が①又は⑤のいずれかで統一されない限り，結局のところ，すべての連結納税会社がスケジューリングを実施することになる（ただし，分類が①で統一されている場合でも，繰延税金資産の計算において，将来減算一時差異等に乗じる法定実効税率が将来減算一時差異等の解消年度ごとに異なる場合は，将来減算一時差異等の解消年度を把握する必要がある）。

したがって，単体納税を採用している場合と異なり，連結納税を採用している場合は，繰延税金資産の計上額を計算する上で，スケジューリングによる繰延税金資産の回収可能額の計算が必須となってくる。

3-4-3 〔手順Ⅱ〕スケジューリングによる回収可能額の計算

スケジューリングによる回収可能額の計算とは，つまりは，将来の税金計算を行うことである。そして，単体納税の税金計算の方法と連結納税の税金計算の方法はさまざまな点で異なるため，次の点で，単体納税におけるスケジューリングとは異なる手続となる（実務対応報告第7号Q3）。

- 法人税及び地方法人税については両税合わせて行い，住民税又は事業税はそれぞれ区分して行うこと
- 法人税及び地方法人税の将来減算一時差異に係る繰延税金資産の回収可能性の判断は，個別所得見積額だけでなく，他の連結納税会社の個別所得見積額も考慮してスケジューリングを行うこと
- 法人税及び地方法人税の連結欠損金個別帰属額に係る繰延税金資産の回収可能性の判断については，次のとおりに行うこと

- 連結納税主体の連結欠損金に特定連結欠損金が含まれていない場合は,連結所得見積額を考慮してスケジューリングを行うこと
- 連結納税主体の連結欠損金に特定連結欠損金が含まれている場合は,連結所得見積額及び各連結納税会社の個別所得見積額の両方を考慮してスケジューリングを行うこと

　次にケーススタディを使って,翌事業年度分（2020年3月期分）のスケジューリングによる回収可能額の計算例を示すこととする。

　なお,スケジューリングによる回収可能額の計算手続における用語の定義は図表6のようになる（実務対応報告第7号Q3）。

【図表6】 スケジューリングによる回収可能額の計算手続における用語の定義

用語	定義
個別所得見積額	連結納税会社の課税所得の見積額（将来減算一時差異の解消額を減算する前及び税務上の繰越欠損金を控除する前の課税所得の見積額）
連結所得見積額	連結納税主体の課税所得の見積額（将来減算一時差異の解消額を減算する前及び税務上の繰越欠損金を控除する前の課税所得の見積額）
受取個別帰属法人税額	連結納税会社が収入すべき連結法人税の個別帰属額。つまり,欠損の生じた連結納税会社が,損益通算による他の連結納税会社の所得との相殺額として受け取る法人税相当額（赤字の損益通算による法人税減少額）
受取個別帰属法人税額の所得換算額	受取個別帰属法人税額の見積額を課税所得に換算した金額。つまり,損益通算した個別欠損金額をいう
連結欠損金個別帰属額	連結欠損金のうち,各連結納税会社に帰属する金額
連結欠損金繰越控除額	当該事業年度に損金算入される連結欠損金相当額
連結欠損金個別帰属額の繰越控除額	連結欠損金繰越控除額のうち,各連結納税会社に帰属する金額
控除対象個別帰属調整額	連結納税開始又は加入により法人税上切り捨てられた連結納税適用前繰越欠損金に法人税率を乗じた金額。この控除対象個別帰属調整額は連結納税適用以後の個別帰属法人税額から繰越控除することが可能となる（ただし,対象となる繰越欠損金の繰越期限を限度とする）

控除対象個別帰属税額	マイナスの連結法人税個別帰属額（つまり連結納税により法人税上，損益通算の対象となった個別欠損金額に法人税率を乗じた金額）。この控除対象個別帰属税額は翌事業年度以後の個別帰属法人税額から9年間繰越控除することが可能となる
個別帰属法人税額	プラスの連結法人税個別帰属額。これは，連結法人税の各連結納税会社への個別帰属額をいう

(1) 法人税及び地方法人税

法人税及び地方法人税のスケジューリングによる回収可能額は，税金計算の結果に基づいて計算されるため，まず，図表7のように2020年3月期の税金計算を行う必要がある。

【図表7】 ケーススタディによる法人税及び地方法人税の計算

法人税額及び地方法人税額の計算	2020.3期			
	連結納税親会社	連結納税子会社	連結納税子会社	連結納税主体
	トラスト1	トラスト2	トラスト3	（合計）
個別所得見積額	300	200	▲ 200	300
将来減算一時差異の解消見込額	50	50	50	150
将来減算一時差異の解消見込額減算後の個別所得見積額	250	150	▲ 250	150
連結欠損金控除額	35	40	0	75
非特定連結欠損金控除額	35	0	0	35
2016.3期	35	0	0	35
特定連結欠損金控除額	0	40	0	40
2016.3期	0	40	0	40
個別所得金額	215	110	▲ 250	75

※ 連結欠損金の控除額については，まず発生事業年度の古い2016年3月期発生の連結欠損金から，かつ，特定連結欠損金から控除されるため，まず，トラスト2の特定連結欠損金40（2016年3月期発生分）が自社の個別所得150を限度に控除され，トラスト1の非特定連結欠損金200（2016年3月期発生分）は，控除限度額の残額35（連結所得150×50％－40）を限度に控除される。

この個別所得金額，連結所得金額，連結欠損金控除額の計算結果に基づいて，次のように回収可能額が計算される。

114 第３部 連結納税における税効果会計

① 将来減算一時差異

手順１	スケジューリングに基づき，期末における将来減算一時差異の解消見込額を個別所得見積額と解消見込年度ごとに相殺する。相殺された金額に係る繰延税金資産は回収可能性があると判断される
手順２	手順１で相殺しきれなかった将来減算一時差異の解消見込額については，その解消見込年度ごとに収入すべき連結法人税の個別帰属額（受取個別帰属法人税額）の見積額を課税所得に換算した金額（当該年度の個別所得見積額がマイナスの場合には，マイナスの個別所得見積額に充当後の残額）と相殺する。相殺された金額に係る繰延税金資産は，回収可能性があると判断される（133頁［設例１］，139頁［設例３］）
手順３	手順２においても相殺しきれなかった将来減算一時差異の解消見込額は，税効果会計の適用上，解消年度に発生した連結欠損金個別帰属額と同様に取り扱われることとなる。この連結欠損金個別帰属額と同様に取り扱われることとなる将来減算一時差異の解消見込額に係る繰延税金資産の回収可能性の判断は，117頁の②の連結欠損金個別帰属額の回収可能性の判断により行うこととなる

ケーススタディに当てはめると，図表８のようになる。

【図表８】 ケーススタディにおける将来減算一時差異（法人税及び地方法人税）に係るスケジューリング

法人税及び地方法人税に係るスケジューリング	2020.3期				
	連結納税親会社	連結納税子会社	連結納税子会社	連結納税主体（合計）	
	トラスト1	トラスト2	トラスト3		
個別所得見積額	300	200	▲ 200	300	
将来減算一時差異の解消見込額	50	50	50	150	
将来減算一時差異の解消見込額減算後の個別所得見積額	250	150	▲ 250	150	
個別所得見積額による回収可能見込額	50	50	0	100	
受取個別帰属法人税額の所得換算額	0	0	250	250	
上記のうち，マイナスの個別所得見積額への充当額	0	0	200	200	
回収可能見込額	50	50	50	150	

［手順１］では回収不能，［手順２］へ。自社の将来減算一時差異解消前の個別所得見積額がマイナス（▲200）であるため，自社の個別所得では，将来減算一時差異の解消額50は回収できない。

ここがマイナスの場合（連結所得がマイナスの場合）は，トラスト3で，［手順１］及び［手順２］で回収可能とならない将来減算一時差異が発生する。この場合，トラスト3の将来減算一時差異の解消額は，連結欠損金個別帰属額となるため［手順３］となる。

連結納税特有の回収可能額を含めた金額

［手順１］で回収可能に。
自社の将来減算一時差異解消後の個別所得がプラス（250）であるため，将来減算一時差異の解消額50の全額が回収可能となる。ここまでは単体納税のスケジューリングと同じ。

［手順２］で回収可能に。
連結所得がプラス（150），つまり，トラスト3の将来減算一時差異解消後の個別所得▲250はトラスト1及びトラスト2の個別所得400（250＋150）により損益通算されている。
したがって，他社の所得により将来減算一時差異が回収されることになるが，この場合，損益通算されている250（受取個別帰属法人税額の所得換算額）のうち，当期のマイナスの個別所得見積額▲200に優先的に充当された金額を除いた50（250－200）について，将来減算一時差異が回収可能と判断される。

第3章■連結納税の繰延税金資産の回収可能性　　115

　なお，手順3のケースに該当するのは，図表9-1のような場合である。この場合，手順1及び手順2においても相殺しきれなかった将来減算一時差異の解消見込額は，図表9-2のように連結欠損金個別帰属額として翌年度以後に回収可能性が検討されることとなる。

【図表9-1】　手順3に該当するケースの例

法人税及び地方法人税に係る スケジューリング	2020.3期				
	連結納税 親会社	連結納税 子会社	連結納税 子会社	連結納税 主体 （合計）	
	トラスト1	トラスト2	トラスト3		
個別所得見積額	100	100	▲ 300	▲ 100	連結欠損金となった場合，トラスト3の将来減算一時差異の解消額50のうち連結欠損金個別帰属額に含まれる金額は[手順3]で回収可能性が検討される。
将来減算一時差異の解消見込額	50	50	50	150	
将来減算一時差異の解消見込額減算後の個別所得見積額	50	50	▲ 350	▲ 250	
個別所得見積額による回収可能見込額	50	50	0	100	
受取個別帰属法人税額の所得換算額	0	0	100	100	
上記うち，マイナスの個別所得見積額への充当額	0	0	100	100	
回収可能見込額	50	50	0	100	

損益通算された受取個別帰属法人税額の所得換算額100（トラスト1とトラスト2の個別所得合計100＜トラスト3の個別欠損金額350）は，当期のマイナスの個別所得見積額▲300に優先充当されるため，将来減算一時差異の解消額50は損益通算されず，連結欠損金個別帰属額に含まれることとなる。つまり，当期に発生する連結欠損金▲250は，個別欠損金額▲350の生じているトラスト3の連結欠損金個別帰属額となり，その内訳は，当期の個別所得見積額▲200と将来減算一時差異の解消額▲50となる。したがって，将来減算一時差異の解消額50は[手順1]及び[手順2]で回収不能となり，翌年以後に連結欠損金個別帰属額として[手順3]で回収可能性が検討される。

116　第３部　連結納税における税効果会計

【図表9-2】　手順3で回収可能になるケース

法人税及び地方法人税に係るスケジューリング	2020.3期（解消年度）			
	2021.3期（回収年度）			
	連結納税親会社	連結納税子会社	連結納税子会社	連結納税主体
	トラスト1	トラスト2	トラスト3	（合計）
2020.3期に発生した連結欠損金の期首残高			250	250
うち，2020.3期のマイナスの個別所得見積額で構成される金額	0	0	200	200
うち，2020.3期の将来減算一時差異の解消見込額で構成される金額	0	0	50	50
2020.3期に発生した連結欠損金の当期控除額	0	0	220※	220
うち，「2020.3期のマイナスの個別所得見積額で構成される金額」	0	0	200	200
うち，「2020.3期の将来減算一時差異の解消見込額で構成される金額」	0	0	20	20
2020.3期の「手順1及び手順2において相殺しきれなかった将来減算一時差異の解消見込額50」のうち，2021.3期における回収可能額	0	0	20	20

2020.3期に発生した連結欠損金の翌年度の控除額220のうち，まず，マイナスの個別所得見積額▲200に優先充当し，残額20について，2020.3期の将来減算一時差異の解消見込額の回収可能と考える。なお，繰延税金資産の計算では，2021.3期の法人税及び地方法人税の法定実効税率を乗じることになる。

法人税及び地方法人税に係るスケジューリング	2020.3期（解消年度）			
	2022.3期（回収年度）			
	連結納税親会社	連結納税子会社	連結納税子会社	連結納税主体
	トラスト1	トラスト2	トラスト3	（合計）
2020.3期に発生した連結欠損金の期首残高			30	30
うち，2020.3期のマイナスの個別所得見積額で構成される金額	0	0	0	0
うち，2020.3期の将来減算一時差異の解消見込額で構成される金額	0	0	30	30
2020.3期に発生した連結欠損金の当期控除額	0	0	30※	30
うち，「2020.3期のマイナスの個別所得見積額で構成される金額」	0	0	0	0
うち，「2020.3期の将来減算一時差異の解消見込額で構成される金額」	0	0	30	30
2020.3期の「手順1及び手順2において相殺しきれなかった将来減算一時差異の解消見込額50」のうち，2022.3期における回収可能額	0	0	30	30

2020.3期に発生した連結欠損金250が全額解消されたため，2020.3期の「手順1及び手順2において相殺しきれなかった将来減算一時差異の解消見込額50」について，連結欠損金個別帰属額として2021.3期に20，2022.3期に30が回収可能となる。なお，繰延税金資産の計算では，回収年度の法人税及び地方法人税の法定実効税率を乗じることになる。

※2021.3期，2022.3期の税金計算をした結果。今回は所与。

　なお，将来減算一時差異に係る企業分類が②に該当する連結納税会社については，解消年度後，最大で10年間（連結欠損金個別帰属額の繰越期間）のスケジューリングを行う必要がある。

第3章　連結納税の繰延税金資産の回収可能性　117

②　連結欠損金個別帰属額

手順1	当期末において存在する連結欠損金個別帰属額について，税務上の控除限度額計算及びその個別帰属額の配分手続に従い，その後の各事業年度において損金の額に算入される連結欠損金相当額（連結欠損金繰越控除額）のうち税務上の規定により当該連結納税会社に帰せられることとなる金額（連結欠損金個別帰属額の繰越控除額）の見積額と相殺する。相殺された金額に係る繰延税金資産は回収可能性があると判断される（135頁［設例2-1］，［設例2-2］，［設例2-3］）
手順2	手順1で相殺しきれなかった連結欠損金個別帰属額に係る繰延税金資産の金額については，回収可能性がないと判断され，繰延税金資産から控除することとなる

ケーススタディに当てはめると，図表10のようになる。

【図表10】　ケーススタディにおける連結欠損金個別帰属額（法人税及び地方法人税）に係るスケジューリング

法人税及び地方法人税に係るスケジューリング	2020.3期			
	連結納税親会社	連結納税子会社	連結納税子会社	連結納税主体（合計）
	トラスト1	トラスト2	トラスト3	
連結欠損金の回収可能見込額	35	40	0	75
非特定連結欠損金の控除額	35	0	0	35
特定連結欠損金の控除額	0	40	0	40

［手順1］で回収可能に。
実務上は，連結欠損金が特定か非特定かにより，企業分類が異なるため，当期に控除される連結欠損金を特定と非特定の別に税金計算の結果から把握する。

　法人税の税金計算の結果，解消される連結欠損金個別帰属額が回収可能となる。2020年3月期に解消されない連結欠損金個別帰属額は翌年度以後のスケジューリング期間内において解消される場合は回収可能となる。そして，スケジューリング期間内で解消されない金額は手順2により回収不能となる。

　なお，連結納税会社の連結欠損金個別帰属額に係る企業分類が①又は②に該当する連結納税会社については，最大10年間のスケジューリングを行う必要がある。

　この点，単体納税では，通常，繰越欠損金が生じる会社が分類①又は②に該当することはないため，分類③で最大5年，分類④で最大1年のスケジューリングを行えばよい（つまり，繰越欠損金と将来減算一時差異のスケジューリン

ング期間が一致する)。一方，連結納税では，例えば，連結親法人の連結納税開始前の繰越欠損金が連結納税開始後に連結欠損金（非特定連結欠損金個別帰属額）となる場合で，連結納税主体の分類が①又は②に該当する場合，この非特定連結欠損金個別帰属額の回収可能性を判断するためには，非特定連結欠損金個別帰属額の繰越期間までスケジューリングを行う必要がある（特定連結欠損金個別帰属額の場合，少なくとも連結納税会社の分類以下で回収可能性を判断するため，単体納税と同様にスケジューリング期間が5年を超えることはない)。

【回収手順：連結納税会社の個別財務諸表（法人税及び地方法人税）】

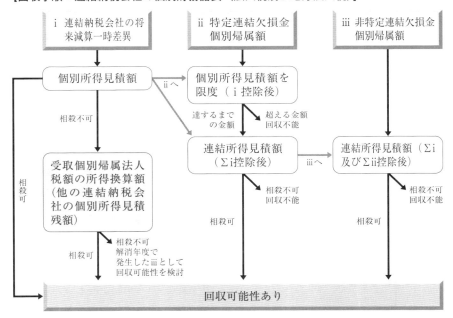

(2) 住民税

住民税のスケジューリングによる回収可能額は，法人税及び住民税の税金計算の結果に基づいて計算されるため，法人税及び住民税の税金計算を行う必要がある。2020年3月期について，住民税の計算は図表11のとおりとなる。

第3章　連結納税の繰延税金資産の回収可能性　　119

【図表11】　ケーススタディによる住民税の計算

住民税額の計算	2020. 3 期			
	連結納税 親会社	連結納税 子会社	連結納税 子会社	連結納税 主体 （合計）
	トラスト1	トラスト2	トラスト3	
個別所得見積額	300	200	▲ 200	300
将来減算一時差異の解消見込額	50	50	50	150
将来減算一時差異の解消見込額減算 後の個別所得見積額	250	150	▲ 250	150
連結欠損金控除額	35	40	0	75
非特定連結欠損金控除額	35	0	0	35
2016. 3 期	35	0	0	35
特定連結欠損金控除額	0	40	0	40
2016. 3 期	0	40	0	40
個別所得金額	215	110	▲ 250	75
連結欠損金個別帰属発生額	0	0	0	0
個別所得金額	215	110	▲ 250	75
法人税率	23.2%	23.2%	23.2%	23.2%
連結法人税個別帰属額	50	25	▲ 58	17
個別帰属法人税額	50	25	0	75
控除対象個別帰属税額及び控除対象 個別帰属調整額	0	25	0	25
2018. 3 期	0	25	0	25
法人税割額	50	0	0	50

　トラスト2は，個別帰属法人税額が発生するため控除対象個別帰属税額等と相殺する。なお，トラスト3のマイナスの連結法人税個別帰属額は翌年度以後，控除対象個別帰属税額として住民税の繰越欠損金となる。

　この住民税の計算結果に基づいて，次のように回収可能額が計算される。

120 第3部 連結納税における税効果会計

① **将来減算一時差異**

手順1	スケジューリングに基づき，期末における将来減算一時差異の解消見込額を個別所得見積額と解消見込年度ごとに相殺する。相殺された金額に係る繰延税金資産は回収可能性があると判断される
手順2	手順1で相殺し切れなかった将来減算一時差異の解消見込額は，以下のように取り扱われることとなる （a）受取個別帰属法人税額が見込まれる場合，当該受取個別帰属法人税額の見積額を課税所得に換算した金額（当該年度の個別所得見積額がマイナスの場合には，マイナスの個別所得見積額に充当後の残額）に法人税率を乗じた金額は，解消年度に発生した控除対象個別帰属税額と同様に取り扱われる （b）手順1で相殺しきれなかった将来減算一時差異の解消見込額のうち，上記の受取個別帰属法人税額の見積額を課税所得に換算した金額以外の金額は，連結欠損金個別帰属額と同様に取り扱われる 　そして，連結欠損金個別帰属額及び控除対象個別帰属税額と同様に取り扱われることとなる金額の回収可能性は，それぞれ126頁②及び129頁の③の手順により判断することとなる

　ケーススタディに当てはめると，図表12-1のようになる。

第3章　連結納税の繰延税金資産の回収可能性　　121

【図表12-1】　ケーススタディにおける将来減算一時差異（住民税）に係るスケジューリング

住民税に係るスケジューリング	2020.3期			連結納税主体（合計）	
	連結納税親会社	連結納税子会社	連結納税子会社		[手順1]では回収不能となり、[手順2]で回収可能性が判定される。
	トラスト1	トラスト2	トラスト3		
個別所得見積額	300	200	▲ 200	300	[手順1]で回収可能に。法人税における損益通算がない段階での回収可能額となる。単体納税と同じ金額となる。
将来減算一時差異の解消見込額	50	50	50	150	
将来減算一時差異の解消見込額減算後の個別所得見積額	250	150	▲ 250	150	
回収可能見込額	50	50	0	100	
受取個別帰属法人税額の所得換算額	0	0	250	250	
上記のうち、マイナスの個別所得見積額への充当額	0	0	200	200	
マイナスの個別所得見積額に充当後の残額	0	0	50	50	
法人税率	23.2%	23.2%	23.2%	-	損益通算された金額。
解消年度に発生した控除対象個別帰属税額のうち、将来減算一時差異の解消見込額で構成される金額	0	0	11	11	

[手順1]では回収不能となり、[手順2]の(a)で回収可能性が判定される。
ケーススタディでは、連結所得がプラス（150）であり、将来減算一時差異の解消額50は、法人税では、損益通算で消滅してしまうため、住民税では、控除対象個別帰属税額（11＝50×23.2%）として翌年度以後、回収可能性が検討されることとなる。
つまり、受取個別帰属法人税額が見込まれるため、当該受取個別帰属法人税額の見積額を課税所得に換算した金額（当該年度の個別所得見積額がマイナスの場合には、マイナスの個別所得見積額に充当後の残額）に法人税率を乗じた金額は、解消年度に発生した控除対象個別帰属税額と同様に取り扱われる。
連結所得がマイナスの場合は、将来減算一時差異の解消額が連結欠損金個別帰属額となるため、[手順2]の(b)で連結欠損金個別帰属額として翌年度以後に回収可能性が判定される。

　なお、図表12-1のトラスト3の［手順1］で相殺できなかった将来減算一時差異の解消見込額50の［手順2］の(a)による回収可能額の計算は、例えば図表12-2のようになる。

122　第3部　連結納税における税効果会計

【図表12-2】　手順2(a)で回収可能になるケース

住民税に係るスケジューリング	2020.3期（解消年度）			
	2021.3期（回収年度）			
	連結納税親会社	連結納税子会社	連結納税子会社	連結納税主体
	トラスト1	トラスト2	トラスト3	（合計）
2020.3期に発生した控除対象個別帰属税額の期首残高			58	58
うち、2020.3期のマイナスの個別所得見積額で構成される金額	0	0	47	47
うち、2020.3期の将来減算一時差異の解消見込額で構成される金額	0	0	11	11
2020.3期に発生した控除対象個別帰属税額の当期控除額	0	0	50※	50
うち、「2020.3期のマイナスの個別所得見積額で構成される金額」	0	0	47	47
うち、「2020.3期の将来減算一時差異の解消見込で構成される金額」	0	0	3	3
2020.3期の「手順1において相殺しきれなかった将来減算一時差異の解消見込額50」に対応する控除対象個別帰属税額11のうち、2021.3期における回収可能額	0	0	3	3
(2020.3期の「手順1において相殺しきれなかった将来減算一時差異の解消見込額50」のうち、2021.3期における回収可能額)	0	0	14	14

=受取個別帰属法人税額の所得換算額 250×23.2%

2020.3期に発生した控除対象個別帰属税額58（=250×23.2%）の翌年度の控除額50のうち、まず、マイナスの個別所得見積額に対応する控除対象個別帰属税額47（=200×23.2%）に優先充当し、残額3について、2020.3期の将来減算一時差異の解消見込額に対応する控除対象個別帰属税額の回収可能額と考える。なお、繰延税金資産の計算では、回収可能な控除対象個別帰属税額に2021.3期の控除対象個別帰属税額に係る法定実効税率を乗じることになる。

=将来減算一時差異の解消見込額50×3/11

住民税に係るスケジューリング	2020.3期（解消年度）			
	2022.3期（回収年度）			
	連結納税親会社	連結納税子会社	連結納税子会社	連結納税主体
	トラスト1	トラスト2	トラスト3	（合計）
2020.3期に発生した控除対象個別帰属税額の期首残高			8	8
うち、2020.3期のマイナスの個別所得見積額で構成される金額	0	0	0	0
うち、2020.3期の将来減算一時差異の解消見込額で構成される金額	0	0	0	0
2020.3期に発生した控除対象個別帰属税額の当期控除額	0	0	8※	8
うち、「2020.3期のマイナスの個別所得見積額で構成される金額」	0	0	0	0
うち、「2020.3期の将来減算一時差異の解消見込で構成される金額」	0	0	8	8
2020.3期の「手順1において相殺しきれなかった将来減算一時差異の解消見込額50」に対応する控除対象個別帰属税額11のうち、2022.3期における回収可能額	0	0	8	8
(2020.3期の「手順1において相殺しきれなかった将来減算一時差異の解消見込額50」のうち、2021.3期における回収可能額)	0	0	36	36

2020.3期に発生した控除対象個別帰属税額58が全額解消されたため、2020.3期の「手順1において相殺しきれなかった将来減算一時差異の解消見込額50」について、控除対象個別帰属税額として2021.3期に14、2022.3期に36が回収可能となる。なお、繰延税金資産の計算では、将来減算一時差異の解消見込額が転化した控除対象個別帰属税額の回収可能額に対して、回収年度の控除対象個別帰属税額に係る法定実効税率を乗じることになる。

=将来減算一時差異の解消見込額50×8/11
結果的に、2020.3期の将来減算一時差異の解消見込額50の回収可能額は次のとおりとなる。
2020.3期：0
2021.3期：14（控除対象個別帰属税額に転化されて回収）
2022.3期：36（控除対象個別帰属税額に転化されて回収）　合計：50

※2021.3期、2022.3期の税金計算をした結果。今回は所与。

第3章　連結納税の繰延税金資産の回収可能性　　123

　企業分類が②に該当する連結納税会社について，［手順２］の(a)に該当する場合，その将来減算一時差異の回収可能額を計算するためには，解消年度後，最大で10年間（控除対象個別帰属税額の繰越期間）のスケジューリングを行う必要が生じる（仮に，将来減算一時差異の解消年度が５年目となる場合，その後さらに最大10年間のスケジューリングを行う必要が生じる）。

　ただし，［手順２］の(a)に該当するような連結納税会社は，通常，分類①又は②に該当しないため，実際には分類③で５年以内，分類④で１年のスケジューリングを行うことになるだろう。

　また，手順２の(b)のケースに該当するのは，図表13-1のような場合である。この場合，手順１で相殺しきれなかった将来減算一時差異の解消見込額のうち，手順２の(a)に含まれなかった金額は，図表13-2のように連結欠損金個別帰属額として翌年度以後に回収可能性が検討されることとなる。

【図表13-1】　手順２の(b)に該当するケースの例

住民税に係るスケジューリング	2020.3期			
	連結納税親会社	連結納税子会社	連結納税子会社	連結納税主体（合計）
	トラスト1	トラスト2	トラスト3	
個別所得見積額	100	100	▲ 300	▲ 100
将来減算一時差異の解消見込額	50	50	50	150
将来減算一時差異の解消見込額減算後の個別所得見積額	50	50	▲ 350	▲ 250
回収可能見込額	50	50	0	100
受取個別帰属法人税額の所得換算額	0	0	100	100
上記のうち，マイナスの個別所得見積額への充当額	0	0	100	100
マイナスの個別所得見積額に充当後の残額	0	0	0	0
受取個別帰属法人税額の見積額を課税所得に換算した金額以外の金額	0	0	50	

連結欠損金250が発生する。トラスト3の将来減算一時差異の解消額50はこの連結欠損金を構成するものとして，連結欠損金個別帰属額となり［手順2］の(b)で翌年度以後に回収可能性が検討される。

　［手順1］で相殺しきれなかった将来減算一時差異の解消額50は，損益通算の対象とならないため，［手順2］の(b)により連結欠損金個別帰属額として，翌年度以後に回収可能性が検討される。

　損益通算された金額100のうち，当期の個別所得見積額▲300に優先的に充当される金額。

124　第3部　連結納税における税効果会計

【図表13-2】　手順2(b)で回収可能になるケース

住民税に係るスケジューリング	2020.3期（解消年度）2021.3期（回収年度）			
	連結納税親会社	連結納税子会社	連結納税子会社	連結納税主体
	トラスト1	トラスト2	トラスト3	（合計）
2020.3期に発生した連結欠損金の期首残高	0	0	250	250
うち，2020.3期のマイナスの個別所得見積額で構成される金額	0	0	200	200
うち，2020.3期の将来減算一時差異の解消見込額で構成される金額	0	0	50	50
2020.3期に発生した連結欠損金の当期控除額	0	0	250※	250
うち，「2020.3期のマイナスの個別所得見積額で構成される金額」	0	0	200	200
うち，「2020.3期の将来減算一時差異の解消見込で構成される金額」	0	0	50	50
2021.3期の個別所得見積額（2019.3期以前の連結欠損金個別帰属額の控除後の金額）	0	0	220	220
2020.3期の連結欠損金の当期控除額のうち，個別所得見積額に達するまでの金額	0	0	220	220
うち，「2020.3期のマイナスの個別所得見積額で構成される金額」	0	0	200	200
うち，「2020.3期の将来減算一時差異の解消見込で構成される金額」	0	0	20	20
2020.3期の「手順1において相殺しきれなかった将来減算一時差異の解消見込額50」のうち，2021.3期における回収可能	0	0	20	20
2021.3期に発生した控除対象個別帰属税額	0	0	7	7
うち，「2021.3期のマイナスの個別所得見積額で構成される金額」	0	0	0	0
うち，「2021.3期の将来減算一時差異の解消見込額で構成される金額」	0	0	0	0
うち，「2019.3期以前の連結欠損金の控除額で構成される金額」	0	0	0	0
うち，「2020.3期の連結欠損金の当期控除額が控除対象個別帰属税額に転化した金額」	0	0	7	7
2020.3期の連結欠損金の当期控除額が控除対象個別帰属税額に転化した金額	0	0	7	7
うち，「2020.3期のマイナスの個別所得見積額で構成される金額」	0	0	0	0
うち，「2020.3期の将来減算一時差異の解消見込額で構成される金額」	0	0	7	7

2020.3期の連結欠損金個別帰属額の繰越控除額（250）のうちの個別所得見積額（2019.3期以前の連結欠損金個別帰属額の控除後の個別所得見積金額）（220）に達するまでの金額220が法人税額（結果，住民税額）を減少させる金額となる。

2020.3期の連結欠損金個別帰属額の繰越控除額のうち，2021.3期の個別所得見積額に達するまでの金額220は，2020.3期のマイナスの個別所得見積額で構成される金額200に優先充当され，残額20について，2020.3期の将来減算一時差異の解消見込額50のうちの2021.3期における回収可能と考える。なお，繰延税金資産の計算では，2021.3期の住民税の法定実効税率を乗じることになる。

2020.3期の連結欠損金個別帰属額の繰越控除額（250）のうち，2021.3期の個別所得見積額（220）を超える部分の金額30は，控除対象個別帰属税額7（30×23.2%）に転化することになる。

2021.3期の個別所得見積額がプラスであり，また，2020.3期で発生した連結欠損金のうちマイナスの個別所得見積額で構成される金額200は2021.3期に個別所得見積額220と優先的に相殺されるため，2021.3期に発生した控除対象個別帰属税額7は，2020.3期の将来減算一時差異の解消見込額で構成される金額となる。

住民税に係るスケジューリング	2020.3期（解消年度） 2022.3期（回収年度）			
	連結納税親会社 トラスト1	連結納税子会社 トラスト2	連結納税子会社 トラスト3	連結納税主体 （合計）
2021.3期に発生した控除対象個別帰属税額の期首残高	0	0	7	7
うち，「2021.3期のマイナスの個別所得積額で構成される金額」	0	0	0	0
うち，「2021.3期の将来減算一時差異の解消見込額で構成される金額」	0	0	0	0
うち，「2019.3期以前の連結欠損金の控除額で構成される金額」	0	0	0	0
うち，「2020.3期のマイナスの個別所得積額で構成される金額」	0	0	0	0
うち，「2020.3期の将来減算一時差異の解消見込額で構成される金額」	0	0	7	7
2021.3期に発生した控除対象個別帰属税額の当期控除額	0	0	7※	7
うち，「2021.3期のマイナスの個別所得積額で構成される金額」	0	0	0	0
うち，「2021.3期の将来減算一時差異の解消見込額で構成される金額」	0	0	0	0
うち，「2019.3期以前の連結欠損金の控除額で構成される金額」	0	0	0	0
うち，「2020.3期のマイナスの個別所得積額で構成される金額」	0	0	0	0
うち，「2020.3期の将来減算一時差異の解消見込額で構成される金額」	0	0	7	7
2020.3期の「手順1において相殺しきれなかった将来減算一時差異の解消見込額50」のうち，連結欠損金から転化された控除対象個別帰属税額7のうち，2022.3期における回収可能額	0	0	7	7
（2020.3期の「手順1において相殺しきれなかった将来減算一時差異の解消見込額50」のうち，2022.3期における回収可能額）	0	0	30	30

繰延税金資産の計算では，将来減算一時差異の解消見込額が連結欠損金から転化した控除対象個別帰属税額の回収可能額に対して，回収年度の控除対象個別帰属税額に係る法定実効税率を乗じることになる。

図表12-2と同様の考え方により回収可能額が計算される。結果的に，2020.3期の将来減算一時差異の解消見込額50の回収可能額は次のとおりとなる。
2020.3期：0
2021.3期：20（連結欠損金個別帰属額に転化されて回収）
2022.3期：30（連結欠損金個別帰属額から控除対象個別帰属税額に転化されて回収）
合計：50

※2021.3期，2022.3期の税金計算をした結果。今回は所与。

　企業分類が②に該当する連結納税会社について，［手順2］の(b)に該当する場合，その将来減算一時差異の回収可能額を計算するためには，解消年度後，最大で20年間（連結欠損金の繰越期間プラス控除対象個別帰属税額の繰越期間）のスケジューリングを行う必要が生じる（仮に，将来減算一時差異の解消年度が5年目となる場合，その後さらに，最大20年間のスケジューリングを行う必要が生じる）。

　ただし，［手順2］の(b)に該当するような連結納税会社は，通常，分類①又

126　第3部　連結納税における税効果会計

は②に該当しないため，実際には分類③で5年以内，分類④で1年のスケジューリングを行うことになるだろう。

②　連結欠損金個別帰属額

手順1	当期末において存在する連結欠損金個別帰属額のうち，税務上認められる繰越期間内における連結欠損金個別帰属額の繰越控除額の見積額を超える部分の金額に係る繰延税金資産については，回収可能性がないと判断され，繰延税金資産から控除することとなる
手順2	手順1において，連結欠損金個別帰属額の繰越控除額の見積額のうち，個別所得見積額（プラスである場合に限る）に達するまでの金額に係る繰延税金資産については，回収可能性があると判断される
手順3	手順2において，連結欠損金個別帰属額の繰越控除額の見積額のうち，回収可能性があると判断された部分以外の金額は，その繰越控除された事業年度に発生した控除対象個別帰属税額と同様に取り扱われることとなり，その回収可能性の判断については，次の③の方法により行う

　ケーススタディに当てはめると図表14のようになる。

　住民税の税金計算の結果，解消される連結欠損金個別帰属額が回収可能となる。2020年3月期に解消されない連結欠損金個別帰属額は，翌年度以後のスケジューリング期間内において解消される場合は回収可能となる。そして，スケジューリング期間内で解消されない金額は手順1により回収不能となる。

　なお，企業分類が①又は②に該当する連結納税会社について，その連結欠損金個別帰属額の回収可能額を計算するためには，最大で10年間（繰越期間）のスケジューリングを行う必要が生じるが，連結欠損金個別帰属額が生じている連結納税会社は，通常，住民税に係る企業分類が①又は②に該当しないため，実際には分類③で5年以内，分類④で1年のスケジューリングを行うことになるだろう。

第3章 連結納税の繰延税金資産の回収可能性　127

【図表14】 ケーススタディにおける連結欠損金個別帰属額（住民税）に係るスケジューリング

住民税に係るスケジューリング	2020.3期			
	連結納税親会社	連結納税子会社	連結納税子会社	連結納税主体
	トラスト1	トラスト2	トラスト3	（合計）
個別所得見積額	300	200	▲200	300
将来減算一時差異の解消見込額	50	50	50	150
将来減算一時差異の解消見込額減算後の個別所得見積額	250	150	▲250	150
連結欠損金控除額	35	40	0	75
個別所得金額	215	110	▲250	75
連結欠損金の回収可能見込額	35	40	0	75

［手順2］で回収可能に。
将来減算一時差異解消後の個別所得金額が150であり，連結欠損金個別帰属額控除後の個別所得がプラス（110）であるため，全額回収可能となる。
連結欠損金個別帰属額控除後の個別所得がマイナスの場合，そのマイナスの金額に含まれる連結欠損金個別帰属額の解消額は，［手順3］によって，翌年度以後，控除対象個別帰属税額として法人税割と相殺される金額が回収可能となる。

【図表15-1】 手順3に該当するケースの例

住民税に係るスケジューリング	2020.3期				連結欠損金控除
	連結納税親会社	連結納税子会社	連結納税子会社	連結納税主体	額250のうち，50は自社の将来減算一時差異解消後の個別所得50と相殺されるため住民税が減少する。つまり，［手順2］により，［手順1］において，連結欠損金個別帰属額の繰越控除額の見積額250のうち，個別所得見積額（プラスである場合に限る）50に達するまでの金額50に係る繰延税金資産については，回収可能性があると判断される。
	トラスト1	トラスト2	トラスト3	（合計）	
個別所得見積額	100	250	300	650	
将来減算一時差異の解消見込額	50	50	50	150	
将来減算一時差異の解消見込額減算後の個別所得見積額	50	200	250	500	
連結欠損金控除額	250	0	0	250	
個別所得金額	▲200	200	250	250	
法人税率	23.2%	23.2%	23.2%	-	
連結法人税個別帰属税額	▲46	46	58	58	

連結欠損金控除額250のうち，200は自社の将来減算一時差異解消後の個別所得50を超える金額であり，損益通算された連結欠損金控除額として，法人税率を乗じた金額46は，控除対象個別帰属税額となる。したがって，実際に住民税が減少するためには控除対象個別帰属税額が翌年度以後に解消されなくてはならない。
つまり，［手順3］により，［手順2］において，連結欠損金個別帰属額の繰越控除額の見積額のうち，回収可能性があると判断された部分以外の金額は，その繰越控除された事業年度に発生した控除対象個別帰属税額として翌年度以後に，回収可能性が検討される。

128 　第３部　連結納税における税効果会計

【図表15-2】 手順３で回収可能になるケース

住民税に係るスケジューリング	2020.3期（解消年度）			
	2021.3期（回収年度）			
	連結納税親会社	連結納税子会社	連結納税子会社	連結納税主体
	トラスト1	トラスト2	トラスト3	（合計）
2020.3期に発生した控除対象個別帰属税額の期首残高	46	0	0	46
うち，2020.3期のマイナスの個別所得見積額で構成される金額	0	0	0	0
うち，2020.3期の将来減算一時差異の解消見込額で構成される金額	0	0	0	0
うち，2019.3期以前の連結欠損金の控除額で構成される金額	46	0	0	46
2020.3期に発生した控除対象個別帰属税額の当期控除額	46※	0	0	46
うち，2020.3期のマイナスの個別所得見積額で構成される金額	0	0	0	0
うち，2020.3期の将来減算一時差異の解消見込額で構成される金額	0	0	0	0
うち，2019.3期以前の連結欠損金の控除額で構成される金額	46	0	0	46
2020.3期の「手順２において連結欠損金個別帰属額の繰越控除額の見積額のうち，回収可能性があると判断された部分以外の金額200」に対応する控除対象個別帰属税額46のうち，2021.3期における回収可能額	46	0	0	46
（2020.3期の「手順２において連結欠損金個別帰属額の繰越控除額の見積額のうち，回収可能性があると判断された部分以外の金額200」のうち，2021.3期における回収可能額）	200	0	0	200

図表12-2と同様の考え方により回収可能額が計算される。
繰延税金資産の計算では，連結欠損金個別帰属額の繰越控除額の見積額が転化した控除対象個別帰属税額の回収可能額に対して，回収年度の控除対象個別帰属税額に係る法定実効税率を乗じることになる。

結果的に，2020.3期の連結欠損金の繰越控除額250の回収可能額は次のとおりとなる。
2020.3期：50
2021.3期：200（控除対象個別帰属税額に転化されて回収）
合計：250

※2021.3期の税金計算をした結果。今回は所与。

　ただし，図表15-1のように連結欠損金個別帰属額が解消される場合であっても，連結欠損金個別帰属額控除後の個別所得がマイナスの場合は，そのマイナスの金額に含まれる連結欠損金個別帰属額の解消額は，住民税では，控除対象個別帰属税額となり，当期の住民税額の減少につながらない。そのため，図表15-2のように手順３によって，翌年度以後，控除対象個別帰属税額として法人税割と相殺される金額が回収可能となる。

　この場合，企業分類が①又は②に該当する連結納税会社について，その連結欠損金個別帰属額の回収可能額を計算するためには，解消年度後，最大で10年

第3章 連結納税の繰延税金資産の回収可能性　129

間（控除対象個別帰属税額の繰越期間）のスケジューリングを行う必要が生じるが，連結欠損金個別帰属額が生じている連結納税会社は，通常，分類①又は②に該当しないため，実際には分類③で5年以内，分類④で1年のスケジューリングを行うことになるだろう。

③　控除対象個別帰属調整額及び控除対象個別帰属税額

手順1	当期末において存在する控除対象個別帰属調整額及び控除対象個別帰属税額を，繰越期間内において，その連結納税会社が支払うと見込まれる個別帰属法人税額と相殺する。相殺された金額に係る繰延税金資産は，回収可能性があると判断される
手順2	手順1で相殺しきれなかった控除対象個別帰属調整額及び控除対象個別帰属税額に係る繰延税金資産は，回収可能性がないと判断され，繰延税金資産から控除することとなる

ケーススタディに当てはめると，図表16のようになる。

【図表16】　ケーススタディにおける控除対象個別帰属税額及び控除対象個別帰属調整額（住民税）に係るスケジューリング

住民税に係るスケジューリング	2020.3期			
	連結納税親会社	連結納税子会社	連結納税子会社	連結納税主体（合計）
	トラスト1	トラスト2	トラスト3	
控除対象個別帰属税額及び控除対象個別帰属調整額の回収可能見込額	0	25	0	25

住民税の税金計算の結果，解消される控除対象個別帰属税額及び控除対象個別帰属調整額が回収可能となる。2020年3月期に解消されない控除対象個別帰属税額及び控除対象個別帰属調整額は翌年度以後のスケジューリング期間内において解消される場合は回収可能となる。そして，スケジューリング期間内で解消されない金額は手順2により回収不能となる。

この場合，企業分類が①又は②に該当する連結納税会社について，その控除対象個別帰属調整額及び控除対象個別帰属税額の回収可能額を計算するためには，最大10年間（控除対象個別帰属調整額及び控除対象個別帰属税額の繰越期間）のスケジューリングを行う必要が生じるが，控除対象個別帰属調整額及び

控除対象個別帰属税額が生じている連結納税会社は，通常，分類①又は②に該当しないため，実際には分類③で5年以内，分類④で1年のスケジューリングを行うことになるだろう。

【回収手順：連結納税会社の個別財務諸表（住民税）】

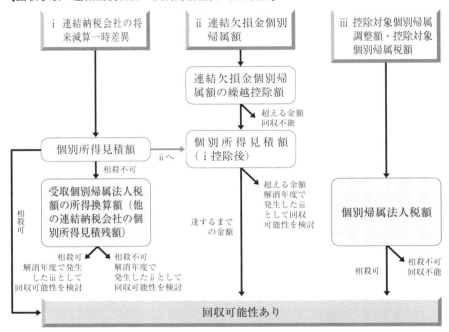

(3) 事業税

事業税のスケジューリングによる回収可能額は，事業税の税金計算の結果に基づいて計算されるため，事業税の税金計算を行う必要がある。2020年3月期について事業税の計算は図表17のとおりとなる。

第3章　連結納税の繰延税金資産の回収可能性　　**131**

【図表17】　ケーススタディによる事業税の計算

事業税額の計算	2020.3期			
	連結納税 親会社 トラスト1	連結納税 子会社 トラスト2	連結納税 子会社 トラスト3	連結納税 主体 （合計）
個別所得見積額	300	200	▲200	300
将来減算一時差異の解消見込額	50	50	50	150
将来減算一時差異の解消見込額 減算後の個別所得見積額	250	150	▲250	150
繰越欠損金控除額	125	75	0	200
2016.3期	100	40	0	140
2017.3期	25	35	0	60
個別所得金額	125	75	▲250	▲50

　そして，事業税のスケジューリングによる回収可能額の計算は，単体納税の
スケジューリングと同様の考え方による。

① **将来減算一時差異**

手順1	スケジューリングに基づき，期末における将来減算一時差異の解消見込額を個別所得見積額と解消見込年度ごとに相殺する。相殺された金額に係る繰延税金資産は回収可能性があると判断される
手順2	手順1においても相殺しきれなかった将来減算一時差異の解消見込額は，税効果会計の適用上，解消年度に発生した繰越欠損金（事業税に係るもの。以下，同じ）と同様に取り扱われることとなる。この繰越欠損金と同様に取り扱われることとなる将来減算一時差異の解消見込額に係る繰延税金資産の回収可能性の判断は，下記②の繰越欠損金の回収可能性の判断により行うこととなる

② **繰越欠損金**

手順1	当期末において存在する繰越欠損金について，税務上認められる繰越期間内における個別所得見積額を限度に，当該各事業年度において損金の額に算入される繰越欠損金相当額（欠損金繰越控除額）の見積額と相殺する。相殺された金額に係る繰延税金資産は回収可能性があると判断される

132   第3部　連結納税における税効果会計

手順2	手順1で相殺しきれなかった繰越欠損金に係る繰延税金資産の金額については，回収可能性がないと判断され，繰延税金資産から控除することとなる

　ケーススタディに当てはめると図表18のようになる。

【図表18】　ケーススタディにおける事業税に係るスケジューリング

事業税に係るスケジューリング	2020.3期			
	連結納税親会社	連結納税子会社	連結納税子会社	連結納税主体
	トラスト1	トラスト2	トラスト3	（合計）
［将来減算一時差異の回収可能見込額］				
個別所得見積額	300	200	▲ 200	300
将来減算一時差異の解消見込額	50	50	50	150
将来減算一時差異の解消見込額減算後の個別所得見積額	250	150	▲ 250	150
将来減算一時差異の回収可能見込額	50	50	0	100
［繰越欠損金の回収可能見込額］				
繰越欠損金の回収可能見込額	125	75	0	200

　上記①の将来減算一時差異の手順2による回収可能額の計算方法（手順1において相殺しきれなかった将来減算一時差異の解消見込額が翌年度以後に繰越欠損金の解消額として回収可能になるかどうかの検討プロセス）については，図表9-2の計算例と同様の考え方となる。

　この場合，企業分類が①又は②に該当する連結納税会社について，その将来減算一時差異又は繰越欠損金の回収可能額を計算するためには，最大で10年間（繰越欠損金の繰越期間。将来減算一時差異の場合，解消年度後10年間）のスケジューリングを行う必要が生じるが，繰越欠損金が生じる連結納税会社は，通常，分類①又は②に該当しないため，実際には分類③で5年以内，分類④で1年のスケジューリングを行うことになるだろう。

【回収手順：連結納税会社の個別財務諸表（事業税）】

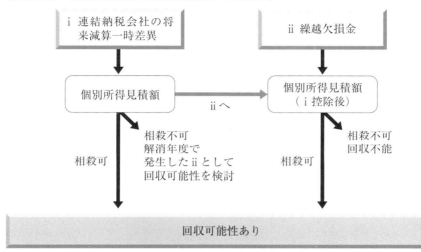

　以下，参考に，本書のケーススタディとは別に，連結納税を採用している場合の個別財務諸表における法人税及び地方法人税に係る繰延税金資産の回収可能額の計算例として，実務対応報告第7号設例1，設例2-1，設例2-2，設例2-3，設例3を一部加工したものを紹介しておく。

設例1　将来減算一時差異の解消年度に受取個別帰属法人税額が発生すると見込まれる場合の個別財務諸表における法人税及び地方法人税に係る繰延税金資産の回収可能性の判断

1．前提
  (1) X1年末の将来減算一時差異は，P社700，S1社150，S2社0であり，すべてX2年に解消が見込まれるものとする。
  (2) X2年の個別所得見積額は，P社200，S1社150，S2社1,000とする。
  (3) X3年以降の個別所得見積額は0とする。
　　* P社，S1社及びS2社は，同じ連結納税主体に属する連結納税会社とする（以下の設例で同じ）。

134　第3部■連結納税における税効果会計

2．回収可能性の判断の手順

(1)　各連結納税会社は，X1年末に存在する将来減算一時差異の解消見込額をX2年の個別所得見積額と相殺する。

(2)　(1)で相殺しきれなかった将来減算一時差異の解消見込額は，X2年の受取個別帰属法人税額の見積額を課税所得に換算した金額（以下，受取個別帰属法人税額の所得換算額）と相殺する※。

　※　将来減算一時差異の解消見込年度に受取個別帰属法人税額が見込まれる場合，当該受取個別帰属法人税額の所得換算額は，解消見込年度の個別所得見積額で相殺しきれなかった将来減算一時差異の解消見込額と相殺する（(1)法人税及び地方法人税の「①　将来減算一時差異」の「手順2」参照）。例えば，P社においては，X1年で発生した将来減算一時差異700の解消見込年度であるX2年において個別所得見積額が200しか発生しないため，減算後の個別所得見積額は△500になるが，S2社において個別所得見積額1,000が発生する見込みのため，X2年にP社はS2社からの受取個別帰属法人税額の所得換算額500により，P社の個別所得見積額で相殺しきれなかった将来減算一時差異の解消見込額500も相殺することとなる。

　以上を表に示すと次のようになる。

〈発生及び解消見込年度〉		〈将来減算一時差異〉			
		P	S1	S2	合計
発生　×1年末		(700)	(150)	0	(850)
回収可能見込額の見積り　×2年	個別所得見積額	200	150	1,000	1,350
	将来減算一時差異の解消見込額	(700)	(150)	0	(850)
		←――損益通算――→			
	将来減算一時差異の解消見込額減算後の個別所得見積額	(500)	0	1,000	500
	個別所得見積額による回収可能見込額	200	150	0	350
	受取個別帰属法人税額の所得換算額による回収可能見込額	500	0	0	500
	回収可能見込額	700	150	0	850

単体納税（地方税）による回収可能額

損益通算による回収可能額

連結納税による回収可能額の改善

第3章 連結納税の繰延税金資産の回収可能性　135

■設例2-1■　連結欠損金個別帰属額が存在する場合の個別財務諸表における法人税及び地方法人税に係る繰税金資産の回収可能性の判断

1．前提

(1)　X1年末の連結欠損金個別帰属額はP社700，S1社200，S2社300とする。いずれも特定連結欠損金ではない。

(2)　X2年の個別所得見積額は，P社1,000，S1社300，S2社△1,000とする。

(3)　連結親法人の資本金は1億円超であり，連結欠損金は連結所得の50％を限度として相殺できる。

(4)　X3年以降の個別所得見積額は0とする。

2．回収可能性の判断の手順

(1)　各連結納税会社は，X1年末の連結欠損金個別帰属額を，X2年の連結欠損金個別帰属額の繰越控除額の見積額※と相殺する。

> ※　当期末において存在する連結欠損金個別帰属額に係る繰延税金資産の回収可能性は，税務上認められる繰戻・繰越期間内における連結所得見積額の50％を限度に，当該各事業年度における連結欠損金個別帰属額の繰越控除額を見積もることにより判断する。
>
> 　例えば，P社においては，X1年末において連結欠損金個別帰属額700が存在しており，X2年に個別所得見積額1,000の発生が見込まれるが，X2年においてS2社で欠損金1,000の発生も見込まれるため，連結欠損金個別帰属額の繰越控除額の見積額を連結納税制度の考え方（法法81の9①，法令155の21③。なお，本設例においては同一年度での発生と仮定していることから，連結欠損金繰越控除額150を繰越控除直前の連結欠損金個別帰属額の割合で按分して計算される）に従って計算する。
>
> 　この結果，P社のX2年の個別所得見積額の一部はS2社の欠損金に充当されることとなり，P社の連結欠損金個別帰属額の繰越控除額の見積額は88（＝150×700/1,200）であるため，回収可能見込額は88となる。同様にS1社の連結欠損金個別帰属額の繰越控除額の見積額は25（＝150×200/1,200），S2社の連結欠損金個別帰属額の繰越控除額の見積額は37（＝150×300/1,200）となる。

(2)　(1)で相殺しきれなかった連結欠損金個別帰属額は，X3年以降の個別所得見積額を0としているため，回収可能性はないと判断される。

以上を表に示すと次のようになる。

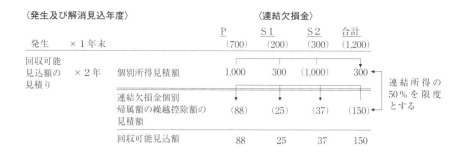

設例2-2　特定連結欠損金が存在する場合の個別財務諸表における法人税及び地方法人税に係る繰延税金資産の回収可能性の判断（個別所得見積額が十分でない場合）

1．前提
　(1)　X1年末のS2社の繰越欠損金の額は750とする。
　(2)　X2年より，親会社P社と100％子会社S1社，S2社は連結納税を行うこととなった。
　　　X1年末のS2社の繰越欠損金は特定連結欠損金に該当する。
　(3)　X2年の個別所得は，P社△150，S1社△50，S2社△80とする。合計△280は連結欠損金としてX3年度に繰り越している。
　(4)　X3年の個別所得見積額は，P社750，S1社△250，S2社200とする。
　(5)　連結親法人の資本金は1億円超であり，連結欠損金は連結所得の50％を限度として相殺できる。
　(6)　X4年以後の個別所得見積額は，0とする。

2．回収可能性の判断の手順
　(1)　最も古い年度に発生したX1年末の連結欠損金について，X3年の所得見積額と相殺できるか検討を行う。X1年の連結欠損金はS2社の特定連結欠損金だけであるため，法人税法上の個別所得見積額と連結所得見積額の50％のうちいずれか小さい額と相殺する。
　(2)　(1)で相殺しきれなかったX1年末の連結欠損金の回収可能性について，

第３章　連結納税の繰延税金資産の回収可能性　　137

　　　Ｘ４年以降のＳ２社の個別所得見積額は０であるため，回収可能性はな
　　いと判断される。
⑶　続いてＸ２年の連結欠損金について，Ｘ３年の所得見積額と相殺できる
　　か検討を行う。
　Ｘ２年の連結欠損金は特定連結欠損金ではないので，連結所得見積額の50％
から⑴で相殺された金額を控除した金額と相殺する。
　以上を表に示すと次のようになる。

〈発生及び解消見込年度〉　　　　　　　　　　　〈連結欠損金〉

			P	S1	S2	合計	
特定連結欠損金	×１年末				0	(750)	(750)
非特定連結欠損金	×２年末		(150)	(50)	(80)	(280)	
回収可能見込額の見積り	×３年	個別所得見積額	750	(250)	200	700	個別所得を限度とする
		特定連結欠損金の控除見積額	0	0	(200)	(200)	
		特定連結欠損金控除後の個別所得見積額 (注1)	750	(250)	0	500	
		非特定連結欠損金個別帰属額の繰越控除額の見積額	(80)	(27)	(43)	(150)	連結所得の50％から特定連結欠損金の控除見積額を控除した金額を限度とする
		回収可能見込額	80	27	243	350	

注１：特定連結欠損金に該当する部分に係る繰延税金資産の回収可能性は，税務上認められ
　　る繰戻・繰越期間内における当該連結納税会社の個別所得見積額を限度に，当該各事
　　業年度における特定連結欠損金額の繰越控除額を見積もることにより判断する。
　　　そのため，Ｘ３年の個別所得見積額の合計の50％（連結所得見積額の50％）が350あ
　　るにもかかわらず，Ｓ２社の特定連結欠損金の繰越控除が可能な額はＳ２社の個別所得
　　見積額である200のみであり，その結果，差引150が非特定連結欠損金個別帰属額の繰
　　越控除に充当される。
注２：Ｘ２年の非特定連結欠損金個別帰属額の合計額280のうち150は，個別所得見積額の合
　　計額の50％である350からＸ１年のＳ２社の特定連結欠損金と相殺した200を控除した
　　150により回収が見込まれることになる。

138   第3部　連結納税における税効果会計

設例2-3　特定連結欠損金が存在する場合の個別財務諸表における法人税及び地方法人税に係る繰延税金資産の回収可能性の判断（連結所得見積額が十分でない場合）

1．前提
⑴　X1年末のS2社の繰越欠損金の額は400とする。
⑵　X2年より，親会社P社と100％子会社S1社，S2社は連結納税を行うこととなった。X1年末のS2社の繰越欠損金は特定連結欠損金に該当する。
⑶　X2年の個別所得は，P社△300，S1社△200，S2社0とする。合計△500は連結欠損金としてX3年度に繰り越している。
⑷　X3年の個別所得見積額は，P社200，S1社△450，S2社600とする。
⑸　連結親法人の資本金は1億円超であり，連結欠損金は連結所得の50％を限度として相殺できる。
⑹　X4年以後の個別所得見積額は，0とする。

2．回収可能性の判断の手順
⑴　最も古い年度に発生したX1年末の連結欠損金について，X3年の所得見積額と相殺できるか検討を行う。X1年の連結欠損金はS2社の特定連結欠損金だけであるため，法人税法上の個別所得見積額と連結所得見積額の50％のうちいずれか小さい額と相殺する。
⑵　⑴で相殺し切れなかったX1年末の連結欠損金の回収可能性について，X4年以降の連結所得見積額は0であるため，回収可能性はないと判断される。
⑶　X2年末の連結欠損金については，⑴⑵の手続を行った結果として相殺できる連結所得見積額が残っていないため，回収可能性はないと判断される。

以上を表に示すと次のようになる。

第3章　連結納税の繰延税金資産の回収可能性　　139

〈発生及び解消見込年度〉			P	S1	S2	合計	〈連結欠損金〉
特定連結欠損金	×1年末			0	(400)	(400)	
非特定連結欠損金	×2年末		(300)	(200)	0	(500)	
回収可能見込額の見積り	×3年	個別所得見積額	200	(450)	600	350	個別所得及び連結所得の50%を限度とする
		特定連結欠損金の控除見積額	0	0	(175)	(175)	
		特定連結欠損金控除後の個別所得見積額(注1)	0	0	0	0	
		回収可能見込額	0	0	175	175	

注1：特定連結欠損金に該当する部分に係る繰延税金資産の回収可能性は，税務上認められる繰戻・繰越期間内における当該連結納税会社の個別所得見積額を限度に，当該各事業年度における特定連結欠損金額の繰越控除額を見積もることにより判断する。

　　　X3年のS2社の個別所得見積額が600あるにもかかわらず，連結所得見積額の50%が175しかないため，S2社の特定連結欠損金の繰越控除が可能と見込まれる額は連結所得見積額の50%である175のみである。その結果，控除されなかった225について，続いてX4年以後に見込まれる個別所得見積額（連結所得見積額の50%を超えない部分に限る）を元に回収可能性の判定がなされる（本例ではX4年以降の個別所得見積額はゼロと見積もられている）。

注2：X3年の連結所得見積額の50%は全額S2社の特定連結欠損金に充てられるため，非特定連結欠損金の控除に充当される連結所得見積額は残されていない。

設例3　個別所得見積額がマイナスの場合の個別財務諸表における法人税及び地方法人税に係る繰延税金資産の回収可能性の判断

1．前提

(1)　X1年末の将来減算一時差異は，P社550，S1社200，S2社0であり，すべてX2年に解消が見込まれるものとする。

(2)　X2年の個別所得見積額は，P社550，S1社△150，S2社250とする。

(3)　X3年以降の個別所得見積額は0とする。

2．回収可能性の判断の手順

(1)　各連結納税会社は，X1年末に存在する将来減算一時差異の解消見込額をX2年の個別所得見積額と相殺する。

140　第3部　連結納税における税効果会計

⑵　⑴で相殺しきれなかった将来減算一時差異の解消見込額は，X2年における受取個別帰属法人税額の所得換算額と相殺する。

⑶　S1社は，X2年の個別所得見積額がマイナスであるため，⑵の受取個別帰属法人税額の所得換算額をX2年の個別所得見積額に充当する※。

※　解消見込年度の個別所得見積額がマイナスの場合には，連結納税主体における回収可能性の判断の手続等を踏まえ，受取個別帰属法人税額の所得換算額を，まず，そのマイナスの個別所得見積額（欠損金の見積額）に充当し，その残額を個別所得見積額と同様に，将来減算一時差異の解消見込額に充当することが適当である。

例えば，S1社においては，X1年で発生した将来減算一時差異200の解消見込年度であるX2年の個別所得見積額が△150であるため，減算後の個別所得見積額が△350となるが，S2社の減算後の個別所得見積額250により，受取個別帰属法人税額の所得換算額250が発生する。この場合，当該受取個別帰属法人税額の所得換算額250は，まず，マイナスの個別所得見積額150に充当し，残額100がS1社の回収可能見込額となる。

以上を表に示すと次のようになる。

〈発生及び解消見込年度〉　　　　　　　　　〈将来減算一時差異〉

			P	S1	S2	合計
発生	×1年末		(550)	(200)	0	(750)
回収可能見込額の見積り	×2年	個別所得見積額	550	(150)	250	650
		将来減算一時差異の解消見込額	(550)	(200)	0	(750)
		将来減算一時差異の解消見込額減算後の個別所得見積額	0	(350)	250	(100)
		個別所得見積額による回収可能見込額	550	0	0	550
		受取個別帰属法人税額の所得換算額	0	250	0	250
		上記のうち，マイナスの個別所得見積額への充当額	0	(150)	0	(150)
		回収可能見込額	550	100	0	650

損益通算

マイナスの個別所得へ優先的に充当

第3章　連結納税の繰延税金資産の回収可能性　　**141**

3-4-4　〔手順Ⅲ〕企業分類による最終的な回収可能額の決定

　〔手順Ⅱ〕で計算されたスケジューリングによる回収可能額は，〔手順Ⅰ〕で決定された連結納税会社の分類によって，将来減算一時差異等の種類ごと，かつ，解消時期ごとに，図表19に従い最終的な回収可能額が決定される。

　ケーススタディにおいて，〔手順Ⅱ〕で計算されたスケジューリングによる回収可能額を，〔手順Ⅰ〕で決定した分類により最終判断した場合の繰延税金資産の回収可能額の計算例は図表20のとおりとなる。

　法人税及び地方法人税，住民税，事業税の別，さらに，法人税及び地方法人税は将来減算一時差異，非特定連結欠損金，特定連結欠損金の別に分類が異なるため，それぞれについて，スケジューリングによる回収可能額を集計し，それぞれの分類に従い，最終的な回収可能額を判断する。

【図表19】　企業分類による最終的な回収可能額の決定

分類ごとの回収可能性の判定表						
将来減算一時差異の種類		分類1	分類2	分類3	分類4 [※3]	分類5
スケジューリング可能一時差異	1年内	◎	○	○	○	×
	5年以内	◎	○	○	×	×
	5年超	◎	○	× [※2]	×	×
長期の将来減算一時差異	1年内	◎	○	○	○	×
	5年以内	◎	○	○	×	×
	5年超	◎	○	○	×	×
スケジューリング不能差異		◎	× [※1]	×	×	×

◎：将来減算一時差異はスケジューリングの結果に関係なく回収可能。繰越欠損金
　　（連結欠損金個別帰属額，控除対象個別帰属調整額及び控除対象個別帰属税額，
　　事業税に係る繰越欠損金）はスケジューリングの範囲内で回収可能（なお，繰
　　延税金資産の計算において，将来減算一時差異等に乗じる法定実効税率が将来
　　減算一時差異等の解消年度ごとに異なる場合は，将来減算一時差異等の解消年
　　度を把握する必要がある）。
○：スケジューリングの範囲内で回収可能
×：スケジューリングの結果に関係なく回収不能

※1　企業が合理的な根拠をもって説明する場合，スケジューリング不能差異も回収可能と
　　なる。
※2　分類3における5年内の回収可能額は，5年以内の合理的な期間をいう。ただし，企
　　業が合理的な根拠をもって説明する場合，5年を超える見積可能期間も回収可能となる。
※3　企業が合理的な根拠をもって説明する場合，分類2又は分類3として取り扱われる。

142　第３部　連結納税における税効果会計

【図表20】　繰延税金資産の回収可能額の計算例

・法人税及び地方法人税

将来減算一時差異等の回収可能額（法人税及び地方法人税）	内訳	2020.3期			
		連結納税親会社 トラスト1	連結納税子会社 トラスト2	連結納税子会社 トラスト3	連結納税主体（合計）
将来減算一時差異の回収可能見込額	スケジューリングによる回収可能額	50	50	50	150
	分類	④	②	④	-
	企業分類による最終的な回収可能額	50	50	50	150
非特定連結欠損金の回収可能見込額	スケジューリングによる回収可能額	35	0	0	35
	分類	④	④	④	-
	企業分類による最終的な回収可能額	35	0	0	35
特定連結欠損金の回収可能見込額	スケジューリングによる回収可能額	0	40	0	40
	分類	④	④	⑤	-
	企業分類による最終的な回収可能額	0	40	0	40
回収可能額（合計）		85	90	50	225
法定実効税率		23.34%	23.34%	23.34%	
回収可能な繰延税金資産（法人税）		19	21	11	51

> トラスト3の連結納税会社の分類は⑤であるが，連結納税主体の分類が④であるため，将来減算一時差異については分類④で判断する。したがって，翌年度のスケジューリングによる回収可能額50は最終的に回収可能と判断される。

> トラスト2の分類は②であるが，連結納税主体の分類は④であるため，特定連結欠損金については，④で判断する。翌年度の2020年3月期は回収可能となる。

> 乗じる法定実効税率は単体納税と同様に，解消年度の法定実効税率を適用する。長期の将来減算一時差異及びスケジューリング不能一時差異は税率が改正されている最終事業年度の法定実効税率を適用する。

・住民税

将来減算一時差異等の回収可能額（住民税）	内訳	2020.3期			
		連結納税親会社 トラスト1 ④	連結納税子会社 トラスト2 ②	連結納税子会社 トラスト3 ⑤	連結納税主体（合計） -
将来減算一時差異等の回収可能額	スケジューリングによる回収可能額	50	50	0	100
	企業分類による最終的な回収可能額	50	50	0	100
連結欠損金の回収可能見込額	スケジューリングによる回収可能額	35	40	0	75
	企業分類による最終的な回収可能額	35	40	0	75
控除対象個別帰属税額及び控除対象個別帰属調整額の回収可能見込額	スケジューリングによる回収可能額	0	25	0	25
	企業分類による最終的な回収可能額	0	25	0	25
回収可能額（合計）（上段：将来減算一時差異及び連結欠損金）		85	90	0	175
（下段：控除対象個別帰属税額等）		0	25	0	25
法定実効税率（将来減算一時差異及び連結欠損金）		3.64%	3.64%	3.64%	
法定実効税率（控除対象個別帰属税額等）		15.71%	15.71%	15.71%	
回収可能な繰延税金資産（住民税）		3	7	0	10

> 住民税は1つの分類で最終的な回収可能額を判断する。

> 将来減算一時差異及び連結欠損金は3.64%，控除対象個別帰属税額等は15.71％で計算する。

第3章 連結納税の繰延税金資産の回収可能性　　143

・事業税

将来減算一時差異等の回収可能額（事業税）		2020.3期			
		連結納税 親会社 トラスト1 ④	連結納税 子会社 トラスト2 ②	連結納税 子会社 トラスト3 ⑤	連結納税 主体（合計） -
将来減算一時差異等の 回収可能見込額	スケジューリングに よる回収可能額	50	50	0	100
	企業分類による最終 的な回収可能額	50	50	0	100
繰越欠損金の回収可能見込額	スケジューリングに よる回収可能額	125	75	0	200
	企業分類による最終 的な回収可能額	125	75	0	200
回収可能額（合計）		175	125	0	300
法定実効税率		3.64%	3.64%	3.64%	-
回収可能な繰延税金資産 （事業税）		6	4	0	10

　以上が，スケジューリングによる回収可能額の計算例であるが，前記のスケジューリングを最長5年^(注)分行う必要があるとともに，スケジューリング期間を超える将来減算一時差異，長期の将来減算一時差異，スケジューリング不能差異についても，法人税及び地方法人税，住民税，事業税の区分ごとに企業分類により回収可能額を計算することとなる。

注：企業分類が②の場合や企業分類が①の場合で繰越欠損金の解消額を計算する場合は5年を超えるケースもある。

　そのため，連結納税を採用している場合に繰延税金資産の回収可能額の計算を表計算ソフト等で行うことは，実務上困難であることも多く，実際には多くの会社が，連結納税の税効果会計システムにより計算しているのが事実であろう。

　なお，より，本格的なケーススタディは第4章で解説している。

3-4-5　純資産の部に直接計上される将来減算一時差異の回収可能性の取扱い

　損益計算書に計上されず，純資産の部に直接計上されるその他有価証券評価差損及び繰延ヘッジ損失に対する繰延税金資産の回収可能性は，実務上，企業分類に従い判断されるが（55頁及び57頁参照），連結納税会社では，法人税及び地方法人税，住民税，事業税ごとに分類に従い回収可能性を判断し，回収可

144   第3部　連結納税における税効果会計

能なその他有価証券評価差損及び繰延ヘッジ損失の金額に対して，法人税及び
地方法人税，住民税，事業税ごとの法定実効税率を乗じて繰延税金資産の回収
可能額を計算することとなる（図表21）。

【図表21】　スケジューリング不能なその他有価証券評価差損100

	法人税及び 地方法人税	住民税	事業税	合計
分類	②	④	④	－
回収可能な将来 減算一時差異	100	0	0	－
法定実務実効税率	24.66%	2.32%	3.64%	－
回収可能な 繰延税金資産	24	0	0	24

3-5　連結財務諸表での回収可能額の見直しの実務

3-5-1　連結財務諸表における繰延税金資産及び繰延税金負債の計算
方法

　決算実務では，3-4で解説した回収可能額の計算方法に従い，個別財務諸
表において繰延税金資産を計上する。

　そして，連結財務諸表では，まず，個別財務諸表で計上された繰延税金資産
を単純合算することになるが，連結納税を採用している場合，個別財務諸表と
連結財務諸表で繰延税金資産の回収可能額が異なる場合があるため，繰延税金
資産の回収可能額を見直す作業が必要となる。

　具体的には連結財務諸表では，法人税及び地方法人税に係る繰延税金資産に
ついては，連結納税主体を一体として回収可能性を判断するため，連結納税主
体として連結所得見積額（特定連結欠損金個別帰属額の回収可能性は連結所得
見積額及び個別所得見積額）により回収可能額を見直すこととなる。つまり，
連結所得見積額（特定連結欠損金個別帰属額の回収可能性は連結所得見積額及
び個別所得見積額）によりスケジューリングによる回収可能額を計算し，連結
納税主体の企業分類（特定連結欠損金個別帰属額の回収可能性は連結納税主体

の分類と連結納税会社の分類）により最終的な回収可能額を決定することとなる。

そして，その結果，連結納税主体の法人税及び地方法人税に係る繰延税金資産の回収可能見込額が，各連結納税会社の個別財務諸表における法人税及び地方法人税に係る繰延税金資産の計上額を合計した金額を下回ることとなる場合，連結財務諸表において，連結納税主体における回収可能見込額まで減額し，その差額を連結修正として処理することになる（実務対応報告第7号Q4）。

以下では，連結財務諸表における具体的な手続となる企業分類の見直しとスケジューリングによる回収可能額の見直しについて解説する。

なお，連結納税親会社の個別財務諸表における法人税及び地方法人税に係る繰延税金資産の計上額が，連結財務諸表に含まれる連結納税主体としての回収可能見込額を大幅に上回る場合で，その上回る部分の金額に重要性がある場合には，連結納税親会社の個別財務諸表に追加情報として注記することが必要になると考えられる（実務対応報告第7号Q4）。

3-5-2　企業分類の見直し

連結財務諸表における企業分類の基本的な考え方は図表22のとおりである。

具体的には，将来減算一時差異は連結納税主体の分類に統一される。また，連結欠損金個別帰属額の分類については，実務対応報告第7号Q3において，「なお，連結欠損金個別帰属額に係る繰延税金資産の回収可能性の判断に関する取扱いは，連結納税主体を含んだ連結財務諸表における連結欠損金に係る繰延税金資産の回収可能性の判断においても同様であると考えられる」とされているため，個別財務諸表と同様の分類になる。また，地方税についても個別財務諸表と同様の分類になる。

146　　第3部　連結納税における税効果会計

【図表22】　連結財務諸表における企業分類の基本的な考え方

将来減算一時差異に係る繰延税金資産	連結欠損金に係る繰延税金資産	
	特定連結欠損金が含まれていない場合	特定連結欠損金が含まれている場合
明示されていない（連結納税主体の分類によることになると考えられる）	連結納税主体の分類による	連結納税主体の分類と連結納税会社の分類をそれぞれ考慮

出所：第200回企業会計基準委員会審議資料（平成22年度税制改正に伴う検討について「審
　　　議(1)-5平成22年度税制改正対応：連結欠損金に係る繰延税金資産の回収可能性につい
　　　て／Ⅲ.会計上の取扱いに関する検討／2.監査委員会報告第66号例示区分の取扱い」）
　　　を筆者加工

(1)　将来減算一時差異

　法人税及び地方法人税に係る分類については，連結納税主体の分類が採用さ
れる。これは，連結納税では，連結納税会社ごとではなく，連結納税主体，つ
まり，連結納税グループ全体で，連結所得から将来減算一時差異等の解消額を
控除することにより税額が計算されるため，連結財務諸表においては，連結納
税グループを一体として分類を判定することによる。

(2)　非特定連結欠損金個別帰属額

　非特定連結欠損金個別帰属額に係る繰延税金資産の回収可能性を判断する場
合，連結納税主体の分類により回収可能性を判断する。

　これは，連結欠損金は損益通算後の連結所得と相殺されることにより解消さ
れるためである。つまり，連結所得が発生しない場合は，連結欠損金は解消さ
れないため，連結所得により決定される連結納税主体の分類により回収可能性
を判断することとなる。

(3)　特定連結欠損金個別帰属額

　連結欠損金個別帰属額のうち，連結納税子会社の開始前繰越欠損金や連結納
税子会社の加入前繰越欠損金，連結納税会社が連結納税会社以外の被合併法人
および残余財産確定法人から引き継いだ繰越欠損金など，特定連結欠損金個別
帰属額に係る繰延税金資産の回収可能性を判断する場合，連結納税主体の分類
と連結納税会社の分類のうち，より下位の分類により回収可能性を判断する。

これは，特定連結欠損金個別帰属額は，当該連結納税会社の個別所得を限度としてのみ連結欠損金として繰越控除ができるためである。つまり，特定連結欠損金個別帰属額は，連結所得が発生しない場合，あるいは，個別所得が発生しない場合のいずれかの場合には解消されないこととなる。したがって，連結所得により決定される連結納税主体の分類と個別所得により決定される連結納税会社の分類のいずれか下位の分類を適用することとなる。

(4) 地方税

地方税については単体納税と同様に，連結納税会社の分類により回収可能性を判断する。これは，地方税には単体納税が適用されるためである。

以上，連結財務諸表での連結納税における企業分類の判定をまとめると次のとおりとなる。

【連結財務諸表】連結納税における企業分類の判定

企業分類の判定	連結納税主体	連結グループ全体の判定による分類	①					②					③					④					⑤				
	各連結納税会社	各連結納税会社の判定による分類（単体納税の分類）	①	②	③	④	⑤	①	②	③	④	⑤	①	②	③	④	⑤	①	②	③	④	⑤	①	②	③	④	⑤
適用される企業分類の決定	将来減算一時差異に係る分類	連結納税主体の分類	①	①	①	①	①	②	②	②	②	②	③	③	③	③	③	④	④	④	④	④	⑤	⑤	⑤	⑤	⑤
	非特定連結欠損金に係る分類	連結納税主体の分類	①	①	①	①	①	②	②	②	②	②	③	③	③	③	③	④	④	④	④	④	⑤	⑤	⑤	⑤	⑤
	特定連結欠損金に係る分類	より下位の分類が優先	①	②	③	④	⑤	②	②	③	④	⑤	③	③	③	④	⑤	④	④	④	④	⑤	⑤	⑤	⑤	⑤	⑤
	地方税に係る分類	連結納税会社の分類	①	②	③	④	⑤	①	②	③	④	⑤	①	②	③	④	⑤	①	②	③	④	⑤	①	②	③	④	⑤

以上からわかるとおり，将来減算一時差異に係る分類について，個別財務諸表では連結納税主体の分類と連結納税会社の分類の上位にしているが，連結財務諸表では連結納税主体の分類に統一することから，連結財務諸表での回収可能額の見直しによって，基本的に繰延税金資産の積み増しが生じることはない。

148 第３部 連結納税における税効果会計

3-5-3　スケジューリングによる回収可能額の見直し

　将来減算一時差異について，個別財務諸表では，連結納税会社ごとに自社の個別所得見積額及び他の連結納税会社の個別所得見積額により回収可能額を計算するが，連結財務諸表では，連結納税主体を一体とした連結所得により回収可能額を計算することとなる。

　したがって，連結財務諸表における将来減算一時差異の回収可能額は，個別財務諸表における回収可能額の数値を基礎としつつ，回収可能額が連結所得を超えている場合，当該超過額を回収可能額から控除する修正を行う必要が生じる。一方，連結欠損金個別帰属額は，個別財務諸表と同様に連結所得見積額（特定連結欠損金個別帰属額は，連結所得見積額及び個別所得見積額）により回収可能額を計算するため，個別財務諸表における回収可能額と一致することとなる。

　また，地方税については，連結納税（損益通算）の対象外であるため，個別財務諸表における回収可能額と一致することとなる。

　以下では，連結財務諸表において法人税及び地方法人税に係る繰延税金資産の回収可能額を見直す場合の計算例（図表23）を示すこととする。

【図表23】　計算例：個別財務諸表と連結財務諸表で回収可能額に差額が生じる場合

連結納税会社ごとに回収可能額を計算した場合，回収可能額は900（トラスト１が550，トラスト３が350）となるが，連結納税主体を１つの会社とみなして計算した場合の回収可能額は，連結納税主体の将来減算一時差異の解消額1,050のうち，連結所得見積額650を限度とした650となる。そのため，個別財務諸表での単純合算の回収可能額900と連結財務諸表での回収可能額650に250の差額がでるため，連結修正により繰延税金資産の250の取崩し処理を行うこととなる。

法人税及び地方法人税の将来減算一時差異に係るスケジューリング	2020年３月期				2020年３月期
	連結納税親会社	連結納税子会社	連結納税子会社	合計（個別財務諸表）	連結納税主体（連結財務諸表）
	トラスト1	トラスト2	トラスト3		
個別所得見積額	650	▲ 550	550	650	650
将来減算一時差異の解消見込額	550	150	350	1,050	1,050

将来減算一時差異の解消見込額減算後の個別所得見積額	100	▲ 700	200	▲ 400	▲ 400
個別所得見積額による回収可能見込額	550	0	350	900	650
受取個別帰属法人税額の所得換算額	0	300	0	300	-
上記のうち，マイナスの個別所得見積額への充当額	0	300	0	300	-
回収可能見込額	550	0	350	900	650
				連結財務諸表における取崩額	250

　以上からわかるとおり，スケジューリングによる将来減算一時差異の回収可能額について，個別財務諸表では，まず自己の個別所得見積額に基づいて回収可能性を判断しているが，連結財務諸表では連結所得見積額のみに基づいて回収可能性を判断することから，連結財務諸表での回収可能額の見直しによって，基本的に繰延税金資産の積み増しが生じることはない。

　また，具体的には，将来減算一時差異の解消見込額減算後の連結所得見積額がマイナスになる場合に，連結財務諸表での回収可能額との差額（取崩額）が生じることになる。

150　第3部　連結納税における税効果会計

【回収手順：連結納税主体の連結財務諸表（法人税及び地方法人税）】

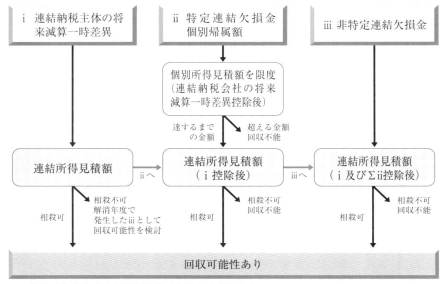

※　住民税と事業税は個別財務諸表と同じ手順となる。

　なお，参考に本書のケーススタディとは別に，連結財務諸表における法人税及び地方法人税に係る繰延税金資産の回収可能額の計算例として，実務対応報告第7号設例4を一部加工したものを紹介しておく。

設例4　個別財務諸表における将来減算一時差異に係る繰延税金資産の回収可能見込額と連結納税主体における回収可能見込額に差額が生じる場合の取扱い

1．前提
　(1)　X1年末の将来減算一時差異は，P社400，S1社100，S2社200であり，すべてX2年に解消が見込まれるものとする。
　(2)　X2年の個別所得見積額は，P社500，S1社△400，S2社300とする。
　(3)　X3年以降の個別所得見積額は0とする。

第3章　連結納税の繰延税金資産の回収可能性　　**151**

2．回収可能性の判断の手順

(1)　各連結納税会社は，Ｘ１年末に存在する将来減算一時差異の解消見込額をＸ２年の個別所得見積額と相殺する。

(2)　(1)で相殺しきれなかった将来減算一時差異の解消見込額は，Ｘ２年における受取個別帰属法人税額の所得換算額と相殺する。

(3)　Ｓ１社は，Ｘ２年の個別所得見積額がマイナスであるため，(2)の受取個別帰属法人税額の所得換算額をＸ２年の個別所得見積額に充当する。

(4)　上記(1)から(3)の手順を実施した結果，回収可能見込額はＰ社400，Ｓ１社０，Ｓ２社200で，個別所得見積額の合計は600となるが，連結納税主体の連結所得見積額は400であるため，回収可能見込額の差額200が生じる。この差額は，連結財務諸表作成手続において，連結修正として処理する※。

※　将来減算一時差異に係る繰延税金資産の回収可能性の判断において，連結納税主体を一体として計算した連結納税主体の回収可能見込額が，個別財務諸表における法人税及び地方法人税に係る繰延税金資産の計上額を合計した金額を下回る場合がある。これは，個別財務諸表においては，国に対して将来納付されることとなる税額が軽減されなくとも，連結法人税の個別帰属額及び連結納税会社の地方法人税の個別帰属額が軽減されることにより回収可能性があると判断されるが，連結納税主体においては，国に納付される連結法人税及び地方法人税が軽減されない場合，回収可能性がないと判断されること等から生じる。

　　具体的には，解消年度において，個別所得見積額がプラスの連結納税会社とマイナスの連結納税会社がともに存在しており，かつ，当該解消年度の連結所得見積額（個別所得見積額の合計額）が連結納税主体の将来減算一時差異を解消するのに十分ではない場合に，ある連結納税会社のマイナスの個別所得見積額（解消年度に生じた繰越欠損金）に係る繰延税金資産の回収可能性がないため発生するものと考えられる。

　　例えば，解消年度であるＸ２年において，欠損金の発生が見込まれるＳ１社の個別所得見積額△400から，受取個別帰属法人税額の所得換算額200を相殺した後の金額200が，差額として生じる。これは，Ｓ１社のマイナスの個別所得見積額△400がＳ１社の個別財務諸表の繰延税金資産の回収可能性の判断において考慮されず，Ｐ社及びＳ２社の回収可能性の判断にも影響を与えなかったものの，連結納税主体の繰延税金資産の回収可能性においては，連結所得見積額400において考慮されていることから生じるものと考えられる。

　　連結納税会社においては，他の連結納税会社と受払いをする連結法人税の個別帰属額及び連結納税会社の地方法人税の個別帰属額は利益に関連する金額を課税標準とする税金と考えられるため，連結納税会社の個別財務諸表における繰延税金資産の回収可能性の判断においても同様の考え方に基づいて判断を行うこととなる。一方，連結財務諸表においては，連結納税制度の趣旨から，連結納税主体を単一主体として回収可能性を見直すべきことが適当であると考えられるため，連結納税主体

における繰延税金資産の回収可能見込額が，連結納税会社の個別財務諸表における繰延税金資産の計上額の合計を下回ることとなった場合には，連結財務諸表においては，連結納税主体の回収可能見込額まで減額し，当該差額を連結修正として処理することが適当であると考えられる。

以上を表に示すと次のようになる。

3-5-4 「企業分類」及び「スケジューリングによる回収可能額」の両方を見直した場合の回収可能額の計算例

以下，「3-5-2」で解説した企業分類の見直しと「3-5-3」で解説したスケジューリングによる回収可能額の見直しの両方を織り込んだ場合の計算例を示しておく。

なお，連結欠損金個別帰属額と地方税に係る繰延税金資産の回収可能額は，個別財務諸表と連結財務諸表で同額となる。

第3章　連結納税の繰延税金資産の回収可能性　　153

法人税及び地方法人税の将来減算一時差異に係るスケジューリング	1年目				1年目
	連結納税親会社トラスト1 ①	連結納税子会社トラスト2 ③	連結納税子会社トラスト3 ②	合計（個別財務諸表）	連結納税主体（連結財務諸表）④
個別所得見積額	650	▲ 550	550	650	650
将来減算一時差異の解消見込額	550	150	350	1,050	1,050
将来減算一時差異の解消見込額減算後の個別所得見積額	100	▲ 700	200	▲ 400	▲ 400
個別所得見積額による回収可能見込額	550	0	350	900	650
受取個別帰属法人税額の所得換算額	0	300	0	300	－
上記のうち，マイナスの個別所得見積額への充当額	0	300	0	300	－
回収可能見込額	550	0	350	900	650
企業分類による最終的な回収可能額	550	0	350	900	650
個別財務諸表と連結財務諸表の回収可能額の差額（減額をマイナス表記）	－	－	－	－	▲ 250
法人税及び地方法人税の法定実効税率	－	－	－	－	23.34%
連結財務諸表における繰延税金資産の取崩額（マイナス表記)）	－	－	－	－	▲ 58

　連結納税主体の分類が④であるため，スケジューリングによる回収可能額は回収可能と判定されるが，将来減算一時差異の解消見込額減算後の連結所得見積額がマイナスであり，連結財務諸表では連結所得見積額650までしか回収可能にならない。

154　第3部　連結納税における税効果会計

法人税及び地方法人税の将来減算一時差異に係るスケジューリング	2年目				2年目
	連結納税親会社	連結納税子会社	連結納税子会社	合計（個別財務諸表）	連結納税主体（連結財務諸表）
	トラスト1	トラスト2	トラスト3		
	①	③	②		④
個別所得見積額	800	300	500	1,600	1,600
将来減算一時差異の解消見込額	200	100	200	500	500
将来減算一時差異の解消見込額減算後の個別所得見積額	600	200	300	1,100	1,100
個別所得見積額による回収可能見込額	200	100	200	500	500
受取個別帰属法人税額の所得換算額	0	0	0	0	－
上記のうち，マイナスの個別所得見積額への充当額	0	0	0	0	－
回収可能見込額	200	100	200	500	500
企業分類による最終的な回収可能額	200	100	200	500	0
個別財務諸表と連結財務諸表の回収可能額の差額（減額をマイナス表記）	－	－	－	－	▲ 500
法人税及び地方法人税の法定実効税率	－	－	－	－	24.66%
連結財務諸表における繰延税金資産の取崩額（マイナス表記））	－	－	－	－	▲ 123

　2年目は，将来減算一時差異の解消見込額減算後の連結所得見積額がプラスであるため，将来減算一時差異の解消見込額の全額がスケジューリングによって回収可能となるが，連結納税主体の分類が④であるため，連結財務諸表では全額，回収不能となる。

　以下，回収期間超である2年超，長期，スケ不能についても同様に計算する。なお，各連結納税会社の将来減算一時差異の解消見込額は2年目と同じとする。

法人税及び地方法人税の将来減算一時差異に係るスケジューリング	回収期間超(2年超)		長期		不能		合計	
	合計(個別財務諸表)	連結納税主体(連結財務諸表)④	合計(個別財務諸表)	連結納税主体(連結財務諸表)④	合計(個別財務諸表)	連結納税主体(連結財務諸表)④	合計(個別財務諸表)	連結納税主体(連結財務諸表)④
個別所得見積額	–	–	–	–	–	–	–	–
将来減算一時差異の解消見込額	500	500	500	500	500	500	3,050	3,050
将来減算一時差異の解消見込額減算後の個別所得見積額	–	–	–	–	–	–	–	–
個別所得見積額による回収可能見込額	–	–	–	–	–	–	–	–
受取個別帰属法人税額の所得換算額	–	–	–	–	–	–	–	–
上記のうち，マイナスの個別所得見積額への充当額	–	–	–	–	–	–	–	–
回収可能見込額	–	–	–	–	–	–	–	–
企業分類による最終的な回収可能額	400	0	500	0	200	0	2,500	650
個別財務諸表と連結財務諸表の回収可能額の差額(減額をマイナス表記)	–	▲ 400	–	▲ 500	–	▲ 200	–	▲ 1,850
法人税及び地方法人税の法定実効税率	–	24.66%	–	24.66%	–	24.66%	–	
連結財務諸表における繰延税金資産の取崩額(マイナス表記))	–	▲ 99	–	▲ 123	–	▲ 49	–	▲ 453

以上より，企業分類とスケジューリングを見直した結果，連結財務諸表において，個別財務諸表の繰延税金資産を453だけ取り崩すこととなる。

なお，連結財務諸表では，連結決算手続上生じた将来減算一時差異（連結財務諸表固有の一時差異）についても，納税主体ごとに各個別財務諸表における繰延税金資産と合算して回収可能性を判断することとなる（適用指針第26号9）。

そのため，本来であれば，個別財務諸表における法人税及び地方法人税，住民税，事業税ごとの将来減算一時差異に係るスケジューリング（及び企業分類による回収可能額の判定）について，連結財務諸表固有の一時差異の修正を行った上で改めて行う必要がある。

しかし，例えば，連結財務諸表固有の一時差異のうち，貸倒引当金の消去については個別財務諸表で生じたスケジューリング不能差異の消滅として処理される（投資と資本の消去に伴う時価評価によって，個別財務諸表でスケジュー

リング不能差異とされた連結納税開始・加入に伴う時価評価益に係る将来減算
一時差異が消滅する場合も同様である）。

　また，投資と資本の消去に伴う時価評価によって新たに生じた将来減算一時
差異は，スケジューリング不能差異に該当することが多い。

　さらに，未実現利益の消去に係る将来減算一時差異については，回収可能性
を判断せず，連結納税主体の課税年度における連結所得（住民税及び事業税に
ついては売却元の連結会社の売却年度における課税所得）の額を上限として繰
延税金資産が計上される（つまり，スケジューリングに入れず，企業分類も適
用しない。適用指針第28号34・35）。

　したがって，実務上，連結財務諸表固有の一時差異については，スケジュー
リングに織り込むことはせず（つまり，個別財務諸表で行ったスケジューリン
グ又は上記の連結財務諸表において回収可能額を見直すためのスケジューリン
グは変えない），スケジューリング不能差異の消滅については個別財務諸表で
計上した繰延税金資産（連結財務諸表において回収可能額を見直した後の繰延
税金資産）の取消しを行い，未実現利益の消去に係る将来減算一時差異につい
ては繰延税金資産を計上し，新たなスケジューリング不能差異の発生について
はそれが発生した連結会社の企業分類に従って法人税及び地方法人税，住民税，
事業税ごとに回収可能性を判断することも多いのではないかと思われる。

　ただし，投資と資本の消去等に伴い新たにスケジューリング可能差異が生じ
た場合は，個別財務諸表で行ったスケジューリング又は上記の連結財務諸表に
おいて回収可能額を見直すためのスケジューリングに織り込む必要がある（こ
の場合でも，個別所得見積額に比較して新たなスケジューリング可能差異の金
額が小さい場合は，スケジューリングの調整をせずに，連結会社の企業分類に
従って法人税及び地方法人税，住民税，事業税ごとに回収可能性を判断するこ
とも多いだろう）。

　なお，未実現損失の消去に係る将来加算一時差異の解消見込額はスケジュー
リングには含めない（適用指針第26号９）。

［連結財務諸表固有の一時差異の回収可能性の検討］

連結財務諸表固有の一時差異		連結納税子会社A社 連結納税主体の分類＝① 連結納税会社の分類＝④			回収可能性について
		個別財務諸表※1	連結修正	連結財務諸表	
貸倒引当金	①将来減算一時差異	150,000	▲ 50,000	100,000	スケジューリング不能差異の消滅となるため，個別財務諸表で計上した繰延税金資産（連結財務諸表において回収可能額を見直した後の繰延税金資産）を取り消すこととなる。
	②回収可能額				
	法人税及び地方法人税	150,000	▲ 50,000	100,000	
	住民税	0	0	0	
	事業税	0	0	0	
	③繰延税金資産				
	法人税及び地方法人税（24.66%）	36,990	▲ 12,330	24,660	
	住民税（2.32%）	0	0	0	
	事業税（3.64%）	0	0	0	
資本連結手続上の評価損（土地）	①将来減算一時差異	－	100,000	100,000	新たに生じたスケジューリング不能差異であるため，それが発生した連結納税会社の企業分類に従って，法人税及び地方法人税，住民税，事業税ごとに回収可能性を判断している。
	②回収可能額				
	法人税及び地方法人税	－	100,000	100,000	
	住民税	－	0	0	
	事業税	－	0	0	
	③繰延税金資産				
	法人税及び地方法人税（24.66%）	－	24,660	24,660	
	住民税（2.32%）	－	0	0	
	事業税（3.64%）	－	0	0	
連結納税開始に伴う時価評価益（土地）	①将来減算一時差異	670,000	▲ 670,000	0	スケジューリング不能差異の消滅となるため，個別財務諸表で計上した繰延税金資産（連結財務諸表において回収可能額を見直した後の繰延税金資産）を取り消すこととなる。
	②回収可能額				
	法人税及び地方法人税	670,000	▲ 670,000	0	
	住民税	0	0	0	
	事業税	0	0	0	
	③繰延税金資産				
	法人税及び地方法人税（24.66%）	165,222	▲ 165,222	0	
	住民税（2.32%）	0	0	0	
	事業税（3.64%）	0	0	0	
未実現利益の消去	①将来減算一時差異	－	300,000	300,000	未実現利益の消去に係る将来減算一時差異については，回収可能性を判断せず，連結納税主体の課税年度における連結所得（住民税及び事業税については売却元の連結会社の売却年度における課税所得）の額を上限として繰延税金資産が計上される。
	②回収可能額				
	法人税及び地方法人税	－	300,000	300,000	
	住民税	－	300,000	300,000	
	事業税	－	300,000	300,000	
	③繰延税金資産				
	法人税及び地方法人税（23.34%※2）	－	70,020	70,020	
	住民税（3.64%※2）	－	10,920	10,920	
	事業税（3.64%※2）	－	10,920	10,920	

※1　連結財務諸表において回収可能額を見直した場合は，見直し後の回収可能額（繰延税金資産）で連結修正を行う。

※2　売却元の売却年度における法定実効税率となる。

158　第3部　連結納税における税効果会計

3-5-5　実際の連結財務諸表における回収可能額の見直し実務

　前記のとおり，連結財務諸表では，企業分類の見直しとスケジューリングによる回収可能額の見直しをする必要が生じるが，結果的に，法人税及び地方法人税における将来減算一時差異についてのみ回収可能額が見直されることとなる。

　また，連結財務諸表の回収可能額の見直しによって，基本的に積み増しは生じないが，具体的に回収可能額の減額（繰延税金資産の取崩し）が生じるのは，以下の2つの場合となる。

① 　連結納税主体の中に，個別財務諸表で採用した将来減算一時差異に係る分類が，連結納税主体の分類より上位にある連結納税会社がある場合（例えば，連結納税会社A社の個別財務諸表の分類は①，連結納税主体の分類は③である場合）

② 　スケジューリング期間において，将来減算一時差異の解消見込額減算後の連結所得見積額がマイナスになる年度がある場合

　特に，上記①については，将来減算一時差異（特に，回収期間超，長期，スケ不能の将来減算一時差異）を多額に保有する連結納税会社の分類が高い場合，取崩額が多額になる。また，上記②については，連結所得見積額が大きくマイナスになる一方で，将来減算一時差異を多額に保有する連結納税会社の個別所得金額が大きい場合，取崩額が多額になる。

　そして，実務では，図表24のような方法により，連結財務諸表において回収可能額が見直されている。

第3章■連結納税の繰延税金資産の回収可能性　159

【図表24】　連結財務諸表における回収可能額の見直しの方法

No	見直し方法	見直し額の計算方法		内容
		企業分類の見直し	スケジューリングによる回収可能額の見直し	
1	個別財務諸表で計上された繰延税金資産を全額取り崩し，改めて計算した連結財務諸表の回収可能額を計上する方法	○	○	上記の①又は②の場合に該当するかしないかに関係なく，毎期，連結財務諸表における回収可能額を別途計算し，改めて計上し直す方法である。この場合，連結財務諸表における回収可能額は，「3-5-4」による計算方法（原則的方法）を採用する。
2	上記①又は②のいずれか，あるいは両方に該当する場合に，個別財務諸表で計上された繰延税金資産を見直す方法	○	○	基本的には単純合算された個別財務諸表の繰延税金資産の金額をそのまま採用するが，上記①又は②のいずれか，あるいは両方に該当する場合には，連結財務諸表における回収可能額を計算し，連結修正によって繰延税金資産を減額する方法である。この場合，連結財務諸表における回収可能額は，「3-5-4」による計算方法（原則的方法）を採用する。なお，上述のように，将来減算一時差異を多額に保有する連結納税会社が関係する場合など，取崩額が多額になると推測される場合のみ見直す方法もこれに含まれる。
3	上記①に該当する場合，あるいは，将来減算一時差異を多額に保有する連結納税会社について上記①に該当する場合のみ，個	○	×	基本的には単純合算された個別財務諸表の繰延税金資産の金額をそのまま採用するが，上記①に該当する場合，あるいは，将来減算一時差異を多額に保有する連結納税会社について上記①に該当する場合

別財務諸表における繰延税金資産を見直す方法			に，連結財務諸表における回収可能額を計算し，連結修正によって繰延税金資産を減額する方法である。 この場合，連結財務諸表における回収可能額は，個別財務諸表における回収可能額の計算において企業分類を連結納税主体の分類に見直して計算する方法を採用する。

○：見直す，×：見直さない

　筆者の経験上は，方法3が一般的な実務であるように見受けられる。その理由は，現時点の連結納税の税効果会計システムでは，連結納税主体ベースの回収可能額の計算に対応していない，あるいは，帳票が出てこない，ということが大きいように思われる。その点，企業分類の見直しに伴う回収可能額の見直しは，連結納税の税効果会計システムに頼らずに行うことができるため，方法3が実務的な方法となっていると推測される。

　そして，方法3による連結財務諸表での回収可能額の見直しで最も多いケースは，連結所得が過去又は毎期マイナスのため，連結納税主体の分類が④又は⑤である場合に，個別財務諸表で計上した繰延税金資産（特に，分類①，②の連結納税会社で計上した繰延税金資産）を全額又はその多くを取り崩すケースである。

　本書では，方法3による連結財務諸表での回収可能額の見直しについて計算例（図表25）を示しておく。

第3章 連結納税の繰延税金資産の回収可能性　161

【図表25】　方法３による連結財務諸表での回収可能額の見直し

下記のケースでは，連結納税主体の分類が④であるため，連結財務諸表では翌年度分の将来減算一時差異の解消額（翌年度分の連結所得を限度とする）しか回収可能とみなされない。したがって，個別財務諸表で計上した繰延税金資産（特に，分類①，②のトラスト２，トラスト３で計上した２年目以降のスケジューリング期間内の将来減算一時差異，スケジューリング期間を超える将来減算一時差異，長期の将来減算一時差異，スケジューリング不能差異に対する繰延税金資産）を取り崩す連結修正を行うこととなる。

なお，スケジューリング期間内の１年目の連結所得見積額が1,000であるとする。

| 会社名 | 分類 | 回収可能な将来減算一時差異 | | | | | | | | 合計 |
| | | スケジューリング期間内の将来減算一時差異 | | | | | スケジューリング期間を超える将来減算一時差異 | 長期の将来減算一時差異 | スケジューリング不能差異 | |
		1年目	2年目	3年目	4年目	5年目				
トラスト1	④	100	0	0	0	0	0	0	0	100
トラスト2	①	400	100	100	100	100	300	500	500	2,100
トラスト3	②	200	50	50	50	50	100	300	0	800
個別財務諸表合計	－	700	150	150	150	150	400	800	500	3,000
連結納税主体	④	700	0	0	0	0	0	0	0	700
連結財務諸表合計	－	700	0	0	0	0	0	0	0	700
連結財務諸表における回収可能な将来減算一時差異の取崩額		0	150	150	150	150	400	800	500	2,300
法人税及び地方法人税に係る法定実効税率（注）		23.34%	24.66%	24.66%	24.66%	24.66%	24.66%	24.66%	24.66%	－
連結財務諸表における繰延税金資産の取崩額		0	37	37	37	37	99	197	123	567

連結納税主体の分類が④であるため，１年目の連結所得1,000を限度に，１年目の将来減算一時差異の解消額700が回収可能となる。２年目以降の将来減算一時差異，スケジューリング期間を超える将来減算一時差異，長期の将来減算一時差異，スケジューリング不能差異は回収不能となる。

（注）個別財務諸表での繰延税金資産の計算に適用された解消年度ごとの法人税及び地方法人税に係る法定実効税率を適用することとなる。

162　第3部■連結納税における税効果会計

第4章
ケーススタディ（連結納税における繰延税金資産の回収可能額の計算）

　連結納税を採用しているトラスト1（連結納税親会社），トラスト2（連結納税子会社），トラスト3（連結納税子会社）は，2019年3月期に次のように繰延税金資産及び繰延税金負債を計算することになった。

　ここから計算シートを使用して具体的な計算を解説していくが，本書では計算シートの一部を抜粋して記載しているため，すべてを確認したい場合は，本章ケーススタディの計算シートをWebサイトからダウンロードしてほしい（「本書のご利用にあたって」参照）。

　なお，計算過程では，端数処理を行っておらず，小数点以下第1位を四捨五入した数字で表記している。

4-1　前提条件

1．税率［入力1］

① **法定税率（%）**

　トラスト1，トラスト2，トラスト3に適用される法定税率は次のとおりである。

事業年度／会社名	法人税	住民税	事業税
2020．3期	23.20%	16.3%	3.779%
2021．3期	23.20%	10.4%	3.780%
2022．3期	23.20%	10.4%	3.780%

② **地方法人税率**

　トラスト1，トラスト2，トラスト3に適用される地方法人税率は次のとおりである。

第4章 ケーススタディ（連結納税における繰延税金資産の回収可能額の計算）　163

事業年度／会社名	地方法人税	－	－
2020．3 期	4.4%	－	－
2021．3 期	10.3%	－	－
2022．3 期	10.3%	－	－

③　法定実効税率（%）

　トラスト1，トラスト2，トラスト3に適用される法定実効税率は次のとおりである。

事業年度／会社名	法人税及び地方法人税	住民税 (控除対象個別帰属税額等)	事業税
2020．3 期	23.34%	3.64%（15.71%）	3.64%
2021．3 期	24.66%	2.32%（10.02%）	3.64%
2022．3 期	24.66%	2.32%（10.02%）	3.64%
3 年超（又は回収期間超）	24.66%	2.32%（10.02%）	3.64%
長期の将来減算一時差異	24.66%	2.32%（10.02%）	3.64%
スケジューリング不能差異	24.66%	2.32%（10.02%）	3.64%

2．将来の課税所得［入力1］

　トラスト1，トラスト2，トラスト3の将来の課税所得は次のとおりである。なお，将来の課税所得は，将来の減算一時差異等及び将来加算一時差異の解消前の課税所得としている。

事業年度／会社名	トラスト1	トラスト2	トラスト3
2020．3 期	335,000	▲ 265,000	235,000
2021．3 期	300,000	▲ 200,000	150,000
2022．3 期	400,000	150,000	200,000

3．繰越欠損金［入力2］

　トラスト1，トラスト2，トラスト3の税効果の対象となる繰越欠損金は次のとおりである。

164 第3部■連結納税における税効果会計

① 連結欠損金
● 非特定連結欠損金個別帰属額

連結納税 親会社	連結納税 子会社	連結納税 子会社	発生事業年度			繰越最終事業 年度		
トラスト1	トラスト2	トラスト3	年	月	日	年	月	日
	100,000	100,000	2014	3	31	2023	3	31
	100,000		2015	3	31	2024	3	31
0	200,000	100,000						

● 特定連結欠損金個別帰属額

連結納税 親会社	連結納税 子会社	連結納税 子会社	発生事業年度			繰越最終事業 年度		
トラスト1	トラスト2	トラスト3	年	月	日	年	月	日
	100,000	100,000	2012	3	31	2021	3	31
	100,000	100,000	2013	3	31	2022	3	31
0	200,000	200,000						

② 控除対象個別帰属税額及び控除対象個別帰属調整額

連結納税 親会社	連結納税 子会社	連結納税 子会社	発生事業年度			繰越最終事業 年度		
トラスト1	トラスト2	トラスト3	年	月	日	年	月	日
	30,000	30,000	2016	3	31	2025	3	31
	30,000	30,000	2017	3	31	2026	3	31
	30,000		2018	3	31	2027	3	31
	30,000		2019	3	31	2029	3	31
0	120,000	60,000						

③ 事業税に係る繰越欠損金

連結納税 親会社	連結納税 子会社	連結納税 子会社	発生事業年度			繰越最終事業 年度		
トラスト1	トラスト2	トラスト3	年	月	日	年	月	日
	100,000	100,000	2016	3	31	2025	3	31
	100,000	100,000	2017	3	31	2026	3	31
	100,000		2018	3	31	2027	3	31
	100,000		2019	3	31	2029	3	31

0	400,000	300,000		

4．将来減算一時差異 ［入力3］

　トラスト1，トラスト2，トラスト3の税効果の対象となる将来減算一時差異の内容，種類，金額，解消時期，解消額は次のとおりである。

トラスト1

将来減算一時差異	種類	残高	解消スケジュール						
			2020.3期	2021.3期	2022.3期	3年超	長期	スケ不能	合計
賞与引当金	スケ可能	80,000	80,000						80,000
未払事業税	スケ可能	55,000	55,000						55,000
減損損失（償却資産）	スケ可能	300,000	30,000	30,000	30,000	210,000			300,000
建物減価償却費	長期	130,000	10,000	10,000	10,000		100,000		130,000
退職給付引当金	長期	250,000					250,000		250,000
投資有価証券評価損	スケ不能	230,000						230,000	230,000
合計	スケ可能	435,000	165,000	30,000	30,000	210,000	0	0	435,000
	長期	380,000	10,000	10,000	10,000	0	350,000	0	380,000
	スケ不能	230,000	0	0	0	0	0	230,000	230,000
		1,045,000	175,000	40,000	40,000	210,000	350,000	230,000	1,045,000

　トラスト2，トラスト3もトラスト1と同じとする。

5．繰越欠損金の所得控除限度割合

　連結親法人の資本金が1億円超であるため，所得から控除できる繰越欠損金の所得控除限度割合（％）は次のとおりとなる。

法人税	事業税
50%	50%

6．将来加算一時差異 ［入力4］

　トラスト1，トラスト2，トラスト3には税効果の対象となる将来加算一時差異はない。

166   第3部■連結納税における税効果会計

4-2 〔手順Ⅰ〕企業分類の決定［入力5］

1．過去4期の課税所得の発生状況

　トラスト1，トラスト2，トラスト3の過去4期の課税所得は次のとおりである。

	事業年度	連結納税親会社 トラスト1	連結納税子会社 トラスト2	連結納税子会社 トラスト3	連結納税主体
課税所得 （実績・見込）	2016．3期	300,000	▲100,000	▲100,000	100,000
	2017．3期	200,000	▲100,000	▲100,000	0
	2018．3期	200,000	▲100,000	50,000	150,000
	2019．3期	300,000	▲100,000	100,000	300,000
繰越欠損金 ^(注)		0	400,000	300,000	700,000
将来減算一時差異		1,045,000	1,045,000	1,045,000	3,135,000
将来減算一時差異等（合計）		1,045,000	1,445,000	1,345,000	3,835,000

注：連結納税会社は，事業税に係る繰越欠損金，連結納税主体は連結欠損金とする。

2．連結納税会社及び連結納税主体の例示区分の判定

　上記の過去の課税所得と将来減算一時差異の金額に基づき，トラスト1，トラスト2，トラスト3の企業分類及び連結納税主体の企業分類を次のように判定した。

事業年度	連結納税親会社 トラスト1	連結納税子会社 トラスト2	連結納税子会社 トラスト3	連結納税主体
連結納税会社と連結納税主体 のそれぞれの分類	②	⑤	④	③

3．連結納税会社及び連結納税主体の企業分類の判定

　以上より，将来減算一時差異（個別財務諸表），将来減算一時差異（連結財務諸表），非特定連結欠損金，特定連結欠損金，地方税の分類は次のように設定される。

第4章■ケーススタディ（連結納税における繰延税金資産の回収可能額の計算）　167

| | 事業年度 | 番号 | 連結納税親会社 | 連結納税子会社 | 連結納税子会社 |
			トラスト1	トラスト2	トラスト3
最終判定	将来減算一時差異に係る法人税・地方法人税の分類（個別財務諸表）	i=連結納税会社と連結納税主体の分類のうち，上位を採用	②	③	③
	将来減算一時差異に係る法人税・地方法人税の分類（連結財務諸表）	j=連結納税主体の分類を採用	③	③	③
	非特定連結欠損金に係る分類	k=連結納税主体の分類を採用	③	③	③
	特定連結欠損金に係る分類	l=連結納税会社と連結納税主体の分類のうち，下位を採用	③	⑤	④
	地方税の分類	m=連結納税会社の分類を採用	②	⑤	④

4．分類が③の場合の回収期間の設定

　分類が③となる連結納税会社又は連結納税主体がある場合，スケジューリングの回収期間を5年以内で設定する必要がある。本ケースではスケジューリングによる回収期間を3年に設定することとする。

168　第3部■連結納税における税効果会計

4-3　税額計算

　4-1の前提条件からスケジューリングの基礎となる連結法人税額及び地方法人税額，住民税額，事業税額は繰越欠損金の控除額を含めて次のように計算される。

1．連結法人税及び地方法人税
①　連結法人税額及び地方法人税額の計算［B−1］
【2020年3月期】

法人税額及び地方法人税額の計算	計算式	2020. 3期			
		連結納税親会社	連結納税子会社	連結納税子会社	連結納税主体（合計）
		トラスト1	トラスト2	トラスト3	
［個別所得の計算］個別所得見積額	a=［入力1］	335,000	▲ 265,000	235,000	305,000
将来加算一時差異の解消見込額	b=［入力4］	0	0	0	0
個別所得見積額（合計）	c=a＋b	335,000	▲ 265,000	235,000	305,000
将来減算一時差異の解消見込額	e=［入力3］	175,000	175,000	175,000	525,000
将来減算一時差異の解消見込額減算後の個別所得見積額	f=c−e	160,000	▲ 440,000	60,000	▲ 220,000
連結欠損金控除額	g=h＋i	0	0	0	0
個別所得金額	j=f−g	160,000	▲ 440,000	60,000	▲ 220,000
［連結欠損金個別帰属発生額の計算］					
連結欠損金個別帰属発生額	k=［B−2］	0	220,000	0	220,000
［連結法人税額の計算］個別所得金額	l=j	160,000	▲ 440,000	60,000	▲ 220,000
連結欠損金個別帰属発生額	m=k	0	220,000	0	220,000
個別所得金額（合計）	n=l＋m	160,000	▲ 220,000	60,000	0
法人税率	o=［入力1］	23.20%	23.20%	23.20%	−
連結法人税個別帰属額	p=n＊o	37,120	▲ 51,040	13,920	0

［地方法人税］

地方法人税率	q=［入力1］	4.4%	4.4%	4.4%	−

第4章■ケーススタディ（連結納税における繰延税金資産の回収可能額の計算）　169

| 地方法人税個別帰属額 | r=p*q | 1,633 | ▲ 2,246 | 612 | 0 |
| 法人税額及び地方法人税額（合計） | s=p＋r | 38,753 | ▲ 53,286 | 14,532 | 0 |

（解説）

　連結所得がマイナスのため連結法人税及び地方法人税は発生せず，連結法人税個別帰属額及び地方法人税個別帰属額の合計が０円となる。連結欠損金は個別所得がマイナスとなるトラスト２に全額帰属する。

【2021年３月期】

| 法人税額及び地方法人税額の計算 | 計算式 | 2021.　3期 | | | |
| | | 連結納税親会社 | 連結納税子会社 | 連結納税子会社 | 連結納税主体（合計） |
		トラスト１	トラスト２	トラスト３	
[個別所得の計算]個別所得見積額	a＝［入力１］	300,000	▲ 200,000	150,000	250,000
将来加算一時差異の解消見込額	b＝［入力４］	0	0	0	0
個別所得見積額（合計）	c=a＋b	300,000	▲ 200,000	150,000	250,000
将来減算一時差異の解消見込額	e＝［入力３］	40,000	40,000	40,000	120,000
将来減算一時差異の解消込額減算後の個別所得見積額	f=c－e	260,000	▲ 240,000	110,000	130,000
連結欠損金控除額	g=h＋i	0	0	65,000	65,000
非特定連結欠損金控除額	h＝［B－2］	0	0	0	0
特定連結欠損金控除額	i＝［B－2］	0	0	65,000	65,000
2012.　3期		0	0	65,000	65,000
個別所得金額	j=f－g	260,000	▲ 240,000	45,000	65,000
[連結欠損金個別帰属発生額の計算]					
連結欠損金個別帰属発生額	k＝［B－2］	0	0	0	0
[連結法人税額の計算]個別所得金額	l=j	260,000	▲ 240,000	45,000	65,000
連結欠損金個別帰属発生額	m=k	0	0	0	0
個別所得金額（合計）	n=l＋m	260,000	▲ 240,000	45,000	65,000
法人税率	o＝［入力１］	23.20%	23.20%	23.20%	－
連結法人税個別帰属額	p=n＊o	60,320	▲ 55,680	10,440	15,080

170　第3部　連結納税における税効果会計

［地方法人税］

地方法人税率	q=［入力1］	10.30%	10.30%	10.30%	−
地方法人税個別帰属額	r=p＊q	6,213	▲ 5,735	1,075	1,553
法人税額及び地方法人税額 （合計）	s=p＋r	66,533	▲ 61,415	11,515	16,633

（解説）

　　連結所得の50％を限度として連結欠損金が控除されるため，連結所得の50％に対して連結法人税及び地方法人税が発生する。

【2022年3月期】

法人税額及び地方法人税額 の計算	計算式	2022. 3期			
		連結納税 親会社 トラスト1	連結納税 子会社 トラスト2	連結納税 子会社 トラスト3	連結納税 主体 （合計）
［個別所得の計算］ 個別所得見積額	a=［入力1］	400,000	150,000	200,000	750,000
将来加算一時差異の解消見 込額	b=［入力4］	0	0	0	0
個別所得見積額（合計）	c=a＋b	400,000	150,000	200,000	750,000
将来減算一時差異の解消見 込額	e=［入力3］	40,000	40,000	40,000	120,000
将来減算一時差異の解消見 込額減算後の個別所得見積 額	f=c−e	360,000	110,000	160,000	630,000
連結欠損金控除額	g=h＋i	0	157,500	157,500	315,000
非特定連結欠損金控除額	h=［B−2］	0	57,500	57,500	115,000
2014. 3期		0	57,500	57,500	115,000
特定連結欠損金控除額	i=［B−2］	0	100,000	100,000	200,000
2013. 3期		0	100,000	100,000	200,000
個別所得金額	j=f−g	360,000	▲ 47,500	2,500	315,000
［連結欠損金個別帰属発生額 の計算］					
連結欠損金個別帰属発生額	k=［B−2］	0	0	0	0
［連結法人税額の計算］ 個別所得金額	l=j	360,000	▲ 47,500	2,500	315,000
連結欠損金個別帰属発生額	m=k	0	0	0	0
個別所得金額（合計）	n=l＋m	360,000	▲ 47,500	2,500	315,000
法人税率	o=［入力1］	23.20%	23.20%	23.20%	−

連結法人税個別帰属額	p=n＊o	83,520	▲ 11,020	580	73,080
［地方法人税］					
地方法人税率	q=［入力 1 ］	10.30%	10.30%	10.30%	－
地方法人税個別帰属額	r=p＊q	8,603	▲ 1,135	60	7,527
法人税額及び地方法人税額（合計）	s=p＋r	92,123	▲ 12,155	640	80,607

（解説）

　連結所得の50％を限度として連結欠損金が控除されるため，連結所得の50％に対して連結法人税及び地方法人税が発生する。

②　連結欠損金の控除額の計算 ［B－2］

【2020年3月期】

発生事業年度	繰越最終事業年度	計算	番号	連結納税主体Σ		連結納税親会社 トラスト1		連結納税子会社 トラスト2		連結納税子会社 トラスト3	
				非特定	特定	非特定	特定	非特定	特定	非特定	特定
合計		期首残高		300,000	400,000	0	0	200,000	200,000	100,000	200,000
		当期控除額		0	0	0	0	0	0	0	0
		期限切れ		0	0	0	0	0	0	0	0
		当期発生額		220,000	0	0	0	220,000	0	0	0
		期末残高		520,000	400,000	0	0	420,000	200,000	100,000	200,000

（解説）

　連結所得がマイナスのため，連結欠損金の控除額はない。また，連結欠損金220,000（2020年3月期発生分）は個別所得がマイナスであるトラスト2に全額帰属することとなる。

【2021年3月期】

発生事業年度	繰越最終事業年度	計算	番号	連結納税主体Σ		連結納税親会社 トラスト1		連結納税子会社 トラスト2		連結納税子会社 トラスト3	
				非特定	特定	非特定	特定	非特定	特定	非特定	特定
（合計）		期首残高		520,000	400,000	0	0	420,000	200,000	100,000	200,000
		当期控除額		0	65,000	0	0	0	0	0	65,000
		期限切れ		0	135,000	0	0	0	100,000	0	35,000
		当期発生額		0	0	0	0	0	0	0	0
		期末残高		520,000	200,000	0	0	420,000	100,000	100,000	100,000

172　第３部　連結納税における税効果会計

（解説）

　トラスト３の個別所得110,000及び連結所得130,000の50％である65,000を限度として，トラスト３の特定連結欠損金65,000（2012年３月期発生分）が控除される。

【2022年３月期】

発生事業年度	繰越最終事業年度	計算	番号	連結納税主体Σ		連結納税親会社 トラスト１		連結納税子会社 トラスト２		連結納税子会社 トラスト３	
				非特定	特定	非特定	特定	非特定	特定	非特定	特定
（合計）		期首残高		520,000	200,000	0	0	420,000	100,000	100,000	100,000
		当期控除額		115,000	200,000	0	0	57,500	100,000	57,500	100,000
		期限切れ		0	0	0	0	0	0	0	0
		当期発生額		0	0	0	0	0	0	0	0
		期末残高		405,000	0	0	0	362,500	0	42,500	0

（解説）

　トラスト２の個別所得は110,000であるため，特定連結欠損金100,000（2013年３月期発生分）の全額が控除され，トラスト３の個別所得は160,000であるため，特定連結欠損金100,000（2013年３月期発生分）の全額が控除される。そして，連結所得の50％である315,000のうちの残り115,000について，非特定連結欠損金115,000（トラスト２が2014年３月期発生分57,500，トラスト３が2014年３月期発生分57,500）が控除される。

２．住民税
① 住民税額の計算 ［Ｃ－１］

【2020年３月期】

住民税額の計算	計算式	2020. 3期			連結納税主体（合計）
		連結納税親会社 トラスト１	連結納税子会社 トラスト２	連結納税子会社 トラスト３	
［法人税割額の計算］連結法人税個別帰属額	a＝［B－1］	37,120	▲ 51,040	13,920	0
個別帰属法人税額	b＝a≧0＝a.a<0=0	37,120	0	13,920	51,040

控除対象個別帰属税額及び控除対象個別帰属調整額	c=［C-2］	0	0	13,920	13,920
2016．3期		0	0	13,920	13,920
法人税割額	d=b-c	37,120	0	0	37,120
［控除対象個別帰属税額の当期発生額の計算］ 控除対象個別帰属税額の当期発生額	e=［C-2］	0	51,040	0	51,040
［住民税額の計算］ 法人税割額	f=d	37,120	0	0	37,120
住民税率	g=［入力1］	16.30%	16.30%	16.30%	−
住民税額	h=f＊g	6,051	0	0	6,051

（解説）

　個別帰属法人税額が生じるトラスト1で住民税が発生する。トラスト3では個別帰属法人税額が発生するが，控除対象個別帰属税額が控除されるため住民税額は発生しない。

【2021年3月期】

住民税額の計算	計算式	2021．3期			
		連結納税 親会社 トラスト1	連結納税 子会社 トラスト2	連結納税 子会社 トラスト3	連結納税 主体 （合計）
［法人税割額の計算］ 連結法人税個別帰属額	a=［B-1］	60,320	▲ 55,680	10,440	15,080
個別帰属法人税額	b ＝ a ≧ 0=a,a<0=0	60,320	0	10,440	70,760
控除対象個別帰属税額及び控除対象個別帰属調整額	c=［C-2］	0	0	10,440	10,440
2016．3期		0	0	10,440	10,440
法人税割額	d=b-c	60,320	0	0	60,320
［控除対象個別帰属税額の当期発生額の計算］ 控除対象個別帰属税額の当期発生額	e=［C-2］	0	55,680	0	55,680
［住民税額の計算］ 法人税割額	f=d	60,320	0	0	60,320
住民税率	g=［入力1］	10.40%	10.40%	10.40%	−
住民税額	h=f＊g	6,273	0	0	6,273

174　第3部■連結納税における税効果会計

（解説）

　個別帰属法人税額が生じるトラスト1で住民税が発生する。トラスト3では個別帰属法人税額が発生するが，控除対象個別帰属税額が控除されるため住民税額は発生しない。トラスト2では控除対象個別帰属税額が発生する。

【2022年3月期】

住民税額の計算	計算式	2022.　3期			
		連結納税 親会社	連結納税 子会社	連結納税 子会社	連結納税 主体
		トラスト1	トラスト2	トラスト3	（合計）
［法人税割額の計算］ 連結法人税個別帰属額	a＝［B-1］	83,520	▲ 11,020	580	73,080
個別帰属法人税額	b＝a≧0＝a， a<0＝0	83,520	0	580	84,100
控除対象個別帰属税額及び 控除対象個別帰属調整額	c＝［C-2］	0	0	580	580
2016.3期		0	0	580	580
法人税割額	d＝b-c	83,520	0	0	83,520
［控除対象個別帰属税額の当 期発生額の計算］ 控除対象個別帰属税額の当 期発生額	e＝［C-2］	0	11,020	0	11,020
［住民税額の計算］ 法人税割額	f＝d	83,520	0	0	83,520
住民税率	g＝［入力1］	10.40%	10.40%	10.40%	－
住民税額	h＝f＊g	8,686	0	0	8,686

（解説）

　個別帰属法人税額が生じるトラスト1で住民税が発生する。トラスト3では個別帰属法人税額が発生するが，控除対象個別帰属税額が控除されるため住民税額は発生しない。トラスト2では控除対象個別帰属税額が発生する。

第4章■ケーススタディ（連結納税における繰延税金資産の回収可能額の計算）　175

②　控除対象個別帰属税額等の控除額の計算　［C－2］

【2020年3月期】

発生事業年度	繰越最終事業年度	計算	番号	連結納税親会社	連結納税子会社	連結納税子会社
				トラスト1	トラスト2	トラスト3
合計		期首残高		0	120,000	60,000
		当期控除額		0	0	13,920
		期限切れ		0	0	0
		当期発生額		0	51,040	0
		期末残高		0	171,040	46,080

（解説）

　トラスト2では連結法人税個別帰属税額がマイナスであるため控除対象個別帰属税額が51,040（2020年3月期発生分）発生する。トラスト3では個別帰属法人税額が13,920発生するため，控除対象個別帰属税額等（2016年3月期発生分）が同額控除される。

【2021年3月期】

発生事業年度	繰越最終事業年度	計算	番号	連結納税親会社	連結納税子会社	連結納税子会社
				トラスト1	トラスト2	トラスト3
合計		期首残高		0	171,040	46,080
		当期控除額		0	0	10,440
		期限切れ		0	0	0
		当期発生額		0	55,680	0
		期末残高		0	226,720	35,640

（解説）

　トラスト2では連結法人税個別帰属税額がマイナスであるため控除対象個別帰属税額が55,680（2021年3月期発生分）発生する。トラスト3では個別帰属法人税額が10,440発生するため，控除対象個別帰属税額等（2016年3月期発生分）が同額控除される。

176 第3部 連結納税における税効果会計

【2022年3月期】

発生事業年度	繰越最終事業年度	計算	番号	連結納税親会社	連結納税子会社	連結納税子会社
				トラスト1	トラスト2	トラスト3
合計		期首残高		0	226,720	35,640
		当期控除額		0	0	580
		期限切れ		0	0	0
		当期発生額		0	11,020	0
		期末残高		0	237,740	35,060

（解説）

　トラスト2では連結法人税個別帰属税額がマイナスであるため控除対象個別帰属税額が11,020（2022年3月期発生分）発生する。トラスト3では個別帰属法人税額が580発生するため，控除対象個別帰属税額等（2016年3月期発生分）が同額控除される。

3. 事業税［D－1］

① 事業税額の計算

【2020年3月期】

事業税額の計算	計算式	2020. 3期			連結納税主体（合計）
		連結納税親会社	連結納税子会社	連結納税子会社	
		トラスト1	トラスト2	トラスト3	
［個別所得の計算］個別所得見積額	a＝［入力1］	335,000	▲ 265,000	235,000	305,000
将来加算一時差異の解消見込額	b＝［入力4］	0	0	0	0
個別所得見積額（合計）	c＝a＋b	335,000	▲ 265,000	235,000	305,000
将来減算一時差異の解消見込額	e＝［入力3］	175,000	175,000	175,000	525,000
将来減算一時差異の解消見込額減算後の個別所得見積額	f＝c－e	160,000	▲ 440,000	60,000	▲ 220,000
繰越欠損金控除額	g＝［D－2］	0	0	30,000	30,000
2016. 3期		0	0	30,000	30,000
個別所得金額	h＝f－g	160,000	▲ 440,000	30,000	▲ 250,000

第４章■ケーススタディ（連結納税における繰延税金資産の回収可能額の計算）　177

［事業税額の計算］ 個別所得金額	i=h	160,000	▲ 440,000	30,000	▲ 250,000
繰越欠損金発生額	j=［D－2］	0	440,000	0	440,000
個別所得金額（合計）	k=i＋j	160,000	0	30,000	190,000
事業税率	l=［入力1］	3.779%	3.779%	3.779%	－
事業税額	m=k＊l	6,046	0	1,134	7,180

（解説）

　トラスト３では，個別所得の50％を限度として繰越欠損金が控除されるため，個別所得の50％に対して事業税が発生する。

【2021年３月期】

事業税額の計算	計算式	2021. 3 期			
		連結納税 親会社	連結納税 子会社	連結納税 子会社	連結納税 主体
		トラスト1	トラスト2	トラスト3	（合計）
［個別所得の計算］ 個別所得見積額	a=［入力1］	300,000	▲ 200,000	150,000	250,000
将来加算一時差異の解消見込額	b=［入力4］	0	0	0	0
個別所得見積額（合計）	c=a＋b	300,000	▲ 200,000	150,000	250,000
将来減算一時差異の解消見込額	e=［入力3］	40,000	40,000	40,000	120,000
将来減算一時差異の解消見込額減算後の個別所得見積額	f=c－d－e	260,000	▲ 240,000	110,000	130,000
繰越欠損金控除額	g=［D－2］	0	0	55,000	55,000
2016. 3 期		0	0	55,000	55,000
個別所得金額	h=f－g	260,000	▲ 240,000	55,000	75,000
［事業税額の計算］ 個別所得金額	i=h	260,000	▲ 240,000	55,000	75,000
繰越欠損金発生額	j=［D－2］	0	240,000	0	240,000
個別所得金額（合計）	k=i＋j	260,000	0	55,000	315,000
事業税率	l=［入力1］	3.780%	3.780%	3.780%	－
事業税額	m=k＊l	9,828	0	2,079	11,907

（解説）

　トラスト３では，個別所得の50％を限度として繰越欠損金が控除されるため，個別所得の50％に対して事業税が発生する。

178　第3部≡連結納税における税効果会計

【2022年3月期】

事業税額の計算	計算式	2022. 3期			
		連結納税親会社	連結納税子会社	連結納税子会社	連結納税主体（合計）
		トラスト1	トラスト2	トラスト3	
［個別所得の計算］個別所得見積額	a=［入力1］	400,000	150,000	200,000	750,000
将来加算一時差異の解消見込額	b=［入力4］	0	0	0	0
個別所得見積額（合計）	c=a+b	400,000	150,000	200,000	750,000
将来減算一時差異の解消見込額	e=［入力3］	40,000	40,000	40,000	120,000
将来減算一時差異の解消見込額減算後の個別所得見積額	f=c－d－e	360,000	110,000	160,000	630,000
繰越欠損金控除額	g=［D－2］	0	55,000	80,000	135,000
2016. 3期		0	55,000	15,000	70,000
2017. 3期		0	0	65,000	65,000
個別所得金額	h=f－g	360,000	55,000	80,000	495,000
［事業税額の計算］個別所得金額	i=h	360,000	55,000	80,000	495,000
繰越欠損金発生額	j=［D－2］	0	0	0	0
個別所得金額（合計）	k=i+j	360,000	55,000	80,000	495,000
事業税率	l=［入力1］	3.780%	3.780%	3.780%	－
事業税額	m=k＊l	13,608	2,079	3,024	18,711

（解説）

　　トラスト2及びトラスト3では，個別所得の50％を限度として繰越欠損金が控除されるため，個別所得の50％に対して事業税が発生する。

②　繰越欠損金の控除額の計算

【2020年3月期】

発生事業年度		繰越最終事業年度		計算	番号	連結納税親会社	連結納税子会社	連結納税子会社
年	月	年	月			トラスト1	トラスト2	トラスト3
合計				期首残高		0	400,000	200,000
				当期控除額		0	0	30,000
				期限切れ		0	0	0
				当期発生額		0	440,000	0
				期末残高		0	840,000	170,000

第4章■ケーススタディ（連結納税における繰延税金資産の回収可能額の計算）　　179

（解説）

　　トラスト3の将来減算一時差異の解消見込額減算後の個別所得60,000の50％である30,000に対して繰越欠損金30,000（2016年3月期発生分）が控除される。

【2021年3月期】

発生事業年度		繰越最終事業年度		計算	番号	連結納税親会社	連結納税子会社	連結納税子会社
年	月	年	月			トラスト1	トラスト2	トラスト3
合計				期首残高		0	840,000	170,000
				当期控除額		0	0	55,000
				期限切れ		0	0	0
				当期発生額		0	240,000	0
				期末残高		0	1,080,000	115,000

（解説）

　　トラスト3の将来減算一時差異の解消見込額減算後の個別所得110,000の50％である55,000に対して繰越欠損金55,000（2016年3月期発生分）が控除される。

【2022年3月期】

発生事業年度		繰越最終事業年度		計算	番号	連結納税親会社	連結納税子会社	連結納税子会社
年	月	年	月			トラスト1	トラスト2	トラスト3
合計				期首残高		0	1,080,000	115,000
				当期控除額		0	55,000	80,000
				期限切れ		0	0	0
				当期発生額		0	0	0
				期末残高		0	1,025,000	35,000

（解説）

　　トラスト2では，将来減算一時差異の解消見込額減算後の個別所得110,000の50％である55,000に対して繰越欠損金55,000（2016年3月期発生分）が控除される。トラスト3の将来減算一時差異の解消見込額減算後の個別所得160,000の50％である80,000に対して繰越欠損金80,000（2016年3月期発生分

180　第3部■連結納税における税効果会計

15,000＋2017年3月期発生分65,000）が控除される。

4-4 「〔手順Ⅱ〕スケジューリングによる回収可能額の計算」と「〔手順Ⅲ〕企業分類による最終的な回収可能額の決定」による繰延税金資産の計算

　4-1の前提条件及び4-3の税額計算を基礎にしたスケジューリングとスケジューリングによる回収可能額を4-2の企業分類に従って判定した場合の回収可能額は次のとおりとなる。

1．法人税及び地方法人税に係るスケジューリングと回収可能額の計算 ［B－3］ ［2020年3月期］

【スケジューリングによる回収可能額の計算】

法人税及び地方法人税に係るスケジューリング	計算式	2020. 3 期			
		連結納税親会社	連結納税子会社	連結納税子会社	連結納税主体（合計）
		トラスト1	トラスト2	トラスト3	
［将来減算一時差異の回収可能見込額（当期回収分）］個別所得見積額	a＝［B－1］	335,000	▲ 265,000	235,000	305,000
将来加算一時差異の解消見込額	b＝［B－1］	0	0	0	0
個別所得見積額（合計）	c＝a＋b	335,000	▲ 265,000	235,000	305,000
将来減算一時差異の解消見込額	e＝［B－1］	175,000	175,000	175,000	525,000
将来減算一時差異の解消見込額減算後の個別所得見積額	f＝c－e	160,000	▲ 440,000	60,000	▲ 220,000
個別所得見積額による回収可能見込額	g＝f≧ 0 ＝e, f＜0 ＆ c≧0 ＝c, f＜0 ＆ c＜0 ＝0	175,000	0	175,000	350,000
受取個別帰属法人税額の所得換算額	h＝f≧0＝0, f＜0 ＆ Σf≧ 0 ＝－f, f＜0 ＆ Σf＜0 ＝－f－k	0	220,000	0	220,000

上記のうち，マイナスの個別所得見積額への充当額	i=c≧0＝0, c<0 ＝min −c or h	0	220,000	0	220,000
回収可能見込額	j=g＋h−i	175,000	0	175,000	350,000
［将来減算一時差異の回収可能見込額（翌期以後回収分）］当期の連結欠損金個別帰属発生額	k=［B−1］	0	220,000	0	220,000
マイナスの個別所得見積額のうち，受取個別帰属法人税額の所得換算額に充当されていない金額	l＝c≧ 0 ＝0，c<0 ＝−c−i	0	45,000	0	45,000
当期の連結欠損金個別帰属発生額に含まれる当期の将来減算一時差異の解消額	m=k−l	0	175,000	0	175,000
当期の連結欠損金個別帰属発生額の翌期以後の解消額	n=［B−2］	0	0	0	0
2021．3期		0	0	0	0
2022．3期		0	0	0	0
当期の連結欠損金個別帰属発生額が，マイナスの個別所得見積額のうち，受取個別帰属法人税額の所得換算額に充当されていない金額を超える金額	o=n≦l=0, n>l=n−l	0	0	0	0
回収可能見込額	p=o	0	0	0	0
［連結欠損金の回収可能見込額］非特定連結欠損金の回収可能見込額	q=［B−1］	0	0	0	0
特定連結欠損金の回収可能見込額	r=［B−1］	0	0	0	0

（解説）

　トラスト１及びトラスト３は，将来減算一時差異の解消見込額減算後の個別所得見積額（f）がプラスであるため，各社で将来減算一時差異の解消見込額175,000（e）が全額回収可能となる。

　トラスト２は将来減算一時差異の解消見込額減算後の個別所得見積額（f）がマイナスであり，また，他の連結納税会社の個別所得（トラスト１が160,000，トラスト３が60,000）と相殺される受取個別帰属法人税額の所得換算

182 第3部■連結納税における税効果会計

額（h）220,000は全額，マイナスの個別所得見積額265,000（c）へ充当されるため（i），回収可能額は0となる（j）。また，当事業年度に発生した連結欠損金220,000（k）を構成する将来減算一時差異の解消見込額175,000（m）は，当事業年度に発生した連結欠損金が翌期以後解消されないため（n），翌期以後も回収不能とみなされる。したがって，トラスト2では将来減算一時差異について回収可能額は発生しない。

このスケジューリングによる回収可能額について，企業分類に従って最終的な回収可能額を次に計算する。

【企業分類による回収可能額の計算】

将来減算一時差異等の回収可能額（法人税及び地方法人税）	内訳	計算式	2020.　3期			連結納税主体（合計）
			連結納税親会社	連結納税子会社	連結納税子会社	
			トラスト1	トラスト2	トラスト3	
［将来減算一時差異の回収可能見込額（当期回収分）］	スケジューリング	aa=j	175,000	0	175,000	350,000
	分類	bb=［入力5］	②	③	③	－
	回収可能額	cc=分類による判定	175,000	0	175,000	350,000
［将来減算一時差異の回収可能見込額（翌期以後回収分）］	スケジューリング	dd=p	0	0	0	0
	分類	ee=［入力5］	②	③	③	－
	回収可能額	ff=分類による判定	0	0	0	0
［非特定連結欠損金の回収可能見込額］	スケジューリング	gg=q	0	0	0	0
	分類	hh=［入力5］	③	③	③	－
	回収可能額	ii=分類による判定	0	0	0	0
［特定連結欠損金の回収可能見込額］	スケジューリング	jj=r	0	0	0	0
	分類	kk=［入力5］	③	⑤	④	－
	回収可能額	ll=分類による判定	0	0	0	0

（解説）

トラスト1は分類が②であるため，スケジューリングによる将来減算一時差

第4章■ケーススタディ（連結納税における繰延税金資産の回収可能額の計算）　　183

異の回収可能額175,000（aa）は，最終的に全額回収可能と判断される（cc）。

　トラスト2は分類が③であるが，スケジューリングによる将来減算一時差異の回収可能額がないため，最終的に全額回収不能と判断される（cc+ff）。

　トラスト3は分類が③であるため，スケジューリングによる将来減算一時差異の回収可能額175,000（aa）は，最終的に全額回収可能と判断される（cc）。

【繰延税金資産の計算】

繰延税金資産	内訳	計算式／法人税及び地方法人税に係る法定実効税率	2020. 3期			
			連結納税親会社	連結納税子会社	連結納税子会社	連結納税主体（合計）
			トラスト1	トラスト2	トラスト3	
			23.34%	23.34%	23.34%	23.34%
将来減算一時差異に係る繰延税金資産	将来減算一時差異	iiii1 = cc + ff	175,000	0	175,000	350,000
	繰延税金資産	jjjj1=iiii1 ＊法定実効税率	40,845	0	40,845	81,690
連結欠損金に係る繰延税金資産	連結欠損金	kkkk1=ii+ll	0	0	0	0
	繰延税金資産	llll1=kkkk1 ＊法定実効税率	0	0	0	0
将来減算一時差異等に係る繰延税金資産（合計）	将来減算一時差異等	mmmm1=iiii1+kkkk1	175,000	0	175,000	350,000
	繰延税金資産	nnnn1=jjjj1+llll1	40,845	0	40,845	81,690

（解説）

　上記の回収可能な将来減算一時差異等に法定実効税率を乗じて繰延税金資産を計算する。

［2021年3月期］
【スケジューリングによる回収可能額の計算】

法人税及び地方法人税に係るスケジューリング	計算式	2021. 3期			
		連結納税親会社	連結納税子会社	連結納税子会社	連結納税主体（合計）
		トラスト1	トラスト2	トラスト3	
［将来減算一時差異の回収可能見込額（当期回収分）］					

184　第３部■連結納税における税効果会計

個別所得見積額	a=［B-1］	300,000	▲ 200,000	150,000	250,000
将来加算一時差異の解消見込額	b=［B-1］	0	0	0	0
個別所得見積額（合計）	c=a＋b	300,000	▲ 200,000	150,000	250,000
将来減算一時差異の解消見込額	e=［B-1］	40,000	40,000	40,000	120,000
将来減算一時差異の解消見込額減算後の個別所得見積額	f=c-e	260,000	▲ 240,000	110,000	130,000
個別所得見積額による回収可能見込額	g=f≧0=e，f<0 & c≧0=c，f<0 & c<0=0	40,000	0	40,000	80,000
受取個別帰属法人税額の所得換算額	h=f≧0=0，f<0 & Σf≧0=－f，f<0 & Σf<0=－f-k	0	240,000	0	240,000
上記のうち，マイナスの個別所得見積額への充当額	i=c≧0=0，c<0=min －c or h	0	200,000	0	200,000
回収可能見込額	j=g＋h-i	40,000	40,000	40,000	120,000
［連結欠損金の回収可能見込額］非特定連結欠損金の回収可能見込額	q=［B-1］	0	0	0	0
特定連結欠損金の回収可能見込額	r=［B-1］	0	0	65,000	65,000
2012.　3期		0	0	65,000	65,000

（解説）

　トラスト１及びトラスト３は，将来減算一時差異の解消見込額減算後の個別所得見積額（f）がプラスであるため，各社で将来減算一時差異の解消見込額40,000（e）が全額回収可能となる。

　トラスト２は将来減算一時差異の解消見込額減算後の個別所得見積額（f）がマイナスであるが，他の連結納税会社の個別所得（トラスト１が260,000，トラスト３が110,000）と相殺される受取個別帰属法人税額の所得換算額（h）240,000のうち，マイナスの個別所得見積額への充当額200,000（i）を超える金額40,000は回収可能となる（j）。

　また，トラスト３は特定連結欠損金65,000が回収可能となる。

第4章 ケーススタディ（連結納税における繰延税金資産の回収可能額の計算）　185

このスケジューリングによる回収可能額について，企業分類に従って最終的な回収可能額を次に計算する。

【企業分類による回収可能額の計算】

将来減算一時差異等の回収可能額（法人税及び地方法人税）	内訳	計算式	2021. 3期			
			連結納税親会社	連結納税子会社	連結納税子会社	連結納税主体
			トラスト1	トラスト2	トラスト3	（合計）
［将来減算一時差異の回収可能見込額（当期回収分）］	スケジューリング	aa=j	40,000	40,000	40,000	120,000
	分類	bb=［入力5］	②	③	③	－
	回収可能額	cc=分類による判定	40,000	40,000	40,000	120,000
［将来減算一時差異の回収可能見込額（翌期以後回収分）］	スケジューリング	dd=p	0	0	0	0
	分類	ee=［入力5］	②	③	③	－
	回収可能額	ff=分類による判定	0	0	0	0
［非特定連結欠損金の回収可能見込額］	スケジューリング	gg=q	0	0	0	0
	分類	hh=［入力5］	③	③	③	－
	回収可能額	ii=分類による判定	0	0	0	0
［特定連結欠損金の回収可能見込額］	スケジューリング	jj=r	0	0	65,000	65,000
	分類	kk=［入力5］	③	⑤	④	－
	回収可能額	ll=分類による判定	0	0	0	0

（解説）

トラスト1は分類が②であるため，スケジューリングによる将来減算一時差異の回収可能額40,000（aa）は，最終的に全額回収可能と判断される（cc）。

トラスト2は分類が③であるため，スケジューリングによる将来減算一時差異の回収可能額40,000（aa）は，最終的に全額回収可能と判断される（cc）。

トラスト3は分類が③であるため，スケジューリングによる将来減算一時差異の回収可能額40,000（aa）は，最終的に全額回収可能と判断される（cc）。

また，トラスト3の特定連結欠損金の回収可能額65,000は，トラスト3の分

186 第３部 連結納税における税効果会計

類④で判定するため回収不能となる。

【繰延税金資産の計算】

繰延税金資産	内訳	計算式／法人税及び地方法人税に係る法定実効税率	2021．3期			
			連結納税親会社	連結納税子会社	連結納税子会社	連結納税主体（合計）
			トラスト1	トラスト2	トラスト3	
			24.66%	24.66%	24.66%	24.66%
将来減算一時差異に係る繰延税金資産	将来減算一時差異	iiii1=cc+ff	40,000	40,000	40,000	120,000
	繰延税金資産	jjjj1=iiii1＊法定実効税率	9,864	9,864	9,864	29,592
連結欠損金に係る繰延税金資産	連結欠損金	kkkk1=ii+ll	0	0	0	0
	繰延税金資産	llll1=kkkk1＊法定実効税率	0	0	0	0
将来減算一時差異等に係る繰延税金資産（合計）	将来減算一時差異等	mmmm1=iiii1＋kkkk1	40,000	40,000	40,000	120,000
	繰延税金資産	nnnn1=jjjj1＋llll1	9,864	9,864	9,864	29,592

（解説）

　上記の回収可能な将来減算一時差異等に法定実効税率を乗じて繰延税金資産を計算する。

［2022年３月期］

【スケジューリングによる回収可能額の計算】

法人税に及び地方法人税に係るスケジューリング	計算式	2022．3期			
		連結納税親会社	連結納税子会社	連結納税子会社	連結納税主体（合計）
		トラスト1	トラスト2	トラスト3	
［将来減算一時差異の回収可能見込額（当期回収分）］個別所得見積額	a＝［B-1］	400,000	150,000	200,000	750,000
将来加算一時差異の解消見込額	b＝［B-1］	0	0	0	0
個別所得見積額（合計）	c=a+b	400,000	150,000	200,000	750,000
将来減算一時差異の解消見込額	e＝［B-1］	40,000	40,000	40,000	120,000

将来減算一時差異の解消見込額減算後の個別所得見積額	f=c－e	360,000	110,000	160,000	630,000
個別所得見積額による回収可能見込額	g=f≧0=d+e，f<0 & c≧0=c，f<0 & c<0=0	40,000	40,000	40,000	120,000
受取個別帰属法人税額の所得換算額	h=f≧0=0，f<0 & Σf≧0=－f，f<0 & Σf<0=－f－k	0	0	0	0
上記のうち，マイナスの個別所得見積額への充当額	i=c≧0=0，c<0=min －c or h	0	0	0	0
回収可能見込額	j=g+h－i	40,000	40,000	40,000	120,000
［連結欠損金の回収可能見込額］ 非特定連結欠損金の回収可能見込額	q=［B－1］	0	57,500	57,500	115,000
2014. 3期		0	57,500	57,500	115,000
特定連結欠損金の回収可能見込額	r=［B－1］	0	100,000	100,000	200,000
2013. 3期		0	100,000	100,000	200,000

（解説）

　トラスト1，トラスト2，トラスト3は，将来減算一時差異の解消見込額減算後の個別所得見積額（f）がプラスであるため，各社で将来減算一時差異の解消見込額40,000（e）が全額回収可能となる。また，トラスト2は非特定連結欠損金57,500，特定連結欠損金100,000，トラスト3は非特定連結欠損金57,500，特定連結欠損金100,000が回収可能となる。

　このスケジューリングによる回収可能額について，企業分類に従って最終的な回収可能額を次に計算する。

第3部 連結納税における税効果会計

188

【企業分類による回収可能額の計算】

将来減算一時差異等の回収可能額（法人税及び地方法人税）	内訳	計算式	2022. 3期			
			連結納税親会社	連結納税子会社	連結納税子会社	連結納税主体（合計）
			トラスト1	トラスト2	トラスト3	
［将来減算一時差異の回収可能見込額（当期回収分）］	スケジューリング	aa=j	40,000	40,000	40,000	120,000
	分類	bb=［入力5］	②	③	③	－
	回収可能額	cc=分類による判定	40,000	40,000	40,000	120,000
［将来減算一時差異の回収可能見込額（翌期以後回収分）］	スケジューリング	dd=p	0	0	0	0
	分類	ee=［入力5］	②	③	③	－
	回収可能額	ff=分類による判定	0	0	0	0
［非特定連結欠損金の回収可能見込額］	スケジューリング	gg=q	0	57,500	57,500	115,000
	分類	hh=［入力5］	③	③	③	－
	回収可能額	ii=分類による判定	0	57,500	57,500	115,000
［特定連結欠損金の回収可能見込額］	スケジューリング	jj=r	0	100,000	100,000	200,000
	分類	kk=［入力5］	③	⑤	④	－
	回収可能額	ll=分類による判定	0	100,000	100,000	0

（解説）

　トラスト1は分類が②であるため，スケジューリングによる将来減算一時差異の回収可能額40,000（aa）は，最終的に全額回収可能と判断される（cc）。

　トラスト2は分類が③であるため，スケジューリングによる将来減算一時差異の回収可能額40,000（aa）は，最終的に全額回収可能と判断される（cc）。

　トラスト3は分類が③であるため，スケジューリングによる将来減算一時差異の回収可能額40,000（aa）は，最終的に全額回収可能と判断される（cc）。

　また，トラスト2の非特定連結欠損金の回収可能額57,500及びトラスト3の非特定連結欠損金の回収可能額57,500は分類③で判定するため全額回収可能となる。一方，トラスト2の特定連結欠損金の回収可能額100,000及びトラスト3の特定連結欠損金の回収可能額100,000は，トラスト2の分類が⑤，トラス

第４章■ケーススタディ（連結納税における繰延税金資産の回収可能額の計算）　**189**

ト３の分類が④となるため回収不能となる。

【繰延税金資産の計算】

繰延税金資産	内訳	計算式／法人税及び地方法人税に係る法定実効税率	2022. 3期			
			連結納税親会社	連結納税子会社	連結納税子会社	連結納税主体（合計）
			トラスト１	トラスト２	トラスト３	
			24.66%	24.66%	24.66%	24.66%
将来減算一時差異に係る繰延税金資産	将来減算一時差異	iiii1=cc+ff	40,000	40,000	40,000	120,000
	繰延税金資産	jjjj1=iiii1＊法定実効税率	9,864	9,864	9,864	29,592
連結欠損金に係る繰延税金資産	連結欠損金	kkkk1=ii+ll	0	57,500	57,500	115,000
	繰延税金資産	llll1=kkkk1＊法定実効税率	0	14,180	14,180	28,359
将来減算一時差異等に係る繰延税金資産（合計）	将来減算一時差異等	mmmm1=iiii1＋kkkk1	40,000	97,500	97,500	235,000
	繰延税金資産	nnnn1=jjjj1＋llll1	9,864	24,044	24,044	57,951

（解説）

　上記の回収可能な将来減算一時差異等に法定実効税率を乗じて繰延税金資産を計算する。

［３年超の将来減算一時差異］
【企業分類による回収可能額の計算】

将来減算一時差異等の回収可能額（法人税及び地方法人税）	内訳	計算式	３年超			
			連結納税親会社	連結納税子会社	連結納税子会社	連結納税主体（合計）
			トラスト１	トラスト２	トラスト３	
［将来減算一時差異の回収可能見込額（当期回収分）］	スケジューリング	aa＝［入力３］	210,000	210,000	210,000	630,000
	分類	bb＝［入力５］	②	③	③	－
	回収可能額	cc＝分類による判定	210,000	0	0	210,000

190 　第３部　連結納税における税効果会計

（解説）

　スケジューリング可能な一時差異のうち，回収期間として設定した３年を超える解消額は，分類が②のトラスト１では全額，回収可能となり，分類が③のトラスト２及びトラスト３では全額，回収不能となる。

【繰延税金資産の計算】

繰延税金資産	内訳	計算式／法人税及び地方法人税に係る法定実効税率	３年超			
			連結納税親会社	連結納税子会社	連結納税子会社	連結納税主体（合計）
			トラスト１	トラスト２	トラスト３	
			24.66%	24.66%	24.66%	24.66%
将来減算一時差異に係る繰延税金資産	将来減算一時差異	iiii1=cc	210,000	0	0	210,000
	繰延税金資産	jjjj1=iiii1＊法定実効税率	51,786	0	0	51,786
将来減算一時差異等に係る繰延税金資産（合計）	将来減算一時差異等	mmmm1=iiii1	210,000	0	0	210,000
	繰延税金資産	nnnn1=jjjj1	51,786	0	0	51,786

（解説）

　上記の回収可能な将来減算一時差異等に法定実効税率を乗じて繰延税金資産を計算する。

[長期の将来減算一時差異]

【企業分類による回収可能額の計算】

将来減算一時差異等の回収可能額（法人税及び地方法人税）	内訳	計算式	長期の将来減算一時差異			
			連結納税親会社	連結納税子会社	連結納税子会社	連結納税主体（合計）
			トラスト１	トラスト２	トラスト３	
[将来減算一時差異の回収可能見込額（当期回収分）]	スケジューリング	aa＝[入力３]	350,000	350,000	350,000	1,050,000
	分類	bb＝[入力５]	②	③	③	－
	回収可能額	cc＝分類による判定	350,000	350,000	350,000	1,050,000

（解説）

　長期の将来減算一時差異は，分類が②のトラスト１，分類が③のトラスト２

第4章■ケーススタディ（連結納税における繰延税金資産の回収可能額の計算）　　191

及びトラスト3では全額，回収可能となる。

【繰延税金資産の計算】

繰延税金資産	内訳	計算式／法人税及び地方法人税に係る法定実効税率	長期の将来減算一時差異			
			連結納税親会社	連結納税子会社	連結納税子会社	連結納税主体
			トラスト1	トラスト2	トラスト3	（合計）
			24.66%	24.66%	24.66%	24.66%
将来減算一時差異に係る繰延税金資産	将来減算一時差異	iiii1=cc	350,000	350,000	350,000	1,050,000
	繰延税金資産	jjjj1=iiii1 *法定実効税率	86,310	86,310	86,310	258,930
将来減算一時差異等に係る繰延税金資産（合計）	将来減算一時差異等	mmmm1=iiii1	350,000	350,000	350,000	1,050,000
	繰延税金資産	nnnn1=jjjj1	86,310	86,310	86,310	258,930

（解説）

　上記の回収可能な将来減算一時差異等に法定実効税率を乗じて繰延税金資産を計算する。

［スケジューリング不能差異］
【企業分類による回収可能額の計算】

将来減算一時差異等の回収可能額（法人税及び地方法人税）	内訳	計算式	スケジューリング不能差異			
			連結納税親会社	連結納税子会社	連結納税子会社	連結納税主体
			トラスト1	トラスト2	トラスト3	（合計）
［将来減算一時差異の回収可能見込額（当期回収分）］	スケジューリング	aa=［入力3］	230,000	230,000	230,000	690,000
	分類	bb=［入力5］	②	③	③	－
	回収可能額	cc=分類による判定	0	0	0	0

（解説）

　スケジューリング不能差異は，トラスト1では分類が②，トラスト2及びトラスト3では分類が③であるため，トラスト1，トラスト2，トラスト3では全額，回収不能となる。

192　第3部　連結納税における税効果会計

【繰延税金資産の計算】

繰延税金資産 （固定）	内訳	計算式／法人税 及び地方法人税 に係る法定実効 税率	スケジューリング不能差異			
			連結納税 親会社	連結納税 子会社	連結納税 子会社	連結納税 主体 （合計）
			トラスト1	トラスト2	トラスト3	
			24.66%	24.66%	24.66%	24.66%
将来減算一時差 異に係る繰延税 金資産	将来減算一時 差異	iiii1=cc	0	0	0	0
	繰延税金資産	jjjj1=iiii1 ＊法定実効税率	0	0	0	0
将来減算一時差 異等に係る繰延 税金資産（合計）	将来減算一時 差異等	mmmm1=iiii1	0	0	0	0
	繰延税金資産	nnnn1=jjjj1	0	0	0	0

（解説）

　上記の回収可能な将来減算一時差異等に法定実効税率を乗じて繰延税金資産を計算する。

［将来減算一時差異等の回収可能額及び繰延税金資産の計上額（合計）］

　以上を合計した将来減算一時差異等の回収可能額及び繰延税金資産の計上額は次のとおりとなる。

繰延税金資産	内訳	計算式／法人税 及び地方法人税 に係る法定実効 税率	合計			
			連結納税 親会社	連結納税 子会社	連結納税 子会社	連結納税 主体 （合計）
			トラスト1	トラスト2	トラスト3	
			－	－	－	－
将来減算一時差 異に係る繰延税 金資産	将来減算一時 差異	Σiiii1	815,000	430,000	605,000	1,850,000
	繰延税金資産	Σjjjj1	198,669	106,038	146,883	451,590
連結欠損金に係 る繰延税金資産	連結欠損金	Σkkkk1	0	57,500	57,500	115,000
	繰延税金資産	Σllll1	0	14,180	14,180	28,359
将来減算一時差 異等に係る繰延 税金資産（合計）	将来減算一時 差異等	Σmmmm1	815,000	487,500	662,500	1,965,000
	繰延税金資産	Σnnnn1	198,669	120,218	161,063	479,949

[連結財務諸表における将来減算一時差異の回収可能額及び繰延税金資産の見直し]

　連結財務諸表では，将来減算一時差異の回収可能額について，企業分類とスケジューリングの見直しを行う。具体的には，次のように連結納税主体の分類と連結所得によるスケジューリングによって回収可能額及び繰延税金資産を計算することになる。

法人税及び地方法人税に係るスケジューリング	2020.3期	2021.3期	2022.3期	3年超	長期の将来減算一時差異	スケジューリング不能差異	合計
	連結納税主体（合計）	連結納税主体（合計）	連結納税主体（合計）	連結納税主体（合計）	連結納税主体（合計）	連結納税主体（合計）	連結納税主体（合計）
[将来減算一時差異の回収可能見込額（当期回収分）]連結所得見積額	305,000	250,000	750,000	–	–	–	1,305,000
将来加算一時差異の解消見込額	0	0	0	–	–	–	0
連結所得見積額（合計）	305,000	250,000	750,000	–	–	–	1,305,000
将来減算一時差異の解消見込額	525,000	120,000	120,000	630,000	1,050,000	690,000	3,135,000
将来減算一時差異の解消見込額減算後の連結所得見積額	▲220,000	130,000	630,000	–	–	–	540,000
回収可能見込額	305,000	120,000	120,000	–	–	–	545,000
[将来減算一時差異の回収可能見込額（翌期以後回収分）]当期の連結欠損金個別帰属発生額	220,000	0	0	–	–	–	220,000
当期の連結欠損金個別帰属発生額に含まれるマイナスの連結所得見積額	0	0	0	–	–	–	0
当期の連結欠損金個別帰属発生額に含まれる当期の将来減算一時差異の解消	220,000	0	0	–	–	–	220,000
当期の連結欠損金個別帰属発生額の翌期以後の解消	0	0	0	–	–	–	0
当期の連結欠損金個別帰属発生額の翌期以後の解消額が，マイナスの連結所得見積額を超える金額	0	0	0	–	–	–	0
回収可能見込額	0	0	0	–	–	–	0

将来減算一時差異等の回収可能額（法人税及び地方法人税）	2020.3期	2021.3期	2022.3期	3年超	長期の将来減算一時差異	スケジューリング不能差異	合計
	連結納税主体（合計）	連結納税主体（合計）	連結納税主体（合計）	連結納税主体（合計）	連結納税主体（合計）	連結納税主体（合計）	連結納税主体（合計）
[将来減算一時差異の回収可能見込額（当期回収分）]	305,000	120,000	120,000	630,000	1,050,000	690,000	2,915,000
	③	③	③	③	③	③	–
	305,000	120,000	120,000	0	1,050,000	0	1,595,000

194 第3部■連結納税における税効果会計

[将来減算一時差異の回収可能見込額（翌期以後回収分）]	0	0	0	0	0	0	0
	③	③	③	③	③	③	－
	0	0	0	0	0	0	0

繰延税金資産	2020.3期	2021.3期	2022.3期	3年超	長期の将来減算一時差異	スケジューリング不能差異	合計
	連結納税主体（合計）	連結納税主体（合計）	連結納税主体（合計）	連結納税主体（合計）	連結納税主体（合計）	連結納税主体（合計）	連結納税主体（合計）
	23.34%	24.66%	24.66%	24.66%	24.66%	24.66%	－
将来減算一時差異に係る繰延税金資産	305,000	120,000	120,000	0	1,050,000	0	1,595,000
	71,187	29,592	29,592	0	258,930	0	389,301
連結修正（取崩しをマイナス表示）	▲10,503	0	0	▲51,786	0	0	▲62,289

2．住民税に係るスケジューリングと回収可能額の計算 ［C-3］

［2020年3月期］

【スケジューリングによる回収可能額の計算】

住民税に係るスケジューリング	計算式	2020.3期			
		連結納税親会社トラスト1	連結納税子会社トラスト2	連結納税子会社トラスト3	連結納税主体（合計）
		②	⑤	④	－
［将来減算一時差異の回収可能見込額（当期回収分）］個別所得見積額	a＝［B-3］	335,000	▲265,000	235,000	305,000
将来加算一時差異の解消見込額	b＝［B-3］	0	0	0	0
個別所得見積額（合計）	c＝［B-3］	335,000	▲265,000	235,000	305,000
将来減算一時差異の解消見込額	e＝［B-3］	175,000	175,000	175,000	525,000
将来減算一時差異の解消見込額減算後の個別所得見積額	f＝［B-3］	160,000	▲440,000	60,000	▲220,000
回収可能見込額	g＝［B-3］	175,000	0	175,000	350,000
［控除対象個別帰属税額及び控除対象個別帰属調整額の回収可能見込額］控除対象個別帰属税額及び控除対象個別帰属調整額の回収可能見込額	qq＝［C-2］	0	0	13,920	13,920

| 2016. 3期 | | | 0 | 0 | 13,920 | 13,920 |

（解説）

　将来減算一時差異の回収可能見込額（当期回収分）（g）は上記1の法人税及び地方法人税に係るスケジューリングと同様の計算方法による。

　また，トラスト3では，控除対象個別帰属税額及び控除対象個別帰属調整額13,920（qq）が回収可能となる。

　なお，トラスト2では，当期に発生する連結欠損金個別帰属額及び控除対象個別帰属税額が翌期以後に解消されないため，将来減算一時差異の回収可能見込額（翌期以後回収分）は生じない。

　このスケジューリングによる回収可能額について，企業分類に従って最終的な回収可能額を次に計算する。

【企業分類による回収可能額の計算】

将来減算一時差異等の回収可能額（住民税）	内訳	計算式	2020. 3期			
			連結納税親会社	連結納税子会社	連結納税子会社	連結納税主体（合計）
			トラスト1	トラスト2	トラスト3	
			②	⑤	④	－
［将来減算一時差異の回収可能見込額（当期回収分）］	スケジューリング	aaa=g	175,000	0	175,000	350,000
	回収可能額	bbb=分類による判定	175,000	0	175,000	350,000
［控除対象個別帰属税額及び控除対象個別帰属調整額の回収可能見込額］	スケジューリング	kkk=qq	0	0	13,920	13,920
	回収可能額	lll=分類による判定	0	0	13,920	13,920

（解説）

　トラスト1は分類が②であるため，スケジューリングによる将来減算一時差異の回収可能額175,000（aaa）は，最終的に全額回収可能と判断される（bbb）。トラスト3は分類が④であるため，スケジューリングによる将来減算一時差異の回収可能額175,000（aaa）は，最終的に全額回収可能と判断される（bbb）。また，同様にスケジューリングによる控除対象個別帰属税額及び控除対象個別帰属調整額の回収可能額13,920（kkk）は回収可能と判断される（lll）。

196　第３部■連結納税における税効果会計

【繰延税金資産の計算】

繰延税金資産	内訳	計算式／住民税に係る法定実効税率	2020. 3期			
			連結納税親会社	連結納税子会社	連結納税子会社	連結納税主体（合計）
			トラスト１	トラスト２	トラスト３	
			3.64%	3.64%	3.64%	－
			15.71%	15.71%	15.71%	－
将来減算一時差異に係る繰延税金資産	将来減算一時差異	bbbb=bbb	175,000	0	175,000	350,000
	繰延税金資産	eeee=bbbb＊法定実効税率	6,370	0	6,370	12,740
連結欠損金に係る繰延税金資産	連結欠損金	hhhh=ttt	0	0	0	0
	繰延税金資産	kkkk=hhhh＊法定実効税率	0	0	0	0
控除対象個別帰属税額に係る繰延税金資産	控除対象個別帰属税額等	nnnn=lll	0	0	13,920	13,920
	繰延税金資産	qqqq=nnnn＊法定実効税率	0	0	2,187	2,187
将来減算一時差異等に係る繰延税金資産（合計）	将来減算一時差異等	tttt=bbbb+hhhh+nnnn	175,000	0	188,920	363,920
	繰延税金資産	vvvv=eeee+kkkk+qqqq	6,370	0	8,557	14,927

（解説）

　上記の回収可能な将来減算一時差異等に法定実効税率を乗じて繰延税金資産を計算する。

［2021年３月期］
【スケジューリングによる回収可能額の計算】

住民税に係るスケジューリング	計算式	2021. 3期			
		連結納税親会社トラスト１	連結納税子会社トラスト２	連結納税子会社トラスト３	連結納税主体（合計）
		②	⑤	④	－
［将来減算一時差異の回収可能見込額（当期回収分）］個別所得見積額	a=［B-3］	300,000	▲ 200,000	150,000	250,000
将来加算一時差異の解消見込額	b=［B-3］	0	0	0	0

第4章　ケーススタディ（連結納税における繰延税金資産の回収可能額の計算）　197

個別所得見積額（合計）	c=［B-3］	300,000	▲ 200,000	150,000	250,000
将来減算一時差異の解消見込額	e=［B-3］	40,000	40,000	40,000	120,000
将来減算一時差異の解消見込額減算後の個別所得見積額	f=［B-3］	260,000	▲ 240,000	110,000	130,000
回収可能見込額	g=［B-3］	40,000	0	40,000	80,000
［連結欠損金の回収可能見込額（当期回収分）］ 非特定連結欠損金の回収可能見込額	aa=［B-2］	0	0	0	0
特定連結欠損金の回収可能見込額	bb=［B-2］	0	0	65,000	65,000
2012.　3期		0	0	65,000	65,000
税効果の対象になる連結欠損金の当期控除額のうち控除対象個別帰属税額となる金額	cc=v	0	0	0	0
回収可能見込額	dd=aa+bb-v	0	0	65,000	65,000
［控除対象個別帰属税額及び控除対象個別帰属調整額の回収可能見込額］ 控除対象個別帰属税額及び控除対象個別帰属調整額の回収可能見込額	qq=［C-2］	0	0	10,440	10,440
2016.　3期		0	0	10,440	10,440

（解説）

　将来減算一時差異の回収可能見込額（当期回収分）（g）は上記1の法人税及び地方法人税に係るスケジューリングと同様の計算方法による。また，トラスト3では，連結欠損金65,000（dd），控除対象個別帰属税額及び控除対象個別帰属調整額10,440（qq）が回収可能となる。

　なお，トラスト2では，当期に発生する控除対象個別帰属税額が翌期以後に解消されないため，将来減算一時差異の回収可能見込額（翌期以後回収分）は生じない。

　このスケジューリングによる回収可能額について，企業分類に従って最終的な回収可能額を次に計算する。

【企業分類による回収可能額の計算】

将来減算一時差異等の回収可能額（住民税）	内訳	計算式	2021. 3期			
			連結納税親会社	連結納税子会社	連結納税子会社	連結納税主体
			トラスト1	トラスト2	トラスト3	（合計）
			②	⑤	④	－
［将来減算一時差異の回収可能見込額（当期回収分）］	スケジューリング	aaa = g	40,000	0	40,000	80,000
	回収可能額	bbb = 分類による判定	40,000	0	0	40,000
［連結欠損金の回収可能見込額（当期回収分）］	スケジューリング	ggg = dd	0	0	65,000	65,000
	回収可能額	hhh = 分類による判定	0	0	0	0
［控除対象個別帰属税額及び控除対象個別帰属調整額の回収可能見込額］	スケジューリング	kkk = qq	0	0	10,440	10,440
	回収可能額	lll = 分類による判定	0	0	0	0

（解説）

トラスト1は分類が②であるため，スケジューリングによる将来減算一時差異の回収可能額40,000（aaa）は，最終的に全額回収可能と判断される（bbb）。トラスト3は分類が④であるため，スケジューリングによる将来減算一時差異の回収可能額40,000（aaa），連結欠損金の回収可能額65,000（ggg），控除対象個別帰属税額及び控除対象個別帰属調整額10,440（kkk）は，最終的に全額回収不能と判断される（bbb,hhh,lll）。

第4章 ケーススタディ（連結納税における繰延税金資産の回収可能額の計算） 199

【繰延税金資産の計算】

繰延税金資産	内訳	計算式／住民税に係る法定実効税率	2021. 3期			
			連結納税親会社	連結納税子会社	連結納税子会社	連結納税主体（合計）
			トラスト1	トラスト2	トラスト3	
			2.32%	2.32%	2.32%	－
			10.02%	10.02%	10.02%	－
将来減算一時差異に係る繰延税金資産	将来減算一時差異	bbbb=bbb	40,000	0	0	40,000
	繰延税金資産	eeee=bbbb＊法定実効税率	928	0	0	928
連結欠損金に係る繰延税金資産	連結欠損金	hhhh=hhh	0	0	0	0
	繰延税金資産	kkkk=hhhh＊法定実効税率	0	0	0	0
控除対象個別帰属税額に係る繰延税金資産	控除対象個別帰属税額等	nnnn=lll	0	0	0	0
	繰延税金資産	qqqq=nnnn＊法定実効税率	0	0	0	0
将来減算一時差異等に係る繰延税金資産（合計）	将来減算一時差異等	tttt=bbbb+hhhh+nnnn	40,000	0	0	40,000
	繰延税金資産	vvvv=eeee+kkkk+qqqq	928	0	0	928

（解説）

　上記の回収可能な将来減算一時差異等に法定実効税率を乗じて繰延税金資産を計算する。

200　　第３部■連結納税における税効果会計

［2022年３月期］
【スケジューリングによる回収可能額の計算】

住民税に係る スケジューリング	計算式	2022. 3期			
		連結納税 親会社 トラスト１	連結納税 子会社 トラスト２	連結納税 子会社 トラスト３	連結納税 主体 （合計）
		②	⑤	④	－
［将来減算一時差異の回収可能見込額（当期回収分）］ 個別所得見積額	a＝［B－3］	400,000	150,000	200,000	750,000
将来加算一時差異の解消見込額	b＝［B－3］	0	0	0	0
個別所得見積額（合計）	c＝［B－3］	400,000	150,000	200,000	750,000
将来減算一時差異の解消見込額	e＝［B－3］	40,000	40,000	40,000	120,000
将来減算一時差異の解消見込額減算後の個別所得見積額	f＝［B－3］	360,000	110,000	160,000	630,000
回収可能見込額	g＝［B－3］	40,000	40,000	40,000	120,000
［連結欠損金の回収可能見込額（当期回収分）］ 非特定連結欠損金の回収可能見込額	aa＝［B－2］	0	57,500	57,500	115,000
2014. 3期		0	57,500	57,500	115,000
特定連結欠損金の回収可能見込額	bb＝［B－2］	0	100,000	100,000	200,000
2013. 3期		0	100,000	100,000	200,000
税効果の対象になる連結欠損金の当期控除額のうち控除対象個別帰属税額となる金額	cc＝v	0	47,500	0	47,500
回収可能見込額	dd＝aa＋bb－v	0	110,000	157,500	267,500
［控除対象個別帰属税額及び控除対象個別帰属調整額の回収可能見込額］ 控除対象個別帰属税額及び控除対象個別帰属調整額の回収可能見込額	qq＝［C－2］	0	0	580	580
2016. 3期				580	580

（解説）

　　将来減算一時差異の回収可能見込額（当期回収分）（g）は上記１の法人税

第4章■ケーススタディ（連結納税における繰延税金資産の回収可能額の計算）　201

及び地方法人税に係るスケジューリングと同様の計算方法による。また，トラスト2では，控除対象個別帰属税額が発生するが，そのうち，税効果の対象になる連結欠損金の当期控除額のうち控除対象個別帰属税額となる金額（cc）は，47,500となる。したがって，連結欠損金の回収可能見込額（当期回収分）は連結欠損金の解消額（aa+bb）のうち税効果の対象になる連結欠損金の当期控除額のうち控除対象個別帰属税額となる金額（cc）を控除した金額（dd）（トラスト2が110,000，トラスト3が157,500）となる。

　なお，トラスト2では，当期に発生する控除対象個別帰属税額が翌期以後に解消されないため，連結欠損金の回収可能見込額（控除対象個別帰属税額としての翌期以後回収分）は生じない。このスケジューリングによる回収可能額について，企業分類に従って最終的な回収可能額を次に計算する。

【企業分類による回収可能額の計算】

将来減算一時差異等の回収可能額（住民税）	内訳	計算式	2022．3期			
			連結納税親会社	連結納税子会社	連結納税子会社	連結納税主体（合計）
			トラスト1	トラスト2	トラスト3	
			②	⑤	④	－
［将来減算一時差異の回収可能見込額（当期回収分）］	スケジューリング	aaa = g	40,000	40,000	40,000	120,000
	回収可能額	bbb = 分類による判定	40,000	0	0	40,000
［連結欠損金の回収可能見込額（当期回収分）］	スケジューリング	ggg = dd	0	110,000	157,500	267,500
	回収可能額	hhh = 分類による判定	0	0	0	0
［控除対象個別帰属税額及び控除対象個別帰属調整額の回収可能見込額］	スケジューリング	kkk = qq	0	0	580	580
	回収可能額	lll = 分類による判定	0	0	0	0

（解説）

　トラスト1は分類が②であるため，スケジューリングによる将来減算一時差異の回収可能額40,000（aaa）は，最終的に全額回収可能と判断される（bbb）。トラスト2は分類が⑤であるため，スケジューリングによる将来減算一時差異

202　第3部　連結納税における税効果会計

の回収可能額40,000（aaa）及び連結欠損金の回収可能額110,000（ggg）は，最終的に全額回収不能と判断される（bbb,hhh）。トラスト3は分類が④であるため，スケジューリングによる将来減算一時差異の回収可能額40,000（aaa），連結欠損金の回収可能額157,500（ggg），控除対象個別帰属税額等580は，最終的に全額回収不能と判断される（bbb,hhh）。

【繰延税金資産の計算】

繰延税金資産	内訳	計算式／住民税に係る法定実効税率	2022. 3期			
			連結納税親会社	連結納税子会社	連結納税子会社	連結納税主体（合計）
			トラスト1	トラスト2	トラスト3	
			2.32%	2.32%	2.32%	－
			10.02%	10.02%	10.02%	－
将来減算一時差異に係る繰延税金資産	将来減算一時差異	bbbb=bbb	40,000	0	0	40,000
	繰延税金資産	eeee=bbbb＊法定実効税率	928	0	0	928
連結欠損金に係る繰延税金資産	連結欠損金	hhhh=hhh	0	0	0	0
	繰延税金資産	kkkk=hhhh＊法定実効税率	0	0	0	0
控除対象個別帰属税額に係る繰延税金資産	控除対象個別帰属税額等	nnnn=lll	0	0	0	0
	繰延税金資産	qqqq=nnnn＊法定実効税率	0	0	0	0
将来減算一時差異等に係る繰延税金資産（合計）	将来減算一時差異等	tttt=bbbb+hhhh+nnnn	40,000	0	0	40,000
	繰延税金資産	vvvv=eeee+kkkk+qqqq	928	0	0	928

（解説）

　上記の回収可能な将来減算一時差異等に法定実効税率を乗じて繰延税金資産を計算する。

第4章■ケーススタディ（連結納税における繰延税金資産の回収可能額の計算）　203

［3年超の将来減算一時差異］

【企業分類による回収可能額の計算】

将来減算一時差異等の回収可能額（住民税）	内訳	計算式	3年超			連結納税主体（合計）
			連結納税親会社	連結納税子会社	連結納税子会社	
			トラスト1	トラスト2	トラスト3	
			②	⑤	④	－
［将来減算一時差異の回収可能見込額（当期回収分）］	スケジューリング	aaa＝〔入力3〕	210,000	210,000	210,000	630,000
	回収可能額	bbb＝分類による判定	210,000	0	0	210,000

（解説）

　スケジューリング可能な一時差異のうち，回収期間として設定した3年を超える解消額は，分類が②のトラスト1では全額，回収可能となり，分類が⑤のトラスト2および分類が④のトラスト3では全額，回収不能となる。

【繰延税金資産の計算】

繰延税金資産	内訳	計算式／住民税に係る法定実効税率	3年超			連結納税主体（合計）
			連結納税親会社	連結納税子会社	連結納税子会社	
			トラスト1	トラスト2	トラスト3	
			2.32%	2.32%	2.32%	－
			10.02%	10.02%	10.02%	－
将来減算一時差異に係る繰延税金資産	将来減算一時差異	bbbb＝bbb	210,000	0	0	210,000
	繰延税金資産	eeee＝bbbb＊法定実効税率	4,872	0	0	4,872
将来減算一時差異等に係る繰延税金資産（合計）	将来減算一時差異等	tttt＝bbbb	210,000	0	0	210,000
	繰延税金資産	vvvv＝eeee	4,872	0	0	4,872

（解説）

　上記の回収可能な将来減算一時差異等に法定実効税率を乗じて繰延税金資産を計算する。

204   第3部　連結納税における税効果会計

［長期の将来減算一時差異］

【企業分類による回収可能額の計算】

将来減算一時差異等の回収可能額（住民税）	内訳	計算式	長期の将来減算一時差異			
			連結納税親会社	連結納税子会社	連結納税子会社	連結納税主体（合計）
			トラスト1	トラスト2	トラスト3	
			②	⑤	④	－
［将来減算一時差異の回収可能見込額（当期回収分）］	スケジューリング	aaa＝〔入力3〕	350,000	350,000	350,000	1,050,000
	回収可能額	bbb＝分類による判定	350,000	0	0	350,000

（解説）

　長期の将来減算一時差異は，分類が②のトラスト1では全額，回収可能となるが，分類が⑤のトラスト2及び分類が④のトラスト3では全額，回収不能となる。

【繰延税金資産の計算】

繰延税金資産	内訳	計算式／住民税に係る法定実効税率	長期の将来減算一時差異			
			連結納税親会社	連結納税子会社	連結納税子会社	連結納税主体（合計）
			トラスト1	トラスト2	トラスト3	
			2.32%	2.32%	2.32%	－
			10.02%	10.02%	10.02%	－
将来減算一時差異に係る繰延税金資産	将来減算一時差異	bbbb＝bbb	350,000	0	0	350,000
	繰延税金資産	eeee＝bbbb＊法定実効税率	8,120	0	0	8,120
将来減算一時差異等に係る繰延税金資産（合計）	将来減算一時差異等	tttt＝bbbb	350,000	0	0	350,000
	繰延税金資産	vvvv＝eeee	8,120	0	0	8,120

（解説）

　上記の回収可能な将来減算一時差異等に法定実効税率を乗じて繰延税金資産を計算する。

第4章 ケーススタディ（連結納税における繰延税金資産の回収可能額の計算） 205

［スケジューリング不能差異］
【企業分類による回収可能額の計算】

将来減算一時差異等の回収可能額（住民税）	内訳	計算式	スケジューリング不能差異			
			連結納税親会社トラスト1	連結納税子会社トラスト2	連結納税子会社トラスト3	連結納税主体（合計）
			②	⑤	④	－
［将来減算一時差異の回収可能見込額（当期回収分）］	スケジューリング	aaa＝〔入力3〕	230,000	230,000	230,000	690,000
	回収可能額	bbb＝分類による判定	0	0	0	0

（解説）

スケジューリング不能差異は，分類が②以下であるため，トラスト1，トラスト2，トラスト3では全額，回収不能となる。

【繰延税金資産の計算】

繰延税金資産	内訳	計算式／住民税に係る法定実効税率	スケジューリング不能差異			
			連結納税親会社トラスト1	連結納税子会社トラスト2	連結納税子会社トラスト3	連結納税主体（合計）
			2.32%	2.32%	2.32%	－
			10.02%	10.02%	10.02%	－
将来減算一時差異に係る繰延税金資産	将来減算一時差異	bbbb＝bbb	0	0	0	0
	繰延税金資産	eeee＝bbbb＊法定実効税率	0	0	0	0
将来減算一時差異等に係る繰延税金資産（合計）	将来減算一時差異等	tttt＝bbbb	0	0	0	0
	繰延税金資産	vvvv＝eeee	0	0	0	0

（解説）

上記の回収可能な将来減算一時差異等に法定実効税率を乗じて繰延税金資産を計算する。

［将来減算一時差異等の回収可能額及び繰延税金資産の計上額（合計）］

以上を合計した将来減算一時差異等の回収可能額及び繰延税金資産の計上額

206 第3部 連結納税における税効果会計

は次のとおりとなる。

繰延税金資産	内訳	計算式／住民税に係る法定実効税率	合計			
			連結納税親会社	連結納税子会社	連結納税子会社	連結納税主体（合計）
			トラスト1	トラスト2	トラスト3	
			－	－	－	－
将来減算一時差異に係る繰延税金資産	将来減算一時差異	Σbbbb	815,000	0	175,000	990,000
	繰延税金資産	Σeeee	21,218	0	6,370	27,588
連結欠損金に係る繰延税金資産	連結欠損金	Σhhhh	0	0	0	0
	繰延税金資産	Σkkkk	0	0	0	0
控除対象個別帰属税額に係る繰延税金資産	控除対象個別帰属税額等	Σnnnn	0	0	13,920	13,920
	繰延税金資産	Σqqqq	0	0	2,187	2,187
将来減算一時差異等に係る繰延税金資産（合計）	将来減算一時差異等	Σtttt	815,000	0	188,920	1,003,920
	繰延税金資産	Σvvvv	21,218	0	8,557	29,775

3．事業税に係るスケジューリングと回収可能額の計算［D−3］

［2020年3月期］

【スケジューリングによる回収可能額の計算】

事業税に係るスケジューリング	計算式	2020．3期			
		連結納税親会社	連結納税子会社	連結納税子会社	連結納税主体（合計）
		トラスト1	トラスト2	トラスト3	
		②	⑤	④	－
［将来減算一時差異の回収可能見込額（当期回収分）］個別所得見積額	a＝［D−1］	335,000	▲ 265,000	235,000	305,000
将来加算一時差異の解消見込額	b＝［D−1］	0	0	0	0
個別所得見積額（合計）	c＝a＋b	335,000	▲ 265,000	235,000	305,000
将来減算一時差異の解消見込額	e＝［D−1］	175,000	175,000	175,000	525,000
将来減算一時差異の解消見込額減算後の個別所得見積額	f＝c−e	160,000	▲ 440,000	60,000	▲ 220,000

第４章■ケーススタディ（連結納税における繰延税金資産の回収可能額の計算）　　**207**

回収可能見込額	g＝f≧0＝d ＋e，f＜0 ＆ c≧0 ＝c，f ＜0 ＆ c＜0 ＝0	175,000	0	175,000	350,000
［繰越欠損金の回収可能見込額］ 繰越欠損金の回収可能見込額	n＝［D－1］	0	0	30,000	30,000
2016. 3期		0	0	30,000	30,000

（解説）

　トラスト１は，将来減算一時差異の解消見込額減算後の個別所得見積額（f）がプラスであるため，将来減算一時差異の解消見込額175,000（e）が全額回収可能となる（g）。トラスト３は，将来減算一時差異の解消見込額減算後の個別所得見積額（f）がプラスであるため，将来減算一時差異の解消見込額175,000（e）が全額回収可能となる（g）。トラスト２は個別所得見積額（c）がマイナスであるため，将来減算一時差異の解消見込額175,000（e）が全額回収不能となる（g）。

　また，トラスト２では，当期に発生する繰越欠損金が翌期以後に解消されないため，将来減算一時差異の回収可能見込額（翌期以後回収分）は生じない。

　トラスト３では，繰越欠損金の回収可能額が30,000発生する。このスケジューリングによる回収可能額について，企業分類に従って最終的な回収可能額を次に計算する。

【企業分類による回収可能額の計算】

将来減算一時差異等の回収可能額（事業税）	内訳	計算式	2020. 3期			
			連結納税親会社トラスト１	連結納税子会社トラスト２	連結納税子会社トラスト３	連結納税主体（合計）
			②	⑤	④	－
［将来減算一時差異の回収可能見込額（当期回収分）］	スケジューリング	aa＝g	175,000	0	175,000	350,000
	回収可能額	bb＝分類による判定	175,000	0	175,000	350,000

208 第3部　連結納税における税効果会計

	スケジューリング	ee＝n	0	0	30,000	30,000
［繰越欠損金の回収可能見込額］	回収可能額	ff＝分類による判定	0	0	30,000	30,000

（解説）

　トラスト1は分類が②であるため，スケジューリングによる将来減算一時差異の回収可能額175,000（aa）は，最終的に全額回収可能と判断される（bb）。トラスト3は分類が④であるため，スケジューリングによる将来減算一時差異の回収可能額175,000（aa）及び繰越欠損金の回収可能額30,000（ee）は，最終的に全額回収可能と判断される（bb,ff）。

【繰延税金資産の計算】

繰延税金資産	内訳	計算式／事業税に係る法定実効税率	2020.　3期			
			連結納税親会社	連結納税子会社	連結納税子会社	連結納税主体（合計）
			トラスト1	トラスト2	トラスト3	
			3.64%	3.64%	3.64%	－
将来減算一時差異に係る繰延税金資産	将来減算一時差異	bbb＝bb	175,000	0	175,000	350,000
	繰延税金資産	eee＝bbb＊法定実効税率	6,370	0	6,370	12,740
繰越欠損金に係る繰延税金資産	繰越欠損金	hhh＝ff	0	0	30,000	30,000
	繰延税金資産	kkk＝hhh＊法定実効税率	0	0	1,092	1,092
将来減算一時差異等に係る繰延税金資産（合計）	将来減算一時差異等	nnn＝bbb+hhh	175,000	0	205,000	380,000
	繰延税金資産	ppp＝eee+kkk	6,370	0	7,462	13,832

（解説）

　上記の回収可能な将来減算一時差異等に法定実効税率を乗じて繰延税金資産を計算する。

第４章■ケーススタディ（連結納税における繰延税金資産の回収可能額の計算）　209

［2021年３月期］
【スケジューリングによる回収可能額の計算】

事業税に係る スケジューリング	計算式	2021．3期			
		連結納税 親会社	連結納税 子会社	連結納税 子会社	連結納税 主体 （合計）
		トラスト１	トラスト２	トラスト３	
		②	⑤	④	－
［将来減算一時差異の回収可能見込額（当期回収分）］ 個別所得見積額	a＝［D－1］	300,000	▲ 200,000	150,000	250,000
将来加算一時差異の解消見込額	b＝［D－1］	0	0	0	0
個別所得見積額（合計）	c＝a＋b	300,000	▲ 200,000	150,000	250,000
将来減算一時差異の解消見込額	e＝［D－1］	40,000	40,000	40,000	120,000
将来減算一時差異の解消見込額減算後の個別所得見積額	f＝c－e	260,000	▲ 240,000	110,000	130,000
回収可能見込額	g＝f≧0＝d ＋e，f＜0 ＆ c≧0＝c，f ＜0 ＆ c＜0 ＝0	40,000	0	40,000	80,000
［繰越欠損金の回収可能見込額］ 繰越欠損金の回収可能見込額	n＝［D－1］	0	0	55,000	55,000
2016．3期				55,000	55,000

（解説）

　トラスト１は，将来減算一時差異の解消見込額減算後の個別所得見積額（f）がプラスであるため，将来減算一時差異の解消見込額40,000（e）が全額回収可能となる（g）。トラスト３は，将来減算一時差異の解消見込額減算後の個別所得見積額（f）がプラスであるため，将来減算一時差異の解消見込額40,000（e）が全額回収可能となる（g）。トラスト２は個別所得見積額（c）がマイナスであるため，将来減算一時差異の解消見込額40,000（e）が全額回収不能となる（g）。

　また，トラスト２では，当期に発生する繰越欠損金が翌期以後に解消されな

いため，将来減算一時差異の回収可能見込額（翌期以後回収分）は生じない。

　トラスト3では，繰越欠損金の回収可能額が55,000発生する。このスケジューリングによる回収可能額について，企業分類に従って最終的な回収可能額を次に計算する。

【企業分類による回収可能額の計算】

将来減算一時差異等の回収可能額（事業税）	内訳	計算式	2021. 3期			
			連結納税親会社	連結納税子会社	連結納税子会社	連結納税主体（合計）
			トラスト1	トラスト2	トラスト3	
			②	⑤	④	－
［将来減算一時差異の回収可能見込額（当期回収分）］	スケジューリング	aa＝g	40,000	0	40,000	80,000
	回収可能額	bb＝分類による判定	40,000	0	0	40,000
［繰越欠損金の回収可能見込額］	スケジューリング	ee＝n	0	0	55,000	55,000
	回収可能額	ff＝分類による判定	0	0	0	0

（解説）

　トラスト1は分類が②であるため，スケジューリングによる将来減算一時差異の回収可能額40,000（aa）は，最終的に全額回収可能と判断される（bb）。トラスト3は分類が④であるため，スケジューリングによる将来減算一時差異の回収可能額40,000（aa）及び繰越欠損金の回収可能額55,000（ee）は，最終的に全額回収不能と判断される（bb,ff）。

第４章■ケーススタディ（連結納税における繰延税金資産の回収可能額の計算）　　211

【繰延税金資産の計算】

繰延税金資産 （固定）	内訳	計算式／事業税に係る法定実効税率	2021．3期			
			連結納税親会社	連結納税子会社	連結納税子会社	連結納税主体（合計）
			トラスト１	トラスト２	トラスト３	
			3.64%	3.64%	3.64%	－
将来減算一時差異に係る繰延税金資産	将来減算一時差異	bbb＝bb	40,000	0	0	40,000
	繰延税金資産	eee＝bbb ＊法定実効税率	1,456	0	0	1,456
繰越欠損金に係る繰延税金資産	繰越欠損金	hhh＝ff	0	0	0	0
	繰延税金資産	kkk＝hhh ＊法定実効税率	0	0	0	0
将来減算一時差異等に係る繰延税金資産（合計）	将来減算一時差異等	nnn＝bbb＋hhh	40,000	0	0	40,000
	繰延税金資産	ppp＝eee＋kkk	1,456	0	0	1,456

（解説）

　上記の回収可能な将来減算一時差異等に法定実効税率を乗じて繰延税金資産を計算する。

［2022年３月期］

【スケジューリングによる回収可能額の計算】

事業税に係るスケジューリング	計算式	2022．3期			
		連結納税親会社	連結納税子会社	連結納税子会社	連結納税主体（合計）
		トラスト１	トラスト２	トラスト３	
		②	⑤	④	－
［将来減算一時差異の回収可能見込額（当期回収分）］ 個別所得見積額	a＝［D－1］	400,000	150,000	200,000	750,000
将来加算一時差異の解消見込額	b＝［D－1］	0	0	0	0
個別所得見積額（合計）	c＝a＋b	400,000	150,000	200,000	750,000
将来減算一時差異の解消見込額	e＝［D－1］	40,000	40,000	40,000	120,000

212　第３部　連結納税における税効果会計

将来減算一時差異の解消見込額減算後の個別所得見積額	f = c − e	360,000	110,000	160,000	630,000
回収可能見込額	g = f≧0 = d + e , f<0 & c≧0 = c , f<0 & c<0 = 0	40,000	40,000	40,000	120,000
［繰越欠損金の回収可能見込額］ 繰越欠損金の回収可能見込額	n ＝［D−1］	0	55,000	80,000	135,000
2016．3期 2017．3期		0 0	55,000 0	15,000 65,000	70,000 65,000

（解説）

　トラスト１，トラスト２，トラスト３は，将来減算一時差異の解消見込額減算後の個別所得見積額（f）がプラスであるため，各社で将来減算一時差異の解消見込額40,000（e）が全額回収可能となる。また，トラスト２は繰越欠損金55,000，トラスト３は繰越欠損金80,000が回収可能となる。

　このスケジューリングによる回収可能額について，企業分類に従って最終的な回収可能額を次に計算する。

【企業分類による回収可能額の計算】

将来減算一時差異等の回収可能額（事業税）	内訳	計算式	2022．3期			
			連結納税親会社	連結納税子会社	連結納税子会社	連結納税主体（合計）
			トラスト１	トラスト２	トラスト３	
			②	⑤	④	−
［将来減算一時差異の回収可能見込額（当期回収分）］	スケジューリング	aa = g	40,000	40,000	40,000	120,000
	回収可能額	bb = 分類による判定	40,000	0	0	40,000
［繰越欠損金の回収可能見込額］	スケジューリング	ee = n	0	55,000	80,000	135,000
	回収可能額	ff = 分類による判定	0	0	0	0

第4章■ケーススタディ（連結納税における繰延税金資産の回収可能額の計算）　213

（解説）

　トラスト1は分類が②であるため，スケジューリングによる将来減算一時差異の回収可能額40,000（aa）は，最終的に全額回収可能と判断される（bb）。トラスト2は分類が⑤であるため，スケジューリングによる将来減算一時差異の回収可能額40,000（aa）及び繰越欠損金の回収可能額55,000（ee）は，最終的に全額回収不能と判断される（bb,ff）。トラスト3は分類が④であるため，スケジューリングによる将来減算一時差異の回収可能額40,000（aa）及び繰越欠損金の回収可能額80,000（ee）は，最終的に全額回収不能と判断される（bb,ff）。

【繰延税金資産の計算】

繰延税金資産	内訳	計算式／事業税に係る法定実効税率	2022. 3期			
			連結納税親会社	連結納税子会社	連結納税子会社	連結納税主体（合計）
			トラスト1	トラスト2	トラスト3	
			3.64%	3.64%	3.64%	－
将来減算一時差異に係る繰延税金資産	将来減算一時差異	bbb＝bb	40,000	0	0	40,000
	繰延税金資産	eee＝bbb＊法定実効税率	1,456	0	0	1,456
繰越欠損金に係る繰延税金資産	繰越欠損金	hhh＝ff	0	0	0	0
	繰延税金資産	kkk＝hhh＊法定実効税率	0	0	0	0
将来減算一時差異等に係る繰延税金資産（合計）	将来減算一時差異等	nnn＝bbb＋hhh	40,000	0	0	40,000
	繰延税金資産	ppp＝eee＋kkk	1,456	0	0	1,456

（解説）

　上記の回収可能な将来減算一時差異等に法定実効税率を乗じて繰延税金資産を計算する。

214 　第３部▬連結納税における税効果会計

［３年超の将来減算一時差異］

【企業分類による回収可能額の計算】

将来減算一時差異等の回収可能額（事業税）	内訳	計算式	３年超			連結納税主体（合計）
			連結納税親会社	連結納税子会社	連結納税子会社	
			トラスト１	トラスト２	トラスト３	
			②	⑤	④	－
［将来減算一時差異の回収可能見込額（当期回収分）］	スケジューリング	aa＝g	210,000	210,000	210,000	630,000
	回収可能額	bb＝分類による判定	210,000	0	0	210,000
［繰越欠損金の回収可能見込額］	スケジューリング	ee＝n	－	－	－	－
	回収可能額	ff＝分類による判定	－	－	－	－

（解説）

　スケジューリング可能な一時差異のうち，回収期間として設定した３年を超える解消額は，分類が②のトラスト１では全額，回収可能となり，分類が⑤のトラスト２及び分類が④のトラスト３では全額，回収不能となる。

【繰延税金資産の計算】

繰延税金資産（固定）	内訳	計算式／事業税に係る法定実効税率	３年超			連結納税主体（合計）
			連結納税親会社	連結納税子会社	連結納税子会社	
			トラスト１	トラスト２	トラスト３	
			3.64%	3.64%	3.64%	－
将来減算一時差異に係る繰延税金資産	将来減算一時差異	bbb＝bb	210,000	0	0	210,000
	繰延税金資産	eee＝bbb＊法定実効税率	7,644	0	0	7,644
繰越欠損金に係る繰延税金資産	繰越欠損金	hhh＝ff	0	0	0	0
	繰延税金資産	kkk＝hhh＊法定実効税率	0	0	0	0
将来減算一時差異等に係る繰延税金資産（合計）	将来減算一時差異等	nnn＝bbb＋hhh	210,000	0	0	210,000
	繰延税金資産	ppp＝eee＋kkk	7,644	0	0	7,644

第4章　ケーススタディ（連結納税における繰延税金資産の回収可能額の計算）　　**215**

（解説）

　　上記の回収可能な将来減算一時差異等に法定実効税率を乗じて繰延税金資産を計算する。

［長期の将来減算一時差異］
【企業分類による回収可能額の計算】

将来減算一時差異等の回収可能額（事業税）	内訳	計算式	長期の将来減算一時差異			
			連結納税親会社	連結納税子会社	連結納税子会社	連結納税主体
			トラスト1	トラスト2	トラスト3	（合計）
			②	⑤	④	－
［将来減算一時差異の回収可能見込額（当期回収分）］	スケジューリング	aa＝g	350,000	350,000	350,000	1,050,000
	回収可能額	bb＝分類による判定	350,000	0	0	350,000

（解説）

　　長期の将来減算一時差異は，分類が②のトラスト1では全額，回収可能となり，分類が⑤のトラスト2及び例示区分が④のトラスト3では全額，回収不能となる。

【繰延税金資産の計算】

繰延税金資産（固定）	内訳	計算式／事業税に係る法定実効税率	長期の将来減算一時差異			
			連結納税親会社	連結納税子会社	連結納税子会社	連結納税主体
			トラスト1	トラスト2	トラスト3	（合計）
			3.64％	3.64％	3.64％	－
将来減算一時差異に係る繰延税金資産	将来減算一時差異	bbb＝bb	350,000	0	0	350,000
	繰延税金資産	eee＝bbb＊法定実効税率	12,740	0	0	12,740
繰越欠損金に係る繰延税金資産	繰越欠損金	hhh＝ff	0	0	0	0
	繰延税金資産	kkk＝hhh＊法定実効税率	0	0	0	0
将来減算一時差異等に係る繰延税金資産（合計）	将来減算一時差異等	nnn＝bbb＋hhh	350,000	0	0	350,000
	繰延税金資産	ppp＝eee＋kkk	12,740	0	0	12,740

216　第3部■連結納税における税効果会計

（解説）

　上記の回収可能な将来減算一時差異等に法定実効税率を乗じて繰延税金資産を計算する。

［スケジューリング不能差異］
【企業分類による回収可能額の計算】

将来減算一時差異等の回収可能額（事業税）	内訳	計算式	スケジューリング不能差異			連結納税主体（合計）
			連結納税親会社	連結納税子会社	連結納税子会社	
			トラスト1	トラスト2	トラスト3	
			②	⑤	④	－
［将来減算一時差異の回収可能見込額（当期回収分）］	スケジューリング	aa＝g	230,000	230,000	230,000	690,000
	回収可能額	bb＝分類による判定	0	0	0	0

（解説）

　スケジューリング不能差異は，分類が②以下であるため，トラスト1，トラスト2，トラスト3では全額，回収不能となる。

【繰延税金資産の計算】

繰延税金資産（固定）	内訳	計算式／事業税に係る法定実効税率	スケジューリング不能差異			連結納税主体（合計）
			連結納税親会社	連結納税子会社	連結納税子会社	
			トラスト1	トラスト2	トラスト3	
			3.64%	3.64%	3.64%	－
将来減算一時差異に係る繰延税金資産	将来減算一時差異	bbb＝bb	0	0	0	0
	繰延税金資産	eee＝bbb＊法定実効税率	0	0	0	0
将来減算一時差異等に係る繰延税金資産（合計）	将来減算一時差異等	nnn＝bbb	0	0	0	0
	繰延税金資産	ppp＝eee	0	0	0	0

（解説）

　上記の回収可能な将来減算一時差異等に法定実効税率を乗じて繰延税金資産を計算する。

第4章　ケーススタディ（連結納税における繰延税金資産の回収可能額の計算）　217

［将来減算一時差異等の回収可能額及び繰延税金資産の計上額（合計）］

　以上を合計した将来減算一時差異等の回収可能額及び繰延税金資産の計上額は次のとおりとなる。

繰延税金資産	内訳	計算式／事業税に係る法定実効税率	合計			
			連結納税親会社	連結納税子会社	連結納税子会社	連結納税主体（合計）
			トラスト1	トラスト2	トラスト3	
			−	−	−	−
将来減算一時差異に係る繰延税金資産	将来減算一時差異	Σbbb	815,000	0	175,000	990,000
	繰延税金資産	Σeee	29,666	0	6,370	36,036
繰越欠損金に係る繰延税金資産	繰越欠損金	Σhhh	0	0	30,000	30,000
	繰延税金資産	Σkkk	0	0	1,092	1,092
将来減算一時差異等に係る繰延税金資産（合計）	将来減算一時差異等	Σnnn	815,000	0	205,000	1,020,000
	繰延税金資産	Σppp	29,666	0	7,462	37,128

４．繰延税金資産及び繰延税金負債の計上額

　上記1，2，3より，繰延税金資産及び繰延税金負債は次のとおりとなる。

繰延税金資産及び繰延税金負債（合計）	連結納税親会社	連結納税子会社	連結納税子会社	連結納税主体（合計）	連結修正	連結財務諸表
	トラスト1	トラスト2	トラスト3			
繰延税金資産（固定資産）	249,553	120,218	177,081	546,852	▲ 62,289	484,563
繰延税金負債（固定負債）	0	0	0	0	−	0

218　第3部　連結納税における税効果会計

4-5　純資産の部に直接計上される繰延税金資産及び繰延税金負債の計算

1．前提条件

スケジューリングが不能なその他有価証券評価差額は次のとおりであり，例外的方法により繰延税金資産及び繰延税金負債を計算することとする。

なお，分類③において，その他有価証券評価差損の回収可能額の限度額となる『将来の合理的な見積可能期間（おおむね5年）内の課税所得の見積額からスケジューリング可能差異の解消額を加減算した金額』について，個別財務諸表における法人税及び地方法人税では，本来，連結納税会社の個別所得金額及び連結納税主体の連結所得金額に基づき回収可能性を判断する必要があると考えられる。ただし，この点について実務対応報告等で定めがないため，本ケースでは簡便的に連結納税会社の個別所得金額のみに基づき回収可能額を計算している。

また，繰延ヘッジ損益は次のとおりである。繰延ヘッジ損益は，税効果が純資産の部に直接計上されるため，本ケーススタディでは，スケジューリングには含めず，別途，繰延税金資産及び繰延税金負債の計上額を計算する。また，解消年度は2023年3月期とする。

	トラスト1	トラスト2	トラスト3
その他有価証券の評価差損（評価益と相殺後）	100,000	50,000	50,000
繰延ヘッジ差益	100,000	100,000	100,000

２．連結法人税及び地方法人税に係るスケジューリングと回収可能額の計算 [A－２]

① その他有価証券の評価差額

法人税及び地方法人税に係る繰延税金資産及び繰延税金負債	連結納税親会社 トラスト1 ②	連結納税子会社 トラスト2 ③	連結納税子会社 トラスト3 ③	連結納税主体 （合計）	連結修正 （プラス：積増，マイナス：取崩）	連結財務諸表 連結納税主体 ③
（固定資産） Ｂ．例外的方法						
評価差損（評価益と評価損を相殺する）	100,000	50,000	50,000	200,000	－	200,000
うち，回収可能額	100,000	0	50,000	150,000	50,000	200,000
（分類③の場合の将来の合理的な見積可能期間（おおむね５年）内の課税所得の見積額からスケジューリング可能差異の解消額を加減算した金額）	780,000	▲570,000	330,000	540,000	－	540,000
法人税及び地方法人税に係る法定実効税率	24.66％	24.66％	24.66％	－	－	24.66％
繰延税金資産	24,660	0	12,330	36,990	12,330	49,320

（解説）

　トラスト１は分類②であるため全額回収可能となる。トラスト２，トラスト３，連結納税主体（連結財務諸表）は分類③であるため，将来の合理的な見積可能期間（おおむね５年）内の課税所得の見積額からスケジューリング可能差異の解消額を加減算した金額を上限として回収可能となる。

　なお，トラスト２では，『将来の合理的な見積可能期間（おおむね５年）内の課税所得の見積額からスケジューリング可能差異の解消額を加減算した金額』について，連結納税会社の個別所得金額が▲570,000であるため，回収可能額を０としている。

　しかし，（実務対応報告等で定めがないが）理論上は，連結納税会社の個別所得金額及び連結納税主体の連結所得金額に基づき回収可能性を判断する必要があると考えられる。仮に，この考え方に従った場合，連結納税主体の連結所得金額が540,000（≧連結納税主体の評価損200,000）であることから，トラス

220　第3部　連結納税における税効果会計

ト2の回収可能額は50,000となる。

② 繰延ヘッジ損益

法人税及び地方法人税に係る繰延税金資産及び繰延税金負債	連結納税親会社トラスト1	連結納税子会社トラスト2	連結納税子会社トラスト3	連結納税主体（合計）	連結修正（プラス：積増，マイナス：取崩）	連結財務諸表連結納税主体
	②	③	③			③
（固定負債）繰延ヘッジ差益	100,000	100,000	100,000	300,000	－	300,000
法人税及び地方法人税に係る法定実効税率	24.66%	24.66%	24.66%	－	－	24.66%
繰延税金負債	24,660	24,660	24,660	73,980	0	73,980

（解説）

　繰延ヘッジ差益であるため，繰延税金負債が計上される。

3．住民税に係るスケジューリングと回収可能額の計算 ［A－2］

① その他有価証券の評価差額

住民税に係る繰延税金資産及び繰延税金負債	連結納税親会社トラスト1	連結納税子会社トラスト2	連結納税子会社トラスト3	連結納税主体（合計）
	②	⑤	④	
B．例外的方法				
評価差損（評価益と評価損を相殺する）	100,000	50,000	50,000	200,000
うち，回収可能額	100,000	0	0	100,000
（分類③の場合の将来の合理的な見積可能期間（おおむね5年）内の課税所得の見積額からスケジューリング可能差異の解消額を加減算した金額）	780,000	▲570,000	330,000	540,000
住民税に係る法定実効税率	2.32%	2.32%	2.32%	－
繰延税金資産	2,320	0	0	2,320

（解説）

　トラスト1は分類②であるため全額回収可能となる。トラスト2は分類⑤，

第4章■ケーススタディ（連結納税における繰延税金資産の回収可能額の計算）　221

トラスト3は分類④であるため，全額回収不能となる。

②　繰延ヘッジ損益

住民税に係る 繰延税金資産及び繰延税金負債	連結納税 親会社 トラスト1 ②	連結納税 子会社 トラスト2 ⑤	連結納税 子会社 トラスト3 ④	連結納税 主体 （合計）
（固定負債） 繰延ヘッジ差益	100,000	100,000	100,000	300,000
住民税に係る法定実効税率	2.32%	2.32%	2.32%	－
繰延税金負債	2,320	2,320	2,320	6,960

（解説）

　繰延ヘッジ差益であるため，繰延税金負債が計上される。

4．事業税に係るスケジューリングと回収可能額の計算 ［A－2］

①　その他有価証券の評価差額

事業税に係る 繰延税金資産及び繰延税金負債	連結納税 親会社 トラスト1 ②	連結納税 子会社 トラスト2 ⑤	連結納税 子会社 トラスト3 ④	連結納税 主体 （合計）
B．例外的方法				
評価差損（評価益と評価損を相殺する）	100,000	50,000	50,000	200,000
うち，回収可能額	100,000	0	0	100,000
（分類③の場合の将来の合理的な見積可能期間（おおむね5年）内の課税所得の見積額からスケジューリング可能差異の解消額を加減算した金額）	780,000	▲570,000	330,000	540,000
事業税に係る法定実効税率	3.64%	3.64%	3.64%	－
繰延税金資産	3,640	0	0	3,640

（解説）

　トラスト1は分類②であるため全額回収可能となる。トラスト2は分類⑤，トラスト3は分類④であるため，全額回収不能となる。

222　第3部■連結納税における税効果会計

②　繰延ヘッジ損益

事業税に係る 繰延税金資産及び繰延税金負債	連結納税 親会社 トラスト1 ②	連結納税 子会社 トラスト2 ⑤	連結納税 子会社 トラスト3 ④	連結納税 主体 （合計）
（固定負債） 繰延ヘッジ差益	100,000	100,000	100,000	300,000
事業税に係る法定実効税率	3.64%	3.64%	3.64%	－
繰延税金負債	3,640	3,640	3,640	10,920

（解説）

繰延ヘッジ差益であるため，繰延税金負債が計上される。

5．繰延税金資産及び繰延税金負債の計上額

上記2～4を合計した繰延税金資産及び繰延税金負債の計上額は次のとおりである。

①　その他有価証券の評価差額

繰延税金資産及び 繰延税金負債（合計）	連結納税 親会社 トラスト 1 －	連結納税 子会社 トラスト 2 －	連結納税 子会社 トラスト 3 －	連結納税 主体 （合計）	連結修正 （プラス： 積増，マ イナス： 取崩）	連結財務 諸表
繰延税金資産（固定資産）	30,620	0	12,330	42,950	12,330	55,280
繰延税金負債（固定負債）	0	0	0	0	0	0

②　繰延ヘッジ損益

繰延税金資産及び 繰延税金負債（合計）	連結納税 親会社 トラスト 1 －	連結納税 子会社 トラスト 2 －	連結納税 子会社 トラスト 3 －	連結納税 主体 （合計）	連結修正 （プラス： 積増，マ イナス： 取崩）	連結財務 諸表
繰延税金資産（固定資産）	0	0	0	0	0	0
繰延税金負債（固定負債）	30,630	30,630	30,630	91,890	0	91,890

第5章
連結納税の税効果会計の個別論点

5-1 連結納税における企業分類の矛盾

　企業分類は，本来，スケジューリングのみに基づいて回収可能額を計算することが合理的であるなかで，スケジューリングで利用する将来の課税所得の実現が不確実であるために，回収可能額に現実性を持たせるという保守的な見地から過去の業績に基づいて回収可能額を計算しようという目的で作り出された。つまり，誤解を恐れずに言うと，もともと，企業分類（旧監査委員会報告第66号の例示区分）は，会社の作成する事業計画は信用できないため，公認会計士が行う会計監査においては唯一事実として利用できる過去の実績により第一義的に資産計上額を計算しようという目的で考えられたのである。

　このように企業分類は将来の課税所得の実現が不確実であるというスケジューリングの弱点を補完するために設定されているのであるが，自社の将来の課税所得のみによって回収可能額が計算される単体納税と異なり，他の連結納税会社の将来の課税所得が自社の回収可能額の計算に反映される連結納税においては，自社の企業分類とスケジューリングでは実現が不確実と判断されたため回収可能額に反映できなかった将来の課税所得が，他の連結納税会社のスケジューリングでは回収可能額に反映されるという問題が生じることとなる。

　具体的には連結納税会社A社の分類が④，他の連結納税会社B社の分類が③，連結納税主体の分類が④の場合，A社のスケジューリングでは，1年分の将来の課税所得のみが回収可能額となるが，B社のスケジューリングでは，A社の5年分の将来の課税所得が回収可能額となる。つまり，A社自身の回収可能額の計算においては，A社の将来の課税所得は1年分しか信用できないと判断されたのにもかかわらず，他社であるB社の回収可能額の計算においては，A社

224　第3部■連結納税における税効果会計

の将来の課税所得は5年分信用できると判断されることになってしまうのである。

　連結納税では，すべての連結納税会社が分類①又は⑤で統一されない限り，いずれかの連結納税会社がスケジューリングによる回収可能額の計算を行うこととなる。

　連結納税グループは複数の会社で構成されていることを考えると，すべての連結納税会社が分類①又は⑤で統一されることは稀であり，ほとんどの連結納税主体がスケジューリングによる回収可能額の計算を行うことになると考えられる。そして，スケジューリングでは他の連結納税会社の将来の課税所得を利用することとなる。

　以上より，連結納税を採用している場合，連結納税会社ごとにそれぞれの企業分類に基づいて回収可能額を計算することは，ある連結納税会社の不確実な将来の課税所得が，他の連結納税会社の回収可能額に含まれてしまうという問題が生じる可能性があるため，連結納税では企業分類を採用せずに，すべての連結納税会社の信頼性を確保した将来の課税所得に基づくスケジューリングのみにより回収可能額を計算することも必要であるといえよう（あるいは，個別財務諸表においても連結納税主体の分類に統一するなら，上記のような問題は生じない）。

5-2　スケジューリングの期間の統一

　企業分類が③の場合は，スケジューリングにおいて，将来の合理的な見積可能期間としておおむね5年内の課税所得を限度に回収可能額が計算される。この場合，5年内の期間で将来の課税所得を何年分みるかについては，実務上，事業計画の作成期間や実現可能性を考慮して決定することとなる。

　そして連結納税においては，このスケジューリング期間（将来の課税所得をみる期間）をすべての連結納税会社で統一しない限り，スケジューリングにおいて，連結納税主体を一体とみなした回収可能額の計算ができないこととなる。したがって，連結納税では，企業分類が③の連結納税会社が1社でもある限り，スケジューリング期間を統一する必要が生じる。

第5章■連結納税の税効果会計の個別論点　225

　しかし，スケジューリング期間を統一した場合，実務上の問題点がいくつか生じる。

　例えば，スケジューリング期間を5年で統一した場合，事業計画を3年分しか作成していない連結納税会社についても5年分の事業計画を新たに作成する必要が生じる。また，単体納税において，自社のスケジューリングでは実現が不確実と判断されたため回収可能額に反映できなかった将来の課税所得を連結納税においてスケジューリングに含めなくてはいけない場合も考えられる。

　したがって，ある連結納税会社の不確実な将来の課税所得を連結納税主体のスケジューリングに含めないためにも，すべての連結納税会社において，信頼性を確保した事業計画を作成することが必要となり，逆に言うと，事業計画における将来の課税所得のうち，連結納税主体として信頼性が確保できる期間のものをスケジューリングで利用する必要が生じよう。

5-3　連結納税会社間の債権に対する貸倒引当金の取扱い

　連結納税会社間における債権債務の相殺消去に伴って減額修正される貸倒引当金は，法人税及び地方法人税と地方税に係る税効果会計において次のように取り扱われる（実務対応報告第5号Q6）。

財務諸表	処理主体	会計処理
個別財務諸表	連結納税会社	連結納税会社における他の連結納税会社に対する貸倒引当金は，連結納税においては損金の額に算入されず，連結納税会社の個別財務諸表固有の一時差異に該当し，税効果の対象となる
連結財務諸表	連結納税主体	連結納税会社の個別財務諸表で計上された他の連結納税会社に対する貸倒引当金は，連結財務諸表上，債権債務の相殺消去に伴い貸倒引当金は減額修正される。一方，連結納税においても連結納税会社間の債権に対する貸倒引当金は損金の額に算入されないため，適用指針第28号第32項及び第33項と同様に，税効果は認識しない。したがって，上記の個別財務諸表で計上されている繰延税金資産は取り崩すこととなる

226 第3部 連結納税における税効果会計

5-4 連結納税会社の譲渡損益の繰延べの取扱い

譲渡した事業年度の課税所得を構成せずに課税が繰り延べられることとなる損益（土地，有価証券等の連結納税会社相互間の取引から生ずるもの）は，法人税及び地方法人税と地方税に係る税効果会計において次のように取り扱われる（実務対応報告第5号Q5）。

財務諸表	処理主体	会計処理
個別財務諸表	連結納税会社	譲渡した連結納税会社において個別財務諸表固有の一時差異に該当し，税効果の対象となる
連結財務諸表	連結納税主体	基本的には，連結財務諸表においても消去されることから，連結納税主体の繰延税金資産及び繰延税金負債は認識しないこととなる

5-5 連結納税開始時又は加入時の連結納税子会社の資産時価評価損益の取扱い

連結納税制度の適用を開始する場合又は連結納税へ新規加入する場合における連結納税子会社の資産の時価評価損益は，法人税及び地方法人税と地方税に係る税効果会計において次のように取り扱われる（実務対応報告第5号Q7）。

財務諸表	処理主体	会計処理
個別財務諸表	連結納税会社	連結納税を開始又は加入する場合であっても，連結納税開始又は加入直前事業年度における連結納税子会社の個別財務諸表において，税務上の時価評価資産に係る評価損益の計上は認められない。したがって，連結納税を開始する場合又は連結納税へ新規加入する場合における連結納税子会社の時価評価資産の時価評価損益は，財務諸表上の一時差異等に該当し，税効果の対象となる
連結財務諸表	連結納税主体	連結納税主体において，会計上の資本連結手続による評価差額（連結財務諸表固有の一時差異に該当する）と連結納税における時価評価資産の時価評価損益（個別財務諸表固有の一時差異に該当する）に差額が生じる場合は，その差額は連結納税主体の一時差異等となる

第5章 連結納税の税効果会計の個別論点　**227**

5-6　連結納税子会社への投資の評価減の取扱い

　連結納税主体（連結財務諸表）の法人税及び地方法人税と地方税に係る税効果会計において，連結納税子会社への投資の評価減は，単体納税を採用している場合と同様に次のように取り扱われる（実務対応報告第5号Q8）。

個別財務諸表での会計処理	連結財務諸表での会計処理
個別財務諸表で繰延税金資産を計上している場合	個別財務諸表で計上された繰延税金資産の額を限度として，連結財務諸表において繰延税金負債を計上する。その結果，当該繰延税金負債が計上された場合のその金額は個別財務諸表に計上された繰延税金資産の額と一致することとなり，連結財務諸表上，税効果を認識していない結果と同様になる（適用指針第28号20・21）
個別財務諸表で繰延税金資産を計上していない場合	個別財務諸表において繰延税金資産が計上されていない場合には税効果を認識しない（適用指針第28号20・21）

　また，子会社への投資の連結貸借対照表上の価額が，親会社の個別貸借対照表上の投資簿価を下回るときに生じる将来減算一時差異については，単体納税を採用している場合と同様に，次の要件のいずれも満たさない限り，連結財務諸表において繰延税金資産は計上されない（適用指針第28号22）。

① 　連結納税子会社への投資に係る将来減算一時差異が予測可能な将来，解消される可能性が高いこと。
② 　繰延税金資産の回収可能性の要件を満たすこと。

5-7　決算日以外の日に連結納税に加入した場合の取扱い

　第8章「8-2-5」（335頁）参照。

5-8　留保利益に係る一時差異の取扱い

　連結納税主体（連結財務諸表）の法人税及び地方法人税と地方税に係る税効果会計において，連結納税子会社の留保利益に係る取扱いは単体納税を採用し

228　第3部　連結納税における税効果会計

ている場合と同様に次のように取り扱われる（実務対応報告第5号Q10）。

留保利益	税効果の取扱い
連結納税子会社の留保利益のうち，将来，配当されると見込まれる部分の金額	連結納税子会社からの受取配当金は，全額益金不算入とされているため，投資後，連結納税子会社が利益を計上した場合において，留保利益のうち，連結納税子会社として将来，配当送金されると見込まれる部分の金額は，将来も課税関係が生じないため，連結財務諸表において，繰延税金負債は計上されない（適用指針第28号24）
連結納税子会社の留保利益（将来，配当されると見込まれる部分以外の金額）のうち，当該連結納税子会社株式の帳簿価額の増額修正の額を超える部分の金額	留保利益を有する連結納税子会社の投資を売却する場合には，通常，当該連結納税子会社株式の帳簿価額が税務上増額修正されるため，連結納税子会社の留保利益（将来，配当されると見込まれる部分以外の金額）のうち，当該帳簿価額の増額修正の額を超える部分の金額が連結財務諸表における将来加算一時差異となる。この連結納税子会社の留保利益に係る将来加算一時差異については，予測可能な将来の期間にその連結納税子会社株式の売却を行う意思がない等，一定の要件を満たす場合には税効果を認識しないが，当該株式を売却する意思決定がなされた場合には繰延税金負債を計上する（適用指針第28号23）

5-9　連結上，重要性が乏しい連結納税子会社の取扱い

　連結財務諸表では，重要性の乏しい子会社，具体的には資産，売上高，利益及び利益剰余金のいずれも重要性が低いとみなされる子会社は連結の範囲に含めないことができる（連結会計基準注3，「連結の範囲及び持分法の適用範囲に関する重要性の原則の適用等に係る監査上の取扱い」（平成20年9月2日　日本公認会計士協会　監査・保証実務委員会報告第52号）参照）。

　したがって，連結納税子会社であっても，会計上は重要性がないものとして連結の範囲に含めないこととしている場合，当該連結納税子会社に税効果会計を適用したことによる繰延税金資産及び繰延税金負債並びに法人税等調整額についても，重要性が低いため連結財務諸表に計上する必要はない（実務対応報告第5号Q11）。

第5章■連結納税の税効果会計の個別論点　　229

　なお，連結納税の対象となる連結親会社及び連結子会社の繰延税金資産の回収可能性を検討する際の企業分類及びスケジューリングの判定において，非連結子会社となる連結納税子会社の個別所得等を含めるか否かについては第8章「8-2-1」（320頁）を参照していただきたい。

5-10　決算日に差異がある場合の取扱い

　子会社の決算日が親会社の決算日と異なる場合でも，会計上は，決算日の差異が3か月を超えない場合には，子会社の正規の決算を基礎として連結決算を行うことができる（連結会計基準注4。ただし，決算日が異なることから生ずる連結会社間の取引に係る重要な不一致を調整する必要がある）。一方，連結納税では連結納税親会社の決算日を連結納税子会社の決算日としたみなし事業年度において法人税を計算することとなる（法法14①三・四）。

　このように連結納税子会社の決算日が親会社の決算日と異なる場合，連結会計上，以下のように取り扱われる（実務対応報告第5号Q12）。

財務諸表	処理主体	会計処理
個別財務諸表	連結納税会社	連結納税子会社の会計期間に係る当該連結納税子会社の連結法人税の個別帰属額相当額及び連結納税子会社の会計期間に係る当該連結納税子会社の地方法人税の個別帰属額相当額を合理的に計算し，個別財務諸表に計上する。 　税効果についても，同様に，当該連結納税子会社の決算日における一時差異等に基づいて計上する。
連結財務諸表	連結納税主体	連結事業年度に係る連結納税子会社に係る連結法人税の個別帰属額及び連結納税子会社に係る地方法人税の個別帰属額ではなく，当該連結納税子会社の会計期間に係る連結法人税の個別帰属額相当額及び当該連結納税子会社の会計期間に係る地方法人税の個別帰属額相当額（個別財務諸表で計算された金額）を含めることにより，連結損益計算書に含まれる連結納税子会社の損益に対応した法人税額及び地方法人税額を計上する。 　税効果についても，同様に，当該連結納税子

| | | 会社の決算日における一時差異等を基礎として計上する。 |

5-11 連結納税を新たに適用する場合の連結納税による税効果会計の適用開始時期の取扱い

　連結納税を新たに適用する場合，連結納税開始直前事業年度（連結納税申請事業年度）において，納付する法人税等の額は単体納税に基づいて計上する一方で，法人税等調整額は，「連結納税の承認日」※の属する（四半期）会計期間から，翌事業年度より連結納税を適用するものとして，繰延税金資産の回収可能性の検討を連結納税ベースで行い，将来の会計期間において回収又は支払が見込まれる税金の額を計上することが適当であると考えられる（実務対応報告第5号Q12-2）。

　したがって，連結納税開始直前事業年度に係る四半期財務諸表等において，法人税等の額は単体納税に基づいて計上するが，法人税等調整額は，四半期決算日までに連結納税の承認を受けた場合には，翌事業年度より連結納税を適用するものとして，繰延税金資産の回収可能性の検討を連結納税ベースで行い，承認を受けていない場合には，法人税等調整額を単体納税に基づいて計上することとなる。

　なお，四半期決算日までに連結納税の承認を受けていない場合であっても，次の①及び②の要件を満たす場合は，翌事業年度より連結納税を適用するものと仮定して，当四半期会計期間から法人税等調整額を計上することができるものとする。

①　翌事業年度より連結納税を適用することが明らかな場合

　「連結納税制度を適用することが明らかな場合」とは，連結納税の承認申請書が提出されており，連結納税を適用する意思が明確であって，当該申請の却下事由（法法4の3②）が認められない場合をいう。

②　連結納税に基づく税効果会計の計算が合理的に行われていると認められる場合

　「連結納税に基づく税効果会計の計算が合理的に行われている」とは，連結

納税に基づいた課税所得の計算や繰延税金資産の回収可能性の十分な検討等が適切に行われていることをいう。

> ※ 「連結納税の承認日」とは，承認の処分があった日又は承認の処分があったものとみなされた日（法法4の3④）の前日をいう。

【連結納税の申請による繰延税金資産の変動時期】

5-12 連結納税子会社の加入・離脱の場合の連結納税による税効果会計の適用開始時期の取扱い

　連結子会社であるが連結納税子会社ではない会社を連結納税に加入させる場合（子会社株式の追加取得）や，連結子会社かつ連結納税子会社である会社を連結納税から離脱させる場合の，連結納税主体（連結財務諸表）における法人税及び地方法人税と地方税に係る税効果会計及び連結納税子会社の個別財務諸表における法人税及び地方法人税と地方税に係る税効果会計の取扱いは，次のようにまとめられる（実務対応報告第5号Q13）。

財務諸表	処理主体	加入又は離脱	会計処理
個別財務諸表	連結納税会社	加入	連結納税親会社により，現在，連結子会社である会社を，将来，連結納税子会社として加入させること（子会社株式の追加取得）について意思決定がなされ，実行される可能性が高いと認められる場合には，当該連結納税子会社となる連結子会社の個別財務諸表において，将来，その加入が行われるものとして繰延税金資

			産の回収可能性を判断する。なお，現在，連結子会社でない会社については，この取扱いは適用しない
		離脱	連結納税親会社により，現在，連結子会社かつ連結納税子会社である会社を，将来，連結納税主体から離脱させること（子会社株式の売却等）について意思決定がなされ，実行される可能性が高いと認められる場合には，当該連結納税子会社の個別財務諸表において，将来，その離脱が行われるものとして繰延税金資産の回収可能性を判断する
連結財務諸表	連結納税主体	加入	連結納税親会社により，現在，連結子会社である会社を，将来，連結納税子会社として加入させること（子会社株式の追加取得）について意思決定がなされ，実行される可能性が高いと認められる場合には，将来，その加入が行われるものとして繰延税金資産の回収可能性を判断する。なお，現在，連結子会社でない会社については，この取扱いは適用しない
		離脱	連結納税親会社により，現在，連結子会社かつ連結納税子会社である会社を，将来，連結納税主体から離脱させること（子会社株式の売却等）について意思決定がなされ，実行される可能性が高いと認められる場合には，将来，その離脱が行われるものとして繰延税金資産の回収可能性を判断する。また，連結納税親会社の当該連結納税子会社に対する投資に係る一時差異のうち，売却により解消されるものについて，税効果を認識することになる。ただし，将来減算一時差異については，繰延税金資産の回収可能性が認められる場合に限る

第5章　連結納税の税効果会計の個別論点　233

（参考）連結納税の加入・離脱の税効果と企業結合会計の税効果との整合性について

　次のように，連結納税制度における新規適用・加入・離脱の際の税効果会計の取扱い（実務対応報告第5号Q12-2・Q13）と，企業会計基準適用指針第10号「企業結合会計基準及び事業分離等会計基準に関する適用指針」（以下「結合分離適用指針」という）第75項に示されている取得企業の税効果会計の取扱いの整合性が取れていないという問題がある。

連結納税の加入・離脱の税効果の取扱い （実務対応報告第5号Q13）	企業結合会計の税効果の取扱い （結合分離適用指針第75項）
実務対応報告第5号Q13では，「連結納税親会社により，現在，連結子会社である会社を，将来，連結納税子会社として加入させること（子会社株式の追加取得）について意思決定がなされ，実行される可能性が高いと認められる場合には，将来，その加入が行われるものとして繰延税金資産の回収可能性を判断する。なお，現在，連結子会社でない会社については，この取扱いは適用しない。」「連結納税親会社により，現在，連結子会社かつ連結納税子会社である会社を，将来，連結納税主体から離脱させること（子会社株式の売却等）について意思決定がなされ，実行される可能性が高いと認められる場合には，将来，その離脱が行われるものとして繰延税金資産の回収可能性を判断する。」と定められている。	結合分離適用指針第75項では，取得企業の税効果会計の取扱いとして，「繰延税金資産の回収可能性は，取得企業の収益力に基づく一時差異等加減算前課税所得等により判断し，企業結合による影響は，企業結合年度から反映させる。」「将来年度の課税所得の見積額による繰延税金資産の回収可能性を過去の業績等に基づいて判断する場合には，企業結合年度以後，取得した企業又は事業に係る過年度の業績等を取得企業の既存事業に係るものと合算した上で課税所得を見積る。」と定められている。 また，共通支配下取引について，結合分離適用指針では繰延税金資産の回収可能性の判断に関する取扱いを定めていないが，通常，取得企業の税効果会計の取扱いと同様に，企業結合による影響は，企業結合年度から反映させる実務が一般的と思われる。

　つまり，例えば，親子会社間合併の場合も，連結子会社株式の追加取得により連結納税に加入する場合も，納税主体が同一になるという意味で経済的事象は同じであるにもかかわらず，合併の場合は（その前の合併承認決議以後ではなく）合併日以後，連結納税の場合は（その後の加入日以後ではなく）意思決定以後（取締役会決議以後）に新しい納税主体で回収可能額を計算することになり，その点で整合性が取れないという意味である。

　しかし，企業会計基準委員会は，日本公認会計士協会における税効果会計に

関する実務指針の移管に際して，その点について検討した結果，次の理由により，特に両基準の整合性を図らず，現状の取扱いを変更しないこととしている（『企業会計基準公開草案第60号「『税効果会計に係る会計基準』の一部改正（案）」等の公表』／『（別紙2）連結納税制度を適用する場合における税効果会計の取扱いと企業結合会計における税効果会計の取扱いの整合性』（平成29年6月6日企業会計基準委員会）」）。

(1) 連結納税に関する当面の取扱い（その1）における現行の取扱いについては，税効果会計に関連する他の会計基準等との整合性を勘案して，一定の論拠に基づき定められているため，現行の取扱いを否定する根拠を見出すことは容易ではなく，企業結合会計（結合分離適用指針を含む。以下同じ。）における取扱いに合わせることは難しいと考えられる。

(2) 仮に企業結合会計における税効果会計の取扱いのみを連結納税に関する当面の取扱い（その1）における取扱いに合わせる場合，企業結合会計における会計処理が首尾一貫しないこととなる可能性があると考えられる。

(3) 両基準の整合性に関する提言が行われた以降，現状の連結納税に関する当面の取扱い（その1）における取扱い及び企業結合会計における税効果会計の取扱いに対して，情報の有用性の観点から実務上大きな課題が聞かれておらず，当該取扱いを変更するニーズが必ずしも大きくはないと考えられる。

以上より，両基準については整合性が取れない状態であるが，例えば，企業結合によって，連結納税の加入・離脱・取りやめが生じる場合，実務上，それぞれ次のような取扱いを採用していることが一般的ではないかと思われる。

ケース	税効果の取扱い
現在，連結子会社である会社が株式交換によって連結納税に加入する場合	連結納税の加入・離脱の税効果の取扱い（実務対応報告第5号Q13)が適用される。
連結納税親会社が連結納税子会社を吸収合併する場合（下記を除く）	企業結合会計の税効果の取扱い（結合分離適用指針第75項）が適用される。
連結納税親会社が唯一の連結納税子会社を吸収合併することで連結納税が取りやめとなる場合	企業結合会計の税効果の取扱い（結合分離適用指針第75項）が適用される。

5-13　新設親法人の承認申請の特例の取扱い

　連結納税では，連結納税親会社の設立事業年度開始の日から1か月を経過する日と設立事業年度終了の日から2か月前の日とのいずれか早い日までに連結納税の承認申請書を提出した場合には，設立事業年度から連結納税の適用を受けることができる。この場合，承認があったものとみなされる日は，その承認申請書を提出した日から2か月を経過する日とする（法法4の3⑥）。

　この新設親法人の承認申請の特例を適用した場合の，連結納税の会計上の適用時期については，「5-11」の考え方に準じて取り扱うこととなる（実務対応報告第5号Q15）。したがって，原則として，連結納税の承認日※の属する会計期間から適用することとなる。

　　※　「連結納税の承認日」とは，承認の処分があった日又は承認の処分があったものとみなされた日（法法4の3④）の前日をいう。

5-14　税金の種類ごとに回収可能性が異なる場合の計算

　連結納税会社の個別財務諸表における繰延税金資産の回収可能性が，税金の種類ごとに異なる場合，繰延税金資産の計上額はその影響を考慮して繰延税金資産から控除する金額を計算する必要がある（実務対応報告第7号Q5）。

　つまり，連結納税会社の個別財務諸表における繰延税金資産の回収可能性の判断は，法人税及び地方法人税については両税合わせて行い，住民税又は事業税はそれぞれ区分して行うことから，繰延税金資産から控除する金額は，税金の種類ごとに，回収不能と判断される部分に相当する一時差異等の金額に，原則として，当該税金の種類に係る適用税率を乗じて計算することとなるが，繰延税金資産の回収可能性が法人税及び地方法人税と事業税で異なる場合又は住民税と事業税で異なる場合で，かつ，その影響が大きい場合には，その影響を考慮して繰延税金資産から控除する金額を計算する必要がある。

　例えば，以下のように繰延税金資産の回収可能性が法人税及び地方法人税と事業税で異なる場合又は住民税と事業税で異なる場合（計上する繰延税金資産又は繰延税金負債に対応する一時差異等（計上対象一時差異等）の金額が税金

の種類により異なる場合）で，かつ，その影響が大きい場合には，計上すべき繰延税金資産又は繰延税金負債の金額及び回収が見込まれない税金の額を次のように計算することとなる。

① **法定実効税率を適用して計算される繰延税金資産（回収可能性検討前）の金額**

法定実効税率は，以下の場合，35.64%と計算されるため，一時差異を200とすれば，法定実効税率を適用して計算される繰延税金資産は71.2となる。

- ●法人税及び地方法人税：法人税率×（１＋地方法人税率）／（１＋事業税率）
  　　　　　　　　　　　　＝25.5%×（１＋4.4%）／（１＋7.5582%）＝24.75%
- ●住民税：法人税率×住民税率／（１＋事業税率）＝25.5%×16.3%/
  　　　　　（１＋7.5582%）＝3.86%
- ●事業税：事業税率／（１＋事業税率）＝7.5582%／（１＋7.5582%）＝7.03%
- ●合計：（25.5%×（１＋4.4%+16.3%）+7.5582%）／（１＋7.5582%）＝35.64%

---

② **修正した実効税率により計算される繰延税金資産の金額**

上記①の各税率は法定税率を使用しているが，繰延税金資産の回収可能性が法人税及び地方法人税と事業税で異なる場合又は住民税と事業税で異なる場合等，計上対象一時差異等の金額が税金の種類により異なる場合には，法定実効税率をそのまま適用することは適当ではないため，法人税，地方法人税及び住民税の法定実効税率の分母に使用される事業税率を次のように修正する方法も考えられる。

例えば，一時差異（200とする）に対する繰延税金資産のうち，法人税及び地方法人税について回収可能性があると認められる部分が100%（計上対象一時差異等は200），住民税について回収可能性があると認められる部分が10%（計上対象一時差異等は20），事業税について回収可能性があると認められる部分が20%（計上対象一時差異等は40）とする。

この場合，事業税率は以下のように，法人税及び地方法人税に係る繰延税金資産の回収可能見込額の計算においては1.51164%，住民税に係る回収可能額の計算においては15.1164%に修正される。

第5章　連結納税の税効果会計の個別論点　　**237**

- 法定税率（7.5582%）×事業税計上対象一時差異等（40）/法人税及び地方法人税計上対象一時差異等（200）＝1.51164%
- 法定税率（7.5582%）×事業税計上対象一時差異等（40）/住民税計上対象一時差異等（20）＝15.1164%

　この結果，法人税及び地方法人税に係る修正実効税率は26.22%（＝25.5%×（1＋4.4%）/（1＋1.51164%）），住民税に係る修正実効税率は3.61%（＝25.5%×16.3%/（1＋15.1164%））となり，繰延税金資産の回収可能見込額は，計上対象一時差異等に修正実効税率を乗じて計算されるため，次のとおりとなる。

- 法人税：200×26.22%＝52.4
- 住民税：20×3.61%＝0.7
- 事業税：40×7.03%＝2.8
- 合計：52.4+0.7+2.8＝55.9

③　回収が行われると見込まれない税金の額（評価性引当額）の計算

法定実効税率を適用して計算される繰延税金資産（回収可能性検討前）の金額	71.2
修正実効税率により計算される繰延税金資産の金額	▲ 55.9
回収が見込まれない税金の額（評価性引当額）	15.3

※　上記例示において，税金の種類ごとに回収不能と判断される部分に相当する一時差異の金額に当該税金の種類に係る法定実効税率を乗じて計算した場合の回収が見込まれない税金の額は，以下のように計算される。

- 法人税及び地方法人税：（200－200）×24.75%＝0
- 住民税：（200－20）×3.86%＝6.9
- 事業税：（200－40）×7.03%＝11.2
- 合計：0＋6.9+11.2＝18.1

　以上は，期末において認識される税務上の繰越欠損金の額が税金の種類により異なり，かつ，その影響が大きい場合（連結欠損金個別帰属額，控除対象個別帰属税額等，事業税に係る繰越欠損金の金額に大きい差が生じている場合）についても適用する必要がある（実務対応報告第7号Q2）。

238　第3部　連結納税における税効果会計

　このように，税金の種類ごとに回収可能な一時差異等の金額が大きく異なる場合は，実効税率の修正を行う必要が生じるが，筆者の経験上は，この取扱いを適用している会社は多くないように見受けられる。

（参考）

　上記は，法人税^(注)又は住民税は，事業税が発生する分，減少することから，法人税又は住民税の繰延税金資産を実際に発生する事業税（事業税の回収可能額となる事業税計上対象一時差異等40）に基づいて計算するよう，法人税又は住民税の法定実効税率を補正している，ということを意味している。

　注：地方法人税を含む。以下で同じ。

　少し違った説明をするならば，この点を理解するためには，そもそも，なぜ，法定実効税率が（1＋事業税率）を分母として計算するのか，を理解する必要がある。

　まず，事業税は，課税所得を減らすため，

> 法定実効税率＝法定税率－事業税率×法定実効税率

という計算式が成り立つ。

　そして，法人税の法定実効税率をYとした場合，

> Y＝法人税率－事業税率×Y

となり，これを展開すると，

> Y＝法人税率／（1＋事業税率）

となる。

　もともとは，このように法人税に係る法定実効税率が計算される。

　そのため，法人税計上対象一時差異等200，事業税計上対象一時差異等200のケース（法人税と事業税の回収可能な一時差異等の金額が一致するケース）では，

$$\underline{200} \times Y = \underline{200} \times 25.5\% \times （1＋4.4\%）－7.5582\% \times \underline{200} \times Y$$

が成り立つ。

　そして，法人税計上対象一時差異等200，事業税計上対象一時差異等40のケース（法人税と事業税の回収可能な一時差異等の金額が違うケース）では，

$$\underline{200} \times Y = \underline{200} \times 25.5\% \times （1＋4.4\%）－7.5582\% \times \underline{40} \times Y$$

が成り立ち，

$$Y＝0.2622\cdots \qquad Y＝26.22\%$$

住民税（住民税計上対象一時差異等20）も同様に，

$$20 \times Z = 20 \times 25.5\% \times 16.3\% - 7.5582\% \times 40 \times Z$$
$$Z = 0.03610\cdots \qquad Z = 3.61\%$$

ということになる。

なお，事業税については，事業税計上対象一時差異等40のみで計算されるため，

$$40 \times P = 40 \times 7.5582\% - 7.5582\% \times 40 \times P$$
$$P = 7.5582\% - 7.5582\% \times P \qquad P = 7.03\%$$

となり，修正は行われない。

5-15　個別財務諸表における投資価額修正の取扱い

　連結納税会社が，保有する他の連結納税会社の株式の譲渡等を行った場合には，当該他の連結納税会社の株式の税務上の帳簿価額を修正（投資価額修正。法法２十八の二，法令９の２・119の３⑤・119の４①）することとなるため，当該連結納税会社の個別財務諸表における会計上の株式譲渡損益等と税務上の株式譲渡損益等に差異が生じることとなる。

　投資価額修正については，申告事務の簡略化のため譲渡等が生じた時に一括して税務申告書において株式の帳簿価額の修正と株式譲渡損益等の税務調整を行うこととなるが，帳簿価額の修正額は，保有する他の連結納税会社株式に係る税務上の純資産額の変動を基礎として計算されるため毎期把握することが可能となる。

　そして，投資価額修正による帳簿価額の修正額は，解消するときにその期の課税所得を増額又は減額する効果を持つことから，この投資価額修正後の税務上の帳簿価額と会計上の帳簿価額との差額は，保有する他の連結納税会社の株式に係る一時差異として取り扱うこととなる（税効果会計基準第二.一．3・4）。

　連結納税会社の個別財務諸表において，当該投資価額修正に係る一時差異等の税効果は，以下のように認識することとなる（実務対応報告第７号Q６）。

　なお，親会社の個別財務諸表において子会社株式の投資価額修正に係る税効果を認識した場合には，連結財務諸表においては，当該税効果を取り消した後，

240　第3部　連結納税における税効果会計

改めて子会社への投資に係る税効果の認識を行うこととなる（前記「5-6」及び「5-8」参照）。

(1)　投資価額修正に係る税効果

帳簿価額の修正額	税効果の取扱い	一部譲渡の場合の税効果の取扱い
連結納税子会社の株式の帳簿価額を増額修正する部分	税務上は，将来，譲渡等を行ったときに譲渡原価として損金の額に算入されるため将来減算一時差異と同様になるが，以下の要件をいずれも満たす場合を除いて，当該増額修正される部分に係る繰延税金資産を認識しない。 イ）　予測可能な将来，譲渡される可能性が高いこと ロ）　回収可能性があると判断されること	投資価額修正では，他の連結納税会社の株式の一部を譲渡する場合でも，その全部について帳簿価額を修正する（法令9の2）が，当該他の連結納税会社が当該一部譲渡後も，連結納税会社である場合又は連結納税親会社の子会社もしくは関連会社である場合，予測可能な将来の期間に，譲渡する一部の株式以外の株式について譲渡を行う意思がないときには，残りの他の連結納税会社の株式に係る税効果は認識しない
連結納税子会社の株式の帳簿価額を減額修正する部分	税務上は，将来，譲渡等を行ったときに譲渡原価から控除されるため，将来加算一時差異と同様になり，原則として，当該減額修正される部分につき繰延税金負債を計上することとなる。ただし，親会社がその投資の売却等を親会社自身で決めることができ，かつ，予測可能な将来の期間に，その譲渡を行う意思がない場合には，繰延税金負債を認識しない	

第5章■連結納税の税効果会計の個別論点　**241**

(2)　保有する他の連結納税会社株式の評価損に係る税効果との関係

会計上の評価損の税務上の取扱い	税効果の取扱い
税務上評価損の損金算入が認められる場合	通常，税務上の帳簿価額と会計上の帳簿価額は一致することとなるので，評価損計上の時点では一時差異は生じない。ただし，次期以降，投資価額修正による実質的な税務上の帳簿価額の増額修正又は減額修正が生じた場合には，上記(1)の方法により取り扱われる
税務上評価損の損金算入が認められない場合	税務上の帳簿価額と会計上の帳簿価額との差額は，税務上損金算入が認められない評価損の部分と，投資価額修正による実質的な税務上の帳簿価額の減額修正の部分から構成される。 　税務上損金算入が認められない評価損の部分については，当該連結納税会社の個別財務諸表における将来減算一時差異となるが，以下の要件をいずれも満たす場合を除いて，この部分に係る繰延税金資産は，通常，計上しないと考えられ，その場合の投資価額修正に係る部分の税効果については，上記(1)の方法により取り扱われる。 　イ）予測可能な将来，税務上の損金算入が認められる評価損の要件を満たすか，予測可能な将来，売却される可能性が高いこと 　ロ）回収可能性があると判断されること 　ただし，税務上損金算入が認められない他の連結納税会社株式の評価損（連結納税適用前に当該株式について行った評価損を含む）に係る繰延税金資産を計上した場合には，上記(1)にかかわらず，投資価額修正に係る税効果を合わせて認識する

以下，上記を設例で示すこととする。

■ **設例** ■　個別財務諸表における投資価額修正の取扱い

1．税務上評価損の損金算入が認められる場合

　他の連結納税会社株式の評価損について，税務上損金算入が認められる場合，通常，税務上の帳簿価額と会計上の帳簿価額は一致することとなるので，評価損計上の時点では一時差異は生じない。

(1)　前提

①　評価損計上前の会計上の帳簿価額が150の場合に，評価損110を計上し，評

価損計上後の会計上の帳簿価額は40となったとする。
② 評価損計上前で投資価額修正後の税務上の帳簿価額が90とすると，当該評価損の損金算入が認められる場合は，税務上の帳簿価額も40となる。

(2) 一時差異

この場合，以下のように，税務上の帳簿価額と会計上の帳簿価額は一致することとなるため，評価損計上の時点では一時差異は生じないこととなる。

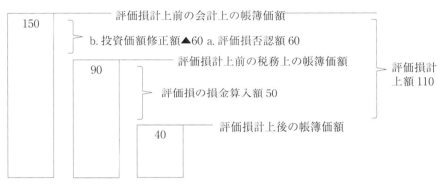

一時差異 0 ＝ 税務上の帳簿価額 40 － 会計上の帳簿価額 40

2．税務上評価損の損金算入が認められない場合

他の連結納税会社株式の評価損について，税務上損金算入が認められない場合，税務上の帳簿価額と会計上の帳簿価額との差額は，「a. 税務上損金算入が認められない評価損の部分」と，「b. 投資価額修正による実質的な税務上の帳簿価額の減額修正の部分」から構成される。

(1) 前提
① 評価損計上前の会計上の帳簿価額が150の場合に，評価損90を計上し，評価損計上後の会計上の帳簿価額は60となったとする。
② 評価損計上前で投資価額修正を行ったと仮定した後の税務上の帳簿価額を100とすると，当該評価損の損金算入が認められない場合は，実質的な税務上の帳簿価額は100のままとなる。

(2) 一時差異
① 税務上の帳簿価額と会計上の帳簿価額の差額

税務上損金算入が認められない評価損を計上した場合の一時差異は，以下のように，評価損計上の時点では40生じることとなる。

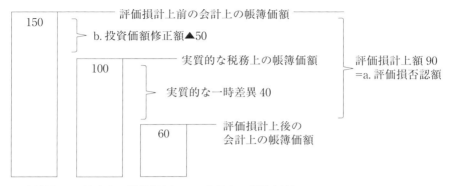

一時差異 40 = 税務上の帳簿価額 100 − 会計上の帳簿価額 60
注：上記一時差異の金額は，「a.評価損否認額90」と「b.投資価額修正相当額▲50」から構成される。

② 税務上損金算入が認められない評価損の部分

税務上損金算入が認められない評価損90について，当該連結納税会社の個別財務諸表における将来減算一時差異となる。

ただし，以下の要件をいずれも満たす場合を除いて，税務上損金算入が認められない評価損90に係る繰延税金資産は，通常，計上しない。

イ）予測可能な将来，税務上損金算入が認められる評価損の要件を満たすか，予測可能な将来，売却される可能性が高いこと。

ロ）回収可能性があると判断されること。

③ 投資価額修正による実質的な税務上の帳簿価額の減額修正の部分

原則として，投資価額修正相当額▲50に係る将来加算一時差異について繰延税金負債を計上することとなる。なお，上記②のイ），ロ）の要件をいずれも満たすこと等により，税務上損金算入が認められない他の連結納税会社株式の評価損90（連結納税制度適用前に当該株式について計上した評価損を含む）に係る繰延税金資産を計上した場合には，投資価額修正相当額▲50に係る当該繰延税金負債を認識することにより，一時差異に係る税効果の金額は適正に認識されることとなる。

244　　第3部■連結納税における税効果会計

　また，会計上の帳簿価額が実質的な税務上の帳簿価額を下回っている場合において，税務上損金算入が認められない評価損90に係る繰延税金資産を計上しないときは，投資価額修正相当額▲50 に係る繰延税金負債を認識しないこととする。

5-16　課税対象となった未実現損益に係る税効果の取扱い

　連結納税において課税対象となった連結納税会社間の棚卸資産等の売却による未実現損益に係る一時差異に対する連結財務諸表における税効果は，単体納税における連結会社間の取引から生じた未実現損益と同様に連結財務諸表固有の一時差異として処理することとなる（適用指針第28号34-36。実務対応報告第7号Q7）。

　ただし，法人税及び地方法人税に係る税効果における未実現損益の消去に係る一時差異の認識の限度について，適用指針第28号35（未実現利益の消去に係る繰延税金資産の計上の限度額）において「売却元の連結会社の売却年度における課税所得」とあるのは「連結納税主体の課税年度における連結所得」と，適用指針第28号36（未実現損失の消去に係る繰延税金負債の計上の限度額）において「売却元の連結会社の売却年度における当該未実現損失に係る税務上の損金を算入する前の課税所得」とあるのは「連結納税主体の課税年度における当該未実現損失に係る損金を計上する前の連結所得」と読み替えることととなる。

　なお，連結納税が適用されない住民税及び事業税に係る税効果における一時差異の認識の限度については，単体納税と同様，売却元の売却年度における課税所得額となる。

　また，連結会社である連結納税会社と当該連結納税主体に属さない他の連結会社との取引から生じた未実現損益についても，売却元が連結納税会社である場合には，法人税及び地方法人税に係る税効果において，連結納税主体の課税年度における連結所得を一時差異の認識の限度とすることとなる。

第5章■連結納税の税効果会計の個別論点　　**245**

5-17　連結納税開始前又は加入前の繰越欠損金に係る繰延税金資産の取扱い

　連結納税では，連結納税開始前又は加入前の繰越欠損金について，特定連結子法人の繰越欠損金は連結納税に引き継がれることとなり，非特定連結子法人の繰越欠損金は切り捨てられることとなる（法法81の9②一）。

　ただし，地方税については連結納税開始前又は加入前の繰越欠損金の切捨ては生じない。

　ここで，連結納税子会社となる会社の個別財務諸表における法人税及び地方法人税に係る繰越欠損金については，以下の時点で連結納税の開始又は加入がなされるものと仮定して連結納税ベースにより繰延税金資産の回収可能性を判断することになる（実務対応報告第7号Q8）。

新たに連結納税が適用されるケース	連結納税ベースによる税効果会計の適用開始時期
連結会社が連結納税を開始する場合	原則として，連結納税の承認日（「5-11」参照）
連結会社が新たに連結納税に加入する場合	連結納税親会社等により，現在，連結子会社である会社を，将来，連結納税子会社として加入させること（例えば，当該連結子会社株式の追加取得）について意思決定がなされ，実行される可能性が高いと認められることとなった時点（「5-12」参照）

　したがって，連結納税開始前又は加入前の繰越欠損金が切り捨てられる場合には，上記の時点において，回収可能性がないものと判断されることになる。

　なお，連結納税会社が，現在，会計上の連結の範囲に含まれない会社の株式について，将来，取得することを意思決定し，当該会社が連結納税子会社として加入することとなる場合でも，その連結納税主体では，意思決定時点においては将来の加入を会計上，反映させない。

　ただし，この場合，将来，連結納税へ加入することとなる当該会社の個別財務諸表においては，加入の可能性が高いと認められ，かつ，当該会社においてもその事実が明らかになっていると認められる場合には，将来連結納税に加入するものとして税効果を取り扱うこととし，連結納税へ加入した場合，当該会

246 第3部 連結納税における税効果会計

社の繰越欠損金が切り捨てられる場合には，その加入の可能性が高いと認められることとなった時点において，法人税及び地方法人税に係る繰越欠損金に対する繰延税金資産の回収可能性はないものと判断されることとなる。

5-18 繰延税金資産及び繰延税金負債の発生の主な原因別の注記及び税率調整の注記の取扱い

　連結納税を適用した場合の税効果会計に関する注記において，税金の種類ごとに内訳を示すか否かについては，次のような取扱いとなる（実務対応報告第7号Q9）。

注記事項	税金の種類ごとに内訳の取扱い
① 繰延税金資産及び繰延税金負債の発生の主な原因別の内訳	税効果会計は利益に関連する金額を課税標準として課される税金について適用するものであり，税効果会計の適用により計上される繰延税金資産及び繰延税金負債は，当該税金全体に関して，その発生の主な原因別の内訳等を注記すれば足りると考えられる。したがって，その内訳を税金の種類ごとに注記する必要はないものと考えられる。 　ただし，繰延税金資産から控除された金額については，連結納税を適用した場合，繰延税金資産の回収可能性は税金の種類ごとに判断することとなるため，税金の種類によって回収可能性が異なる場合には，税金の種類を示して注記することが望ましい
② 法定実効税率と税効果会計適用後の法人税等の負担率との差異の原因となった主な項目別の内訳	税金の種類ごとに内訳を示す必要はない

① 繰延税金資産及び繰延税金負債の発生原因別の内訳注記

　「繰延税金資産及び繰延税金負債の発生原因別の内訳注記」の計算方法については，連結納税の場合，税金の種類ごとに将来減算一時差異及び繰越欠損金に係る繰延税金資産及び評価性引当額を計算することになるため，単体納税と比較して，当然に，その計算の事務負担は重くなる。

　特に，記載項目の1つである「税務上の繰越欠損金及びその繰延税金資産の

繰越期限別の金額」の注記については，非特定連結欠損金個別帰属額，特定連結欠損金個別帰属額，控除対象個別帰属税額等，事業税に係る繰越欠損金ごとに，繰越期限別の回収可能額及び評価性引当額を計算しなければならないこと（また，住民税において連結欠損金個別帰属額の解消見込額が控除対象個別帰属税額に転化した場合，解消年度と回収年度が異なる場合があること）から，その計算方法は複雑であり，その事務負担は大きなものになろう（といっても，連結納税の税効果会計のシステムを使う企業では自動集計されるであろうし，今後，将来年度の法定実効税率が統一されることになれば，それほど複雑な計算にはならないかもしれない）。

　例えば，第4章のケーススタディのトラスト2の「繰延税金資産及び繰延税金負債の発生の主な原因別の内訳」を例示すると，次のようになる（項目の集約，文書の記載など開示のための形式的な整理は無視している。また，計算過程では端数処理を行っておらず，小数点以下第1位を四捨五入した数字で表記している）。

　なお，その計算方法の詳細を確認したい場合は，第4章ケーススタディの計算シートをWebサイトからダウンロードしてほしい（「本書のご利用にあたって」参照）。

トラスト2

繰延税金資産

税務上の繰越欠損金 ^(※)	134,504
賞与引当金	24,496
未払事業税	16,841
減損損失（償却資産）	91,860
建物減価償却費	39,806
退職給付引当金	76,550
投資有価証券評価損	70,426
その他有価証券の評価差損	15,310
繰延ヘッジ損失	0
回収年度と解消年度の法定実効税率の差異に対応する繰延税金資産	0

うち，将来減算一時差異の法人税分		0
うち，将来減算一時差異の住民税分		0
うち，連結欠損金の住民税分		0
うち，将来減算一時差異の事業税分		0
	繰延税金資産小計	469,793
税務上の繰越欠損金に係る評価性引当額[※]		120,325
将来減算一時差異の合計に係る評価性引当額		213,941
うち，法人税分		149,349
うち，住民税分		26,554
うち，事業税		38,038
その他有価証券の評価差損に係る評価性引当額		15,310
	評価性引当額小計	349,576
	繰延税金資産合計	120,218

繰延税金負債

繰延ヘッジ利益		30,620
	繰延税金負債合計	30,620

繰延税金資産合計（純額）	89,598

（※）税務上の繰越欠損金及びその繰延税金資産の繰越期限別の金額

発生年度	2011.3期	2012.3期	2013.3期	2014.3期	2015.3期	2016.3期	2017.3期	2018.3期	2019.3期	合計
繰越期限	1	2	3	4	5	6	7	8	10	
税務上の繰越欠損金	0	26,980	26,980	26,980	26,980	6,646	6,646	6,646	6,646	134,504
うち，連結欠損金個別帰属額（法人税分）	0	24,660	24,660	24,660	24,660	0	0	0	0	98,640
うち，連結欠損金個別帰属額（住民税分）	0	2,320	2,320	2,320	2,320	0	0	0	0	9,280
うち，控除対象個別帰属税額等（住民税分）	0	0	0	0	0	3,006	3,006	3,006	3,006	12,024
うち，事業税に係る繰越欠損金	0	0	0	0	0	3,640	3,640	3,640	3,640	14,560
評価性引当額	0	26,980	26,980	12,800	26,980	6,646	6,646	6,646	6,646	120,324
うち，連結欠損金個別帰属額（法人税分）	0	24,660	24,660	10,480	24,660	0	0	0	0	84,460
うち，連結欠損金個別帰属額（住民税分）	0	2,320	2,320	2,320	2,320	0	0	0	0	9,280
うち，控除対象個別帰属税額等（住民税分）	0	0	0	0	0	3,006	3,006	3,006	3,006	12,024
うち，事業税に係る繰越欠損金	0	0	0	0	0	3,640	3,640	3,640	3,640	14,560
繰延税金資産	0	0	0	14,180	0	0	0	0	0	14,180
うち，連結欠損金個別帰属額（法人税分）	0	0	0	14,180	0	0	0	0	0	14,180
うち，連結欠損金個別帰属額（住民税分）	0	0	0	0	0	0	0	0	0	0
うち，控除対象個別帰属税額等（住民税分）	0	0	0	0	0	0	0	0	0	0
うち，事業税に係る繰越欠損金	0	0	0	0	0	0	0	0	0	0

250　第３部　連結納税における税効果会計

②　税率調整の注記

　連結納税を採用している場合の税率調整について，次のようなケースで連結納税特有の取扱いが生じる。

　なお，計算過程では端数処理を行っておらず，小数点以下第３位を四捨五入した数字で表示している。

[ケース１]　個別欠損金額が損益通算される場合
　　　　　　（控除対象個別帰属税額及び事業税に係る繰越欠損金の発生年度）

①法人税，住民税及び事業税
ⅰ　法人税及び地方法人税

	Ｐ社	Ａ社	連結納税主体
税引前当期純利益	500	▲ 300	200
将来減算一時差異の発生額	200	200	400
将来減算一時差異の解消額	▲ 100	▲ 100	▲ 200
連結所得	600	▲ 200	400
法人税及び地方法人税 （25.5％×（１＋4.4％）＝26.622％）	159.73	▲ 53.24	106.49

ⅱ　住民税

	Ｐ社	Ａ社	連結納税主体
連結法人税個別帰属額	153.00	▲ 51.00	102.00
個別帰属法人税額	153.00	0.00	153.00
住民税（16.3％）	24.94	0	24.94

ⅲ　事業税

	Ｐ社	Ａ社	連結納税主体
個別所得	600	▲ 200	400
事業税（7.5582％）	45.35	0	45.35

②法人税等調整額
ⅰ　繰延税金資産

	Ｐ社		Ａ社	
	前期	当期	前期	当期
将来減算一時差異	100	200	100	200
未払事業税	0	45.35	0	0
控除対象個別帰属税額	0	0	0	51
事業税に係る繰越欠損金	0	0	0	200

ii 法定実効税率

法人税及び地方法人税	24.75%	24.75%	24.75%	24.75%
住民税	3.86%	3.86%	3.86%	3.86%
控除対象個別帰属税額	15.15%	15.15%	15.15%	15.15%
事業税	7.03%	7.03%	7.03%	7.03%

iii 繰延税金資産

法人税及び地方法人税	24.75	60.72	24.75	49.50
住民税	3.86	9.47	3.86	15.45
事業税	7.03	17.25	7.03	28.12
合計	35.64	87.44	35.64	93.07
評価性引当額	35.64	0	0.00	0
繰延税金資産	0	87.44	35.64	93.07
法人税等調整額	−	87.44	−	57.43

③損益計算書

	P 社	A 社	連結納税主体
税引前当期純利益	500	▲ 300	200
法人税, 住民税及び事業税	230.02	▲ 53.24	176.78
法人税等調整額	87.44	57.43	144.87
当期純利益	357.42	▲ 189.33	168.09

④税率調整

	P 社	A 社	連結納税主体
法定実効税率	35.64%	35.64%	35.64%
個別欠損金額の損益通算に伴う当期の法人税及び地方法人税の法定税率と法定実効税率の差から生じる影響	−	1.25%	▲ 1.87%
評価性引当額の増減額	▲ 7.13%	-	▲ 17.82%
税負担率	28.51%	36.89%	15.95%

※1　1.25％＝損益通算された個別欠損金額200×（当期の法人税及び地方法人税の法定実効税率24.75％−当期の法人税及び地方法人税の法定税率26.622％）／▲300

※2　▲1.87%＝損益通算された個別欠損金額200×（当期の法人税及び地方法人税の法定実効税率24.75％−当期の法人税及び地方法人税の法定税率26.622％）／200

　　A社で生じた個別欠損金額200は，P社の個別所得と相殺されるため，マイナスの法人税及び地方法人税が53.24生じることになるが，この金額は法定実効税率ではなく，法定税率で計算されているため，税率差異の原因となる。つまり，単体納税の場合，繰越欠損金200に対して，繰延税金資産／法人税等調整額49.5（200×24.75％）の会計仕訳となり，税

252　第3部■連結納税における税効果会計

率差異は生じない。一方，連結納税の場合，未収入金／法人税等53.244（200×26.622%）という会計仕訳となるため，この税負担の減少額3.744（53.244−49.5）について，法定実効税率と差が生じることになる。

※3　▲7.13%＝評価性引当額の増減額 ▲35.64／500

※4　▲17.82%＝評価性引当額の増減額 ▲35.64／200

［ケース2］　個別欠損金額が損益通算される場合
　　　　　　（控除対象個別帰属税額及び事業税に係る繰越欠損金の解消年度）

①法人税，住民税及び事業税

ⅰ　法人税及び地方法人税

	P社	A社	連結納税主体
税引前当期純利益	500	500	1,000
将来減算一時差異の発生額	300	300	600
将来減算一時差異の解消額	▲ 200	▲ 200	▲ 400
未払事業税	▲ 45.35	0.00	▲ 45.35
連結所得	554.65	600.00	1,154.65
法人税及び地方法人税 （23.9%×（1＋4.4%）＝24.9516%）	138.39	149.71	288.10

ⅱ　住民税

	P社	A社	連結納税主体
連結法人税個別帰属額	132.56	143.40	275.96
個別帰属法人税額	132.56	143.40	275.96
控除対象個別帰属税額	0.00	▲ 51.00	▲ 51.00
個別帰属法人税額（控除後）	132.56	92.40	224.96
住民税（16.3%）	21.61	15.06	36.67

ⅲ　事業税

	P社	A社	連結納税主体
個別所得	554.65	600.00	1,154.65
事業税に係る繰越欠損金	0.00	▲ 200.00	▲ 200.00
個別所得（控除後）	554.65	400.00	954.65
事業税（6.299%）	34.94	25.20	60.14

②法人税等調整額
i　繰延税金資産

	P社		A社	
	前期	当期	前期	当期
将来減算一時差異	200.00	300.00	200.00	300.00
未払事業税	45.35	34.94	0.00	25.20
控除対象個別帰属税額	0.00	0.00	51.00	0.00
事業税に係る繰越欠損金	0.00	0.00	200.00	0.00

ii　法定実効税率

法人税及び地方法人税	24.75%	23.47%	24.75%	23.47%
住民税	3.86%	3.66%	3.86%	3.66%
控除対象個別帰属税額	15.15%	15.33%	15.15%	15.33%
事業税	7.03%	5.93%	7.03%	5.93%

iii　繰延税金資産

法人税及び地方法人税	60.72	78.61	49.50	76.32
住民税	9.47	12.26	15.45	11.90
事業税	17.25	19.86	28.12	19.28
合計	87.44	110.73	93.07	107.50
評価性引当額	0.00	0.00	0.00	0.00
繰延税金資産	87.44	110.73	93.07	107.50
法人税等調整額	－	23.29	－	14.43

③損益計算書

	P社	A社	連結納税主体
税引前当期純利益	500	500	1,000
法人税，住民税及び事業税	194.94	189.97	384.91
法人税等調整額	23.29	14.43	37.72
当期純利益	328.35	324.46	652.81

254　第３部▪連結納税における税効果会計

④税率調整

	P社	A社	連結納税主体
法定実効税率	33.06%	33.06%	33.06%
前期の将来減算一時差異に係る当期と前期の法定実効税率の差から生じる税効果への影響	1.27%	1.03%	1.15%
控除対象個別帰属税額の解消に係る当期と前期の住民税の法定実効税率の差から生じる税効果への影響	－	0.08%	0.04%
控除対象個別帰属税額の解消に係る当期と前期の法人税の法定税率の差から生じる住民税額への影響	－	▲ 0.10%	▲ 0.05%
事業税に係る繰越欠損金の解消に係る当期と前期の法定実効税率の差から生じる税効果への影響	－	0.44%	0.22%
前期の個別欠損金額の損益通算に係る当期の法人税及び地方法人税の法定税率と法定実効税率の差から生じる税負担額への影響	－	0.59%	0.30%
税負担率	34.33%	35.10%	34.72%

※１　1.27％＝（前期の将来減算一時差異200＋未払事業税45.35）×（前期の法定実効税率35.64％－当期の法定実効税率33.06％）/500

※２　1.03％＝（前期の将来減算一時差異200＋未払事業税0）×（前期の法定実効税率35.64％－当期の法定実効税率33.06％）/500

※３　1.15％＝（前期の将来減算一時差異400＋未払事業税45.35）×（前期の法定実効税率35.64％－当期の法定実効税率33.06％）/1,000

※４　0.08％＝控除対象個別帰属税額の所得換算額200×（前期の住民税の法定実効税率3.86％－当期の住民税の法定実効税率3.66％）/500

　　　住民税において，控除対象個別帰属税額51（所得換算額200）が解消され，それに対する繰延税金資産7.7265（51×前期の控除対象個別帰属税額の法定実効税率15.15％）が法人税等調整額に計上される。しかし，当期の法定実効税率で計算した場合，繰延税金資産の取崩額は7.32774（所得換算額200×法人税率23.9％×控除対象個別帰属税額の法定実効税率15.33％）となるため，0.39876（7.7265－7.32774）だけ税負担が増加していることになる。これは，所得換算額200に前期と当期の住民税の法定実効税率の差を乗じた金額と一致することになる。

※５　0.04％＝控除対象個別帰属税額の所得換算額200×（前期の住民税の法定実効税率3.86％－当期の住民税の法定実効税率3.66％）/1,000

※６　▲0.10％＝控除対象個別帰属税額の所得換算額200×（当期の法人税の法定税率23.9％－前期の法人税の法定税率25.5％）×住民税率16.3％/500

　　　住民税において，控除対象個別帰属税額51（所得換算額200）が解消され，それに対する住民税が8.313（51×当期の住民税の法定税率16.3％）減少しているが，当期の法人税の

第5章　連結納税の税効果会計の個別論点　　**255**

法定税率で計算した場合，住民税は7.7914（200×当期の法人税の法定税率23.9%×当期の住民税の法定税率16.3%）減少することになるため，0.5216（8.313−7.7914）だけ税負担が減少していることになる。

※7　▲0.05% ＝控除対象個別帰属税額の所得換算額200×（当期の法人税の法定税率23.9%−前期の法人税の法定税率25.5%）×住民税率16.3%／1,000

※8　0.44% ＝事業税の繰越欠損金200×（前期の事業税の法定実効税率7.03%−当期の事業税の法定実効税率5.93%）／500

※9　0.22% ＝事業税の繰越欠損金200×（前期の事業税の法定実効税率7.03%−当期の事業税の法定実効税率5.93%）／1,000

※10　0.59% ＝前期の損益通算された個別欠損金額200×（当期の法人税及び地方法人税の法定税率24.9516%−当期の法人税及び地方法人税の法定実効税率23.47%）／500

　前期に損益通算された個別欠損金額200について，単体納税の場合，繰越欠損金200として，法人税及び地方法人税を49.9032（200×当期の法人税及び地方法人税の法定税率24.9516%）減少させると同時に，法人税等調整額を46.94（200×当期の法人税及び地方法人税の法定実効税率23.47%）だけ借方計上させることになり，この場合，税率差異は生じない。一方，連結納税では，損益通算によって繰越欠損金は生じていないため，結果的に2.9632（49.9032−46.94）だけ税負担が増加していることになり，それに対する税率差異が生じている。

※11　0.30% ＝前期の損益通算された個別欠損金額200×（当期の法人税及び地方法人税の法定税率24.9516%−当期の法人税及び地方法人税の法定実効税率23.47%）／1,000

256　第3部　連結納税における税効果会計

第6章
連結納税における税金費用の会計処理

6-1　法人税，住民税及び事業税の会計処理（個別財務諸表）

6-1-1　法人税，住民税及び事業税の会計処理

　連結納税における法人税，住民税及び事業税の会計処理は次のように取り扱われる（実務対応報告第5号Q17）。

会計処理主体	法人税及び地方法人税		住民税・事業税	
連結納税親会社	①	連結法人税及び地方法人税として納付すべき額を「法人税，住民税及び事業税」及び「未払法人税等」として計上する	①	単体納税と同様に連結納税親会社が納付すべき額を「未払法人税等」及び「法人税，住民税及び事業税」として計上する
	②	連結納税子会社に係る連結法人税の個別帰属額及び地方法人税の個別帰属額を各連結納税子会社に対する未収入金及び未払金として計上する。この場合，「法人税，住民税及び事業税」の金額がマイナスとなる場合はマイナス表示する		
	③	上記①及び②の結果，連結納税親会社に係る連結法人税の個別帰属額及び地方法人税の個別帰属額が「法人税，住民税及び事業税」として純額表示される		
連結納税子会社	①	連結納税子会社に係る連	①	単体納税と同様に連結納

	税子会社が納付すべき額
結法人税の個別帰属額及び地方法人税の個別帰属額を「法人税，住民税及び事業税」として表示するとともに同額を連結納税親会社に対する未収入金又は未払金として計上する。この際，「法人税，住民税及び事業税」の金額がマイナスとなる場合はマイナス表示とする	税子会社が納付すべき額を「未払法人税等」及び「法人税，住民税及び事業税」として計上する

6-1-2 連結納税会社間で連結法人税の個別帰属額及び地方法人税の個別帰属額の授受を行わない場合の取扱い

　連結納税会社間で連結法人税の個別帰属額及び地方法人税の個別帰属額の授受を行わない場合は，連結法人税の個別帰属額及び地方法人税の個別帰属額に係る未収入金を計上する連結納税会社（連結納税親会社又は連結納税子会社）が，当該個別帰属額に係る未払金を計上する連結納税会社に対し，その支払を免除する決定を行い，相手方に意思表示を行ったときに，当該未収入金と当該未払金の消滅を認識するとともに，債務免除に係る損失（債権放棄損）は営業外費用又は特別損失として，債務免除に係る利益（債務免除益）は営業外収益又は特別利益としてそれぞれの会社が計上する（実務対応報告第5号Q17）。

　なお，事業年度末に未収入金を計上すると見込まれる連結納税会社が，当該事業年度末日までに，未払金を計上すると見込まれる連結納税会社に対し，その支払を免除する決定を行い，相手方に意思表示を行ったときは，未収入金と未払金を計上した上で，当該未収入金と当該未払金の消滅を認識するとともに，債務免除に係る損失（債権放棄損）は営業外費用又は特別損失として，債務免除に係る利益（債務免除益）は営業外収益又は特別利益としてそれぞれの会社が計上する（実務対応報告第5号Q17）。

6-1-3 会計処理例

　下記のように納税額が計算された場合の会計処理は次のとおりである。

【納税額の計算結果】

	連結納税親会社P社	連結納税子会社A社	連結納税子会社B社	連結納税主体
個別所得金額又は個別欠損金額	2,000	800	▲300	2,500
連結法人税個別帰属額及び地方法人税個別帰属額(30%)	600	240	▲90	750
住民税（20%）	120	48	0	168
事業税（10%）	200	80	0	280
合計	920	368	▲90	1,198

【連結法人税の個別帰属額及び地方法人税の個別帰属額の税金精算】

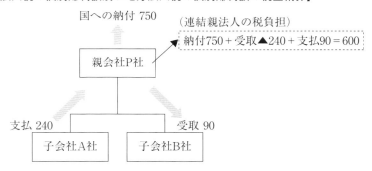

【連結納税会社の会計処理】

① 連結納税親会社P社

(借方)		(貸方)	
法人税，住民税及び事業税	750	未払法人税等	750
未収入金（A社）	240	法人税，住民税及び事業税	240
法人税，住民税及び事業税	90	未払金（B社）	90
法人税，住民税及び事業税	120	未払法人税等	120
法人税，住民税及び事業税	200	未払法人税等	200

第6章　連結納税における税金費用の会計処理　　**259**

貸借対照表

未収入金（A社）	240	未払法人税等	1,070
		未払金（B社）	90

損益計算書

法人税，住民税 及び事業税	920	

※　連結納税会社間で連結法人税の個別帰属額及び地方法人税の個別帰属額の授受を行わない場合

債権放棄損（営業外費用又は特別損失）	240	未収入金（A社）	240
未払金（B社）	90	債務免除益 （営業外収益又は特別利益）	90

貸借対照表

		未払法人税等	1,070

損益計算書

法人税，住民税 及び事業税	920	債務免除益	90
債権放棄損	240		

② 連結納税子会社A社

（借方）		（貸方）	
法人税，住民税及び事業税	240	未払金（P社）	240
法人税，住民税及び事業税	48	未払法人税等	48
法人税，住民税及び事業税	80	未払法人税等	80

貸借対照表

		未払法人税等	128
		未払金（P社）	240

260　第３部　連結納税における税効果会計

損益計算書

法人税，住民税 及び事業税	368	

※　連結納税会社間で連結法人税の個別帰属額及び地方法人税の個別帰属額の
授受を行わない場合

未払金（P社）	240	債務免除益 （営業外収益又は特別利益）	240

貸借対照表

		未払法人税等	128

損益計算書

法人税，住民税 及び事業税	368	債務免除益	240

③　連結納税子会社B社

（借方）		（貸方）	
未収入金（P社）	90	法人税，住民税及び事業税	90
法人税，住民税及び事業税	0	未払法人税等	0
法人税，住民税及び事業税	0	未払法人税等	0

貸借対照表

未収入金（P社）	90	

損益計算書

		法人税，住民税 及び事業税	90

第6章　連結納税における税金費用の会計処理　　261

※　連結納税会社間で連結法人税の個別帰属額及び地方法人税の個別帰属額の授受を行わない場合

| 債権放棄損
（営業外費用又は特別損失） | 90 | 未収入金（P社） | 90 |

貸借対照表

損益計算書

| 債権放棄損 | 90 | 法人税，住民税
及び事業税 | 90 |

6-2　法人税，住民税及び事業税の会計処理（連結財務諸表）

　連結財務諸表では，個別財務諸表で計上された連結納税会社間の未収入金及び未払金を相殺消去する必要がある。

　「6-1-3」のケーススタディについて，連結財務諸表における連結修正仕訳は次のとおりとなる。

（借方）		（貸方）	
未払金（P社）	240	未収入金（A社）	240
未払金（B社）	90	未収入金（P社）	90

貸借対照表

| | | 未払法人税等 | 1,198 |

損益計算書

| 法人税，住民税
及び事業税 | 1,198 | | |

262 第3部 連結納税における税効果会計

※ **連結納税会社間で連結法人税の個別帰属額及び地方法人税の個別帰属額の授受を行わない場合**

| 債務免除益（A社） | 240 | 債権放棄損（P社） | 240 |
| 債務免除益（P社） | 90 | 債権放棄損（B社） | 90 |

貸借対照表

| | | 未払法人税等 | 1,198 |

損益計算書

| 法人税，住民税
及び事業税 | 1,198 | | |

6-3　繰延税金資産及び繰延税金負債の会計処理（個別財務諸表）

　繰延税金資産及び繰延税金負債等の表示方法は，次のとおりとなる（税効果会計基準一部改正2）。

① 　繰延税金資産は「投資その他の資産」の区分に表示し，繰延税金負債は「固定負債」の区分に表示する。

② 　同一納税主体の繰延税金資産と繰延税金負債は，双方を相殺して表示する。異なる納税主体の繰延税金資産と繰延税金負債は，双方を相殺せずに表示する。

　連結納税を採用している場合の個別財務諸表における繰延税金資産及び繰延税金負債の会計処理は，法人税及び地方法人税，住民税，事業税に係る繰延税金資産及び繰延税金負債をまとめて，単体納税と同様に繰延税金資産及び繰延税金負債を相殺して表示する。

　下記のような回収可能性検討後の繰延税金資産及び繰延税金負債の計上額（純資産の部に直接計上される税効果を除く）について，会計処理は次のとおりとなる。

第6章 連結納税における税金費用の会計処理　　263

【前期の繰延税金資産及び繰延税金負債の相殺後の計上額】

	連結納税 親会社P社	連結納税 子会社A社	連結納税 子会社B社	連結納税主体
繰延税金資産（固定）	700	0	70	770
繰延税金負債（固定）	0	120	0	120

【当期の繰延税金資産及び繰延税金負債の相殺前の計上額】

	連結納税 親会社P社	連結納税 子会社A社	連結納税 子会社B社	連結納税主体
繰延税金資産（固定）				
法人税及び地方法人税	750	180	100	1,030
住民税	150	20	0	170
事業税	230	35	0	265
合計	1,130	235	100	1,465
繰延税金負債（固定）				
法人税及び地方法人税	90	300	0	390
住民税	18	60	0	78
事業税	30	100	0	130
合計	138	460	0	598

【当期の繰延税金資産及び繰延税金負債の相殺後の計上額】

	連結納税親会 社P社	連結納税子会 社A社	連結納税子会 社B社	連結納税主体
繰延税金資産（固定）				
法人税及び地方法人税	660	0	100	760
住民税	132	0	0	132
事業税	200	0	0	200
合計	992	0	100	1,092
繰延税金負債（固定）				
法人税及び地方法人税	0	120	0	120
住民税	0	40	0	40
事業税	0	65	0	65
合計	0	225	0	225

264　第3部■連結納税における税効果会計

【連結納税会社の会計処理】

① 連結納税親会社P社

i 前期振戻し仕訳

（借方）		（貸方）	
法人税等調整額	700	繰延税金資産（固定）	700

ii 当期計上仕訳

（借方）		（貸方）	
繰延税金資産（固定）	1,130	法人税等調整額	1,130
法人税等調整額	138	繰延税金負債（固定）	138

iii 当期振替仕訳

（借方）		（貸方）	
繰延税金負債（固定）	138	繰延税金資産（固定）	138

貸借対照表

繰延税金資産（固定）	992	繰延税金負債（固定）	0

損益計算書

		法人税等調整額	292

② 連結納税子会社A社

i 前期振戻し仕訳

（借方）		（貸方）	
繰延税金負債（固定）	120	法人税等調整額	120

ii 当期計上仕訳

（借方）		（貸方）	
繰延税金資産（固定）	235	法人税等調整額	235
法人税等調整額	460	繰延税金負債（固定）	460

iii 当期振替仕訳

（借方）		（貸方）	
繰延税金負債（固定）	235	繰延税金資産（固定）	235

第6章　連結納税における税金費用の会計処理　**265**

貸借対照表

繰延税金資産（固定）	0	繰延税金負債（固定）	225

損益計算書

法人税等調整額	105

③　連結納税子会社B社

ⅰ　前期振戻し仕訳

（借方）		（貸方）	
法人税等調整額	70	繰延税金資産（固定）	70

ⅱ　当期計上仕訳

（借方）		（貸方）	
繰延税金資産（固定）	100	法人税等調整額	100

貸借対照表

繰延税金資産（固定）	100	繰延税金負債（固定）	0

損益計算書

		法人税等調整額	30

6-4　繰延税金資産及び繰延税金負債の会計処理（連結財務諸表）

　繰延税金資産及び繰延税金負債の表示については，異なる納税主体の繰延税金資産及び繰延税金負債は双方を相殺せずに表示する（税効果会計基準一部改正2）。そして，連結納税では法人税及び地方法人税について連結納税主体が同一の納税主体となることから連結財務諸表上，連結納税主体の法人税及び地方法人税に係る繰延税金資産及び繰延税金負債は双方を相殺して表示することとする（実務対応報告第5号Q17，税効果会計基準一部改正・本会計基準の公表による他の会計基準等についての修正）。具体的には，各連結納税会社において個別財務諸表で計上された法人税及び地方法人税に係る繰延税金資産及び繰延税金負債について単純合算した後，連結納税主体として各連結納税会社の

266　第3部　連結納税における税効果会計

繰延税金資産及び繰延税金負債を相殺して表示することとなる。

　なお，地方税（住民税及び事業税）に係る繰延税金資産及び繰延税金負債は単体納税と同様に連結納税会社ごとに表示することとなる。

　「6-3」のケーススタディについて，連結財務諸表における個別財務諸表の単純合算後の連結修正仕訳は次のとおりとなる。

① 　個別財務諸表における振替仕訳の取消処理

　下記の仕訳により，一旦，繰延税金資産及び繰延税金負債のBS残高を相殺前の計上額に修正する。

【P社の取消し処理】

（借方）		（貸方）	
繰延税金資産（固定）	138	繰延税金負債（固定）	138

【A社の取消し処理】

（借方）		（貸方）	
繰延税金資産（固定）	235	繰延税金負債（固定）	235

② 　法人税及び地方法人税に係る繰延税金資産及び繰延税金負債の相殺処理

　連結納税主体の法人税及び地方法人税に係る繰延税金資産及び繰延税金負債は下記のとおりである。

	連結納税主体
繰延税金資産（固定）	1,030
繰延税金負債（固定）	390

　したがって，連結財務諸表上は次のような会計処理を行う。

（借方）		（貸方）	
繰延税金負債（固定）	390	繰延税金資産（固定）	390

③ 　地方税に係る繰延税金資産及び繰延税金負債の相殺処理

　連結納税会社の地方税に係る繰延税金資産及び繰延税金負債は下記のとおりである。

第6章　連結納税における税金費用の会計処理　　267

	連結納税 親会社P社	連結納税 子会社A社	連結納税 子会社B社
繰延税金資産（固定）	380（150＋230）	55（20＋35）	0
繰延税金負債（固定）	48（18＋30）	160（60＋100）	0

注：（　）は住民税＋事業税を表している。

　したがって，連結納税会社の地方税に係る繰延税金資産及び繰延税金負債の相殺処理は個別財務諸表と同様に次のように行う。

【P社の取消処理】

（借方）		（貸方）	
繰延税金負債（固定）	48	繰延税金資産（固定）	48

【A社の取消し処理】

（借方）		（貸方）	
繰延税金負債（固定）	55	繰延税金資産（固定）	55

　以上より，連結財務諸表における繰延税金資産，繰延税金負債，法人税等調整額の残高は次のとおりとなる。

貸借対照表

繰延税金資産（固定）	972	繰延税金負債（固定）	105

損益計算書

		法人税等調整額	217

　なお，その他有価証券の評価差額や繰延ヘッジ損益など純資産の部に直接計上される税効果がある場合，損益計算書に計上される税効果に含めて繰延税金資産及び繰延税金負債の相殺表示を行う。

268　第3部　連結納税における税効果会計

第7章
四半期決算における税金費用の会計処理

7-1　四半期決算における税金費用の計算方法

　四半期決算における法人税，住民税及び事業税や繰延税金資産及び繰延税金負債の計算については，年度決算と同様の方法の他に年度決算と同様の方法を税務調整項目について重要なものに限定する方法や年間見積実効税率を税引前四半期純利益に乗じる方法を採用することができる（四半期会計基準14・48，四半期適用指針15〜20・93〜96）。

　この四半期決算における税金費用の計算方法をまとめると次のとおりとなる。

　そして，連結納税を採用している場合も，下記の計算方法のいずれかを採用して税金費用の計算を行うこととなる。

方法	税金費用の計算方法	繰延税金資産の回収可能性の取扱い	
原則法	年度決算と同一の方法	年度決算と同一の方法により回収可能性を検討する	次の簡便的な方法によることも認められる。 （経営環境等に著しい変化が生じていない場合）
原則法による簡便的方法	年度決算と同一の方法 →ただし，加減算項目や税額控除項目を重要なものに限定する方法	年度決算と同一の方法により回収可能性を検討する	重要な企業結合や事業分離，業績の著しい好転又は悪化，その他経営環境の著しい変化が生じておらず，かつ，
四半期特有の会計処理	年間見積実効税率を利用する方法 →年間の税引前当期純利益に対する税効果会計適用後の実効税率を合理的に見積もり，税引前四半期純利益に見積実効税率を乗じて計	前年度末の繰延税金資産及び繰延税金負債について回収可能性等を各四半期決算日時点で見直した上で四半	一時差異等の発生状況について前年度末から大幅な変動がないと認められる場合には，繰延税金資産の回収可能性の判断にあたり，前年度末の検討において使用した将来の業績予測やタックス・プランニングを利用

算する方法 ※税金費用の計上額＝期首から当四半期末の税金費用額－期首から前四半期末の税金費用額 ※見積実効税率は，税額控除を考慮して算定する。また，一時差異に該当しない差異や税額控除等の算定にあたり，重要な項目に限定する方法によることができる。 ※評価差額に対する税効果は年度決算と同様の方法による	期貸借対照表に計上する	することができる。 （経営環境等に著しい変化が生じた場合） 上記について，前年度末から大幅な変動があると認められる場合（具体的には企業分類が変わる程度の変化が生じた場合）には，前年度末の検討において使用した将来の業績予測やタックス・プランニングに，当該著しい変化又は大幅な変動による影響を加味したものを利用することができる。

　なお，上記の他にも，重要性が乏しい連結会社については，前年度の損益計算書の税効果会計適用後の法人税等の負担率を税引前四半期純利益に乗じて税金費用を計算する方法を採用することができる（四半期適用指針20）。

7-2　単体納税における四半期特有の会計処理

7-2-1　四半期特有の会計処理

　「7-1」の計算方法のうち，四半期特有の会計処理は，年間の税引前当期純利益に対する税効果会計適用後の実効税率を合理的に見積もり，税引前四半期純利益に見積実効税率を乗じて計算する方法である。

　単体納税における四半期特有の会計処理における見積実効税率の算定方法は次のとおりとなる（四半期適用指針19，中間税効果適用指針12(1)）。

270　第3部■連結納税における税効果会計

四半期特有の会計処理とは…
年間の税効果会計適用後の実効税率（実質負担率）を見積もり，税引前四半期純利益にこの見積実効税率を乗じて簡便的に税金計算する方法

$$見積実効税率 = \frac{予想年間税金費用※}{予想年間税引前当期純利益}$$

※予想年間税金費用
　＝（予想年間税引前当期純利益±一時差異等に該当しない差異）×法定実効税率－税額控除
　なお，見積実効税率の算定において，財務諸表利用者の判断を誤らせない限り，一時差異に該当しない差異や税額控除等の算定にあたり，重要な項目に限定する方法によることができる（四半期適用指針19）。

（見積実効税率の計算）		
	予想年間税引前当期純利益	2,000
	交際費損金不算入（予想）	200
	補正後税引前当期純利益	2,200
	法定実効税率	35%
	予想年間税金費用（税額控除前）	770
	税額控除	0
	予想年間税金費用	770
	見積実効税率	38.5%（＝770/2,000）
（税金費用の計算）		
	税引前四半期純利益	1,000
	見積実効税率	38.5%
	税金費用	385
（会計処理）	法人税，住民税及び事業税　385　未払法人税等　385	

　また，期首の繰延税金資産について，企業分類の変更やスケジューリングの業績予測の変動により，四半期会計期間において繰延税金資産の回収可能性が改善又は悪化した場合は，次のように繰延税金資産の変動額を予想年間税金費用に加減算して見積実効税率を計算することとなる（繰延税金資産の回収可能額の変動額を見積実効税率の計算に反映させる方法。四半期適用指針19，中間税効果適用指針12(2)）。

第7章　四半期決算における税金費用の会計処理　　271

$$
\begin{array}{l}
\text{繰延税金資産の回収可能} \\
\text{額が変動した場合の見積} \\
\text{実効税率}
\end{array}
=
\frac{\text{予想年間税金費用－繰延税金資産の増加額}^{※}}{\text{予想年間税引前当期純利益}}
$$

※前期の繰延税金資産のうち，回収不能なものが当四半期会計期間において回収可能となる
　場合は繰延税金資産の積増額を予想年間税金費用から減算し，前期の繰延税金資産のうち，
　回収可能なものが当四半期会計期間において回収不能となる場合は繰延税金資産の取崩額
　を予想年間税金費用に加算することとなる。

7-2-2　法定実効税率を使用する場合

　また，次の場合のように見積実効税率を用いて税金費用を計算すると著しく
合理性を欠く結果となる場合には，見積実効税率ではなく法定実効税率を使用
する方法による（四半期適用指針19，中間税効果適用指針14・15）。

(1)　予想年間税引前当期純利益がゼロ又は損失となる場合
(2)　予想年間税金費用がゼロ又はマイナスとなる場合
(3)　各四半期の損益が相殺されるため，一時差異等に該当しない差異に係る
　　　税金費用の影響が予想年間税引前当期純利益に対して著しく重要となる
　　　場合

　そして，見積実効税率が使用できない場合は，具体的には以下のとおりの取
扱いとなる。

①　税引前四半期純利益のとき

　税引前四半期純利益に法定実効税率を乗じて税金費用を計算する。ただし，
一時差異等に該当しない差異が重要な場合には，その金額を税引前四半期純利
益に加減した上で法定実効税率を乗じるものとする。

②　税引前四半期純損失のとき

　税引前四半期純損失に法定実効税率を乗じて税金費用を計算する。ただし，
一時差異等に該当しない差異が重要な場合には，その金額を税引前四半期純損
失に加減した上で法定実効税率を乗じるものとする。

　税引前四半期純損失に法定実効税率を乗じて計算した税金費用に対応する四
半期貸借対照表上の資産の額は，期首における繰延税金資産の額と合算して，
繰延税金資産の回収可能性を判断し，回収見込額を計上する。

272 第3部 連結納税における税効果会計

7-2-3 四半期会計期間において税率が変更された場合の取扱い

　四半期会計期間において，繰延税金資産及び繰延税金負債の計算に用いる税率が改正された場合，予想年間税金費用について，7-2-1に示した算式に代えて，予想年間納付税額（当該四半期会計期間を含む事業年度の法人税等の予想額）と予想年間法人税等調整額との合計額を用いて計算する（四半期適用指針19，中間税効果適用指針13）。つまり，この場合，結果的に予想年間損益計算書の税引前当期純利益から当期純利益までを作成することとなる。

　具体的な見積実効税率の計算方法は以下のとおりとなる。

$$
\begin{array}{l}\text{四半期会計期間}\\\text{において税率が}\\\text{変更された場合}\\\text{の見積実効税率}\end{array} = \frac{\text{予想年間納付税額}^{(注1)} + \text{予想年間法人税等調整額}^{(注2)}}{\text{予想年間税引前当期純利益}}
$$

（注1）　予想年間納付税額は，年間の課税所得を見積もり，当期の税率により計算する。
（注2）　予想年間法人税等調整額は，繰延税金資産及び繰延税金負債の増減を見積もることにより計算される，年間ベースの法人税等調整額の予想額である。

　ただし，期首の繰延税金資産及び繰延税金負債の大部分が当該事業年度の期末における繰延税金資産及び繰延税金負債を構成することが見込まれる場合，次のとおり処理することができる。

⑴　7-2-1に定める見積実効税率を用いて計算した税金費用を計上する。
⑵　税率が改正されたことによる期首の繰延税金資産及び繰延税金負債の修正差額を計算し，⑴で計上した税金費用に加減する。

　また，見積実効税率を用いて税金費用を計算すると著しく合理性を欠く結果となるため，法定実効税率を使用するにあたって，四半期会計期間において税率が改正された場合，当該四半期会計期間を含む事業年度の期末に存在すると見込まれる一時差異等の額を見積り，税率の改正による繰延税金資産及び繰延税金負債の修正差額を各四半期会計期間に合理的な方法により配分し，当該四半期会計期間に配分した修正差額を当該四半期会計期間に係る税金費用に加減する（四半期適用指針19，中間税効果適用指針16・［設例7 ］）。

第7章　四半期決算における税金費用の会計処理　　**273**

以下，四半期会計期間において税率が変更された場合のケーススタディを紹介しておく。

▓ **設例** ▓　四半期会計期間において税率が変更された場合

1．前提条件
 (1)　当四半期会計期間に係る税引前四半期純利益は2,000，貸倒引当金繰入限度超過額（将来減算一時差異）の前期末（当期首）残高は400，当四半期決算日残高は1,000である（当四半期会計期間における課税所得計算上，600が加算される），交際費（税務上の損金に算入されない項目）は200であるとする。
 (2)　前事業年度の期末において，貸倒引当金繰入限度超過額に係る繰延税金資産の全額について，回収可能性があると判断していた。
 (3)　交際費は，一時差異等に該当しない項目である。
 (4)　当四半期会計期間を含む事業年度に係る予想年間税引前当期純利益は4,000，貸倒引当金繰入限度超過額の当期末残高は1,400（当事業年度の課税所得計算上，1,000が加算される），交際費は400であると予想する。
 (5)　当中間会計期間に税率が変更され，法定実効税率は30％から25％になったが，当事業年度における法人税等の額の計算に当該税率の変更の影響はないものとする。

2．四半期特有の会計処理
① 見積実効税率の計算
　四半期会計期間において，税法の改正に伴い税率が変更された場合，その影響を合理的に見積る必要があるため，見積実効税率は，予想年間納付税額と予想年間法人税等調整額との合計額を用いて計算する。

274　第３部▪連結納税における税効果会計

　　　（ア）　予想年間納付税額

予想年間税引前当期純利益	4,000
貸倒引当金繰入限度超過額（将来減算一時差異）	1,000
交際費（年間の予想額）	400
予想年間課税所得	5,400
税　率[*1]	30　%
予想年間納付税額	1,620

　（＊１）法人税等の税率は，30％とする。

　　　（イ）　予想年間法人税等調整額

繰延税金資産（当期首）	120 [*2]
繰延税金資産（当期末）	350 [*3]
予想年間法人税等調整額（（　）：貸方）	(230)

　（＊２）繰延税金資産（当期首）120＝将来減算一時差異残高（当期首）400×法定実効税
　　　　率30％

　（＊３）繰延税金資産（当期末）350＝将来減算一時差異残高（当期末）1,400×法定実効
　　　　税率25％

　　　　なお，税率の変更による影響額70（＝将来減算一時差異残高（当期末）1,400×（変
　　　　更前の法定実効税率30％－変更後の法定実効税率25％））が含まれている。

　　　（ウ）　見積実効税率

　　　　　　見積実効税率34.75％＝（予想年間納付額1,620＋予想年間法人税等調
　　　　　　　　　　　　　　　整額△230）÷予想年間税引前当期純利益4,000

　なお，税率の変更がなかった場合，見積実効税率は33％[*4]となる。した
がって，税率の変更による影響率は1.75％[*5]となり，影響額は70[*6]とな
る。この額は税率変更による繰延税金資産への影響額70[*3]と一致する。

　（＊４）

$$33\% = \frac{（予想年間税引前当期純利益4,000＋交際費（年間の予想額)400)×法定実効税率30\%}{予想年間当期純利益4,000}$$

　（＊５）税率の変更による影響率1.75％＝34.75％－33.0％

　（＊６）税率の変更による影響額70＝予想年間当期純利益4,000×1.75％

② 　税金費用の計算

　　税引前四半期純利益2,000×見積実効税率34.75％＝695

③　会計処理

（借）法人税，住民税及び事業税　695	（貸）未払法人税等	695

7-3　連結納税における四半期特有の会計処理

7-3-1　連結納税の四半期特有の会計処理

　連結納税を採用している場合も，予想年間税金費用と予想年間税引前当期純利益を合理的に見積もることができるときには，期首からの累計期間に係る税金費用については，四半期特有の会計処理（同期間を含む年度の税効果会計適用後の実効税率を合理的に見積もり，税引前四半期純利益に当該見積実効税率を乗じて計算する方法）によることができる（四半期適用指針23，実務対応報告第5号Q14）。

　この場合，各四半期会計期間の税金費用の計上額は，原則として，期首からの累計期間における税金費用の額から直前の四半期会計期間の末日までの期首からの累計期間における税金費用の額を差し引いて計算する（四半期適用指針23）。

　また，前年度末に計上された繰延税金資産及び繰延税金負債については，繰延税金資産の回収見込額を各四半期決算日時点で見直した上で四半期貸借対照表に計上することになるが，当該見直しにあたっては，財務諸表利用者の判断を誤らせない限り，「7-1」の簡便的な方法によることも認められる（四半期適用指針23）。

　さらに，見積実効税率の算定方法，税率が変更された場合の見積実効税率の算定方法及び見積実効税率を用いて税金費用を計算すると著しく合理性を欠く結果となる場合の取扱いについても，単体納税を採用している場合（「7-2-1」～「7-2-3」）と同様に処理することとなる（四半期適用指針23，中間税効果適用指針12～16）。

　ただし，連結納税を採用している場合の四半期特有の会計処理は，法人税及び地方法人税，住民税，事業税の税種類ごとに見積実効税率を計算する点で単体納税と異なる取扱いとなる。

この場合，住民税，事業税では単体納税と同様の考え方に基づき連結納税会社ごとに見積実効税率を計算するとともに，見積実効税率を用いて税金費用を計算すると著しく合理性を欠くため法定実効税率を適用する場合も，単体納税と同様のケースとなる。

一方，法人税及び地方法人税については，

① 個別財務諸表における各連結納税会社の見積実効税率について，連結納税主体の見積実効税率を適用するか，各連結納税会社の見積実効税率を適用するか

② 見積実効税率を用いて税金費用を計算すると著しく合理性を欠くため法定実効税率を適用する場合について，連結納税主体で判断するのか，連結納税主体と連結納税会社の両方を加味して判断するのか

など，連結納税特有の論点があり，どの考え方を採用するかにより計算結果が異なるため，合理的な税金費用が計算できる処理方法を選択する必要がある。

連結納税特有の論点を踏まえた法人税及び地方法人税に係る四半期特有の会計処理として，実務上想定される処理方法は次のようにまとめられる。

第7章　四半期決算における税金費用の会計処理　　**277**

【実務上選択される処理のパターン】

実務上選択されるパターン［対応するケーススタディの番号］	連結納税主体の予想年間税引前当期純利益	個別財務諸表の見積実効税率	連結財務諸表の見積実効税率	見積実効税率を用いて税金費用を計算すると著しく合理性を欠くため法定実効税率を適用する場合	
				個別財務諸表	連結財務諸表
パターン1［ケース1］	プラス	各連結納税会社の見積実効税率	連結納税主体の見積実効税率	連結納税主体の予想年間税引前当期純利益がプラスであるため，連結納税会社の予想年間税引前当期純利益又は予想年間税金費用がマイナスの場合であっても，連結納税会社の適用する実効税率は各連結納税会社の見積実効税率とする	連結納税主体の予想年間税引前当期純利益がプラスであるため，連結納税主体が適用する実効税率は連結納税主体の見積実効税率とする
パターン2［ケース2］	プラス	連結納税主体の見積実効税率	連結納税主体の見積実効税率	連結納税主体の予想年間税引前当期純利益がプラスであるため，連結納税会社の適用する実効税率は連結納税主体の見積実効税率とする	連結納税主体の予想年間税引前当期純利益がプラスであるため，連結納税主体が適用する実効税率は連結納税主体の見積実効税率とする

278　第3部■連結納税における税効果会計

| パターン3
［ケース3］・
［ケース5］ | マイナス | 各連結納税会社の見積実効税率 | 連結納税主体の見積実効税率 | 連結納税主体の予想年間税引前当期純利益がマイナスであるが，連結納税会社の予想年間税引前当期純利益又は予想年間税金費用がプラスの場合，連結納税会社の適用する実効税率は各連結納税会社の見積実効税率とする。一方，連結納税会社の予想年間税引前当期純利益又は予想年間税金費用がマイナスの場合，連結納税会社の適用する実効税率は法定実効税率とする | 連結納税主体の予想年間税引前当期純利益がマイナスであるため，連結納税主体が適用する実効税率は法定実効税率とする |
| パターン4
［ケース4］・
［ケース6］ | マイナス | 連結納税主体の見積実効税率 | 連結納税主体の見積実効税率 | 連結納税主体の予想年間税引前当期純利益がマイナスであるため，連結納税会社の適用する実効税率は法定実効税率とする | 連結納税主体の予想年間税引前当期純利益がマイナスであるため，連結納税主体が適用する実効税率は法定実効税率とする |

　上記のパターン別に，以下に具体的な計算例を示すこととする。

第７章　四半期決算における税金費用の会計処理　　**279**

【前提条件】

①　予想年間税引前当期純利益，予想年間永久差異（交際費損金不算入等），
　　税引前四半期純利益，税金の種類ごとの法定実効税率は各ケースのとおり
　　である。なお，税額控除は発生しない見込みである。

②　当四半期において重要な永久差異は生じていない。

③　前期末に法人税，住民税，事業税に係る繰越欠損金はない。

④　前期末の繰延税金資産の回収可能額に変更はない。

[ケース１]　**連結納税主体の予想年間税引前当期純利益がプラスの場合（連結納税
　　　　　　会社ごとに見積実効税率を適用する方法）**

　　各連結納税会社の税引前四半期純利益に乗じる実効税率は各連結納税会社
　の見積実効税率を採用するものとする。

280　第3部■連結納税における税効果会計

1．法人税及び地方法人税

【見積実効税率（法人税及び地方法人税）】

> 連結納税主体の予想年間税引前当期純利益がプラスの場合は，連結納税会社の予想年間税引前当期純利益又は予想年間税金費用がマイナスの場合であっても，見積実効税率を用いて計算した税金費用に合理性があると考えられるため，当該連結納税会社の適用する実効税率は見積実効税率とする。

	連結納税親会社	連結納税子会社	連結納税子会社	連結納税会社合計	連結納税主体
	P社	A社	B社	個別財務諸表	連結財務諸表
予想年間税引前当期純利益	10,000	▲ 7,500	6,000	8,500	8,500
予想年間永久差異（交際費損金不算入等）	100	50	50	200	200
補正後税引前当期純利益	10,100	▲ 7,450	6,050	8,700	8,700
法定実効税率	24.75%	24.75%	24.75%	－	24.75%
予想年間税金費用	2,499	▲ 1,843	1,497	－	2,153
見積実効税率 予想年間税金費用／予想年間税引前当期純利益	24.99%	24.57%	24.95%	－	25.32%
適用する実効税率	24.99%	24.57%	24.95%	－	25.32%

【税金費用の計算（法人税及び地方法人税）】

税引前四半期純利益	6,000	▲ 3,000	4,000	7,000	7,000
見積実効税率	24.99%	24.57%	24.95%	－	25.32%
税金費用	1,499	▲ 737	998	1,760	1,772

【会計仕訳】

> 個別財務諸表における各連結納税会社の税金仕訳を消去した後の連結仕訳。

借方の科目	法人税,住民税及び事業税	未収入金	法人税,住民税及び事業税	–	法人税,住民税及び事業税
貸方の科目	未払法人税等	法人税,住民税及び事業税	未払金	–	未払法人税等
金額	1,760	737	998	–	1,772
借方の科目	未収入金	–	–	–	–
貸方の科目	法人税,住民税及び事業税	–	–	–	–
金額	998	–	–	–	–
借方の科目	法人税,住民税及び事業税	–	–	–	–
貸方の科目	未払金	–	–	–	–
金額	737	–	–	–	–

282　第３部■連結納税における税効果会計

２．住民税

【見積実効税率（住民税）】

予想年間税引前当期純利益がマイナスのため，見積実効税率ではなく，法定実効税率を使用する。

	連結納税 親会社	連結納税 子会社	連結納税 子会社	連結納税 会社合計
	Ｐ社	Ａ社	Ｂ社	個別財務 諸表
予想年間税引前当期純利益	10,000	▲ 7,500	6,000	8,500
予想年間永久差異（交際費 損金不算入等）	100	50	50	200
補正後税引前当期純利益	10,100	▲ 7,450	6,050	8,700
法定実効税率	3.86%	3.86%	3.86%	－
予想年間税金費用	389	▲ 287	233	335
見積実効税率 予想年間税金費用／予想年 間税引前当期純利益	3.89%	3.82%	3.88%	
適用する実効税率	3.89%	3.86%	3.88%	－

【税金費用の計算（住民税）】

一時差異等に該当しない差異が重要な場合には，その金額を税引前四半期純損益に加減した上で法定実効税率を乗じるものとする。

税引前四半期純利益	6,000	▲ 3,000	4,000	7,000
見積実効税率	3.89%	3.86%	3.88%	－
税金費用	233	▲ 115	155	273

第7章 四半期決算における税金費用の会計処理　**283**

【会計仕訳】

> 期首における繰延税金資産の額と合算して，繰延税金資産の回収可能見込額を限度として計上する。
> その結果，回収不能と判断される場合は，当該仕訳は生じない。

借方の科目	法人税，住民税及び事業税	繰延税金資産	法人税，住民税及び事業税	－
貸方の科目	未払法人税等	法人税，住民税及び事業税	未払法人税等	－
金額	233	115	155	－

3．事業税

【見積実効税率（事業税）】

> 予想年間税引前当期純利益がマイナスのため，見積実効税率ではなく，法定実効税率を使用する。

| | 連結納税親会社 | 連結納税子会社 | 連結納税子会社 | 連結納税会社合計 |
	P社	A社	B社	個別財務諸表
予想年間税引前当期純利益	10,000	▲ 7,500	6,000	8,500
予想年間永久差異（交際費損金不算入等）	100	50	50	200
補正後税引前当期純利益	10,100	▲ 7,450	6,050	8,700
法定実効税率	7.03%	7.03%	7.03%	－
予想年間税金費用	710	▲ 523	425	612
見積実効税率 予想年間税金費用／予想年間税引前当期純利益	7.10%	6.97%	7.08%	－
適用する実効税率	7.10%	7.03%	7.08%	－

284　第3部 連結納税における税効果会計

【税金費用の計算（事業税）】

> 一時差異等に該当しない差異が重要な場合には，その金額を税引前四半期純損益に加減した上で法定実効税率を乗じるものとする。

税引前四半期純利益	6,000	▲ 3,000	4,000	7,000
見積実効税率	7.10%	7.03%	7.08%	－
税金費用	426	▲ 210	283	499

【会計仕訳】

> 期首における繰延税金資産の額と合算して，繰延税金資産の回収可能見込額を限度として計上する。
> その結果，回収不能と判断される場合は，当該仕訳は生じない。

借方の科目	法人税，住民税及び事業税	繰延税金資産	法人税，住民税及び事業税	－
貸方の科目	未払法人税等	法人税，住民税及び事業税	未払法人税等	－
金額	426	210	283	－

［ケース２］　連結納税主体の予想年間税引前当期純利益がプラスの場合（連結納税主体の見積実効税率を適用する方法）

　各連結納税会社の税引前四半期純利益に乗じる実効税率は連結納税主体の見積実効税率を採用するものとする。

第7章 四半期決算における税金費用の会計処理　285

1．法人税及び地方法人税

【見積実効税率（法人税及び地方法人税）】

	連結納税 親会社	連結納税 子会社	連結納税 子会社	連結納税 会社合計	連結納税 主体
	P社	A社	B社	個別財務 諸表	連結財務 諸表
予想年間税引前当期純利益	10,000	▲ 7,500	6,000	8,500	8,500
予想年間永久差異（交際費損金不算入等）	100	50	50	200	200
補正後税引前当期純利益	10,100	▲ 7,450	6,050	8,700	8,700
法定実効税率	24.75%	24.75%	24.75%	－	24.75%
予想年間税金費用	2,499	▲ 1,843	1,497	－	2,153
見積実効税率 予想年間税金費用／予想年間税引前当期純利益	24.99%	24.57%	24.95%	－	25.32%
適用する実効税率	25.32%	25.32%	25.32%	－	25.32%

【税金費用の計算（法人税及び地方法人税）】

	P社	A社	B社	個別財務諸表	連結財務諸表
税引前四半期純利益	6,000	▲ 3,000	4,000	7,000	7,000
見積実効税率	25.32%	25.32%	25.32%	－	25.32%
税金費用	1,519	▲ 759	1,012	1,772	1,772

286　第3部　連結納税における税効果会計

【会計仕訳】

> 個別財務諸表における各連結納税会社の税金仕訳を消去した後の連結仕訳。

借方の科目	法人税,住民税及び事業税	未収入金	法人税,住民税及び事業税	—	法人税,住民税及び事業税
貸方の科目	未払法人税等	法人税,住民税及び事業税	未払金	—	未払法人税等
金額	1,772	759	1,012	—	1,772
借方の科目	未収入金	—	—	—	—
貸方の科目	法人税,住民税及び事業税	—	—	—	—
金額	1,012	—	—	—	—
借方の科目	法人税,住民税及び事業税	—	—	—	—
貸方の科目	未払金	—	—	—	—
金額	759	—	—	—	—

　なお，住民税及び事業税の税金費用の計算は［ケース1］と同様の結果となるため省略する。

［ケース3］　連結納税主体の予想年間税引前当期純利益がマイナスの場合，かつ，連結納税主体の税引前四半期純利益がプラスの場合（連結納税会社ごとに見積実効税率を適用する方法）

　各連結納税会社の税引前四半期純利益に乗じる実効税率は各連結納税会社の見積実効税率を採用するものとする。ただし，連結納税会社の予想年間税引前当期純利益がマイナスの場合，連結納税主体の予想年間税引前当期純利益がマイナスであるため法定実効税率を採用するものとする。

1．法人税及び地方法人税

【見積実効税率（法人税及び地方法人税）】

> 連結納税主体の予想年間税引前当期純利益がマイナスであるが，連結納税会社の予想年間税引前当期純利益及び予想年間税金費用がプラスのため，当該連結納税会社の適用する実効税率は見積実効税率とする。

	連結納税親会社	連結納税子会社	連結納税子会社	連結納税会社合計	連結納税主体
	P 社	A 社	B 社	個別財務諸表	連結財務諸表
予想年間税引前当期純利益	▲ 3,000	▲ 7,500	6,000	▲ 4,500	▲ 4,500
予想年間永久差異（交際費損金不算入等）	100	50	50	200	200
補正後税引前当期純利益	▲ 2,900	▲ 7,450	6,050	▲ 4,300	▲ 4,300
法定実効税率	24.75%	24.75%	24.75%	－	24.75%
予想年間税金費用	▲ 717	▲ 1,843	1,497	－	▲ 1,063
見積実効税率 予想年間税金費用／予想年間税引前当期純利益	23.9%	24.57%	24.95%	－	23.62%
適用する実効税率	24.75%	24.75%	24.95%	－	24.75%

【税金費用の計算（法人税及び地方法人税）】

> 一時差異等に該当しない差異が重要な場合には，その金額を税引前四半期純損益に加減した上で法定実効税率を乗じるものとする。

税引前四半期純利益	1,500	▲ 3,000	4,000	2,500	2,500
見積実効税率	24.75%	24.75%	24.95%	－	24.75%
税金費用	371	▲ 742	998	627	618

【会計仕訳】

個別財務諸表における各連結納税会社の税金仕訳を消去した後の連結仕訳。

借方の科目	法人税，住民税及び事業税	未収入金	法人税，住民税及び事業税	−	法人税，住民税及び事業税
貸方の科目	未払法人税等	法人税，住民税及び事業税	未払金	−	未払法人税等
金額	627	742	998	−	618
借方の科目	未収入金	−	−	−	−
貸方の科目	法人税，住民税及び事業税	−	−	−	−
金額	998	−	−	−	−
借方の科目	法人税，住民税及び事業税	−	−	−	−
貸方の科目	未払金	−	−	−	−
金額	742	−	−	−	−

２．住民税

【見積実効税率（住民税）】

> 予想年間税引前当期純利益がマイナスのため，見積実効税率ではなく，法定実効税率を使用する。

	連結納税親会社	連結納税子会社	連結納税子会社	連結納税会社合計
	P社	A社	B社	個別財務諸表
予想年間税引前当期純利益	▲ 3,000	▲ 7,500	6,000	▲ 4,500
予想年間永久差異（交際費損金不算入等）	100	50	50	200
補正後税引前当期純利益	▲ 2,900	▲ 7,450	6,050	▲ 4,300
法定実効税率	3.86%	3.86%	3.86%	－
予想年間税金費用	▲ 111	▲ 287	233	▲ 165
見積実効税率 予想年間税金費用／予想年間税引前当期純利益	3.7%	3.82%	3.88%	－
適用する実効税率	3.86%	3.86%	3.88%	－

【税金費用の計算（住民税）】

> 一時差異等に該当しない差異が重要な場合には，その金額を税引前四半期純損益に加減した上で法定実効税率を乗じるものとする。

税引前四半期純利益	1,500	▲ 3,000	4,000	2,500
見積実効税率	3.86%	3.86%	3.88%	－
税金費用	57	▲ 115	155	97

290　第3部　連結納税における税効果会計

【会計仕訳】

> 期首における繰延税金資産の額と合算して，繰延税金資産の回収可能見込額を限度として計上する。
> その結果，回収不能と判断される場合は，当該仕訳は生じない。

借方の科目	法人税，住民税及び事業税	繰延税金資産	法人税，住民税及び事業税	－
貸方の科目	未払法人税等	法人税，住民税及び事業税	未払法人税等	－
金額	57	115	155	－

3．事業税

【見積実効税率（事業税）】

> 予想年間税引前当期純利益がマイナスのため，見積実効税率ではなく，法定実効税率を使用する。

	連結納税親会社	連結納税子会社	連結納税子会社	連結納税会社合計
	P社	A社	B社	個別財務諸表
予想年間税引前当期純利益	▲ 3,000	▲ 7,500	6,000	▲ 4,500
予想年間永久差異（交際費損金不算入等）	100	50	50	200
補正後税引前当期純利益	▲ 2,900	▲ 7,450	6,050	▲ 4,300
法定実効税率	7.03%	7.03%	7.03%	－
予想年間税金費用	▲ 203	▲ 523	425	▲ 301
見積実効税率 予想年間税金費用／予想年間税引前当期純利益	6.76%	6.97%	7.08%	－
適用する実効税率	7.03%	7.03%	7.08%	－

第7章 四半期決算における税金費用の会計処理 291

【税金費用の計算 (事業税)】

> 一時差異等に該当しない差異が重要な場合には，その金額を税引前四半期純損益に加減した上で法定実効税率を乗じるものとする。

税引前四半期純利益	1,500	▲ 3,000	4,000	2,500
見積実効税率	7.03%	7.03%	7.08%	－
税金費用	105	▲ 210	283	178

【会計仕訳】

> 期首における繰延税金資産の額と合算して，繰延税金資産の回収可能見込額を限度として計上する。
> その結果，回収不能と判断される場合は，当該仕訳は生じない。

借方の科目	法人税，住民税及び事業税	繰延税金資産	法人税，住民税及び事業税	－
貸方の科目	未払法人税等	法人税，住民税及び事業税	未払法人税等	－
金額	105	210	283	－

[ケース4] 連結納税主体の予想年間税引前当期純利益がマイナスの場合，かつ，連結納税主体の税引前四半期純利益がプラスの場合（連結納税主体の見積実効税率を適用する方法）

　各連結納税会社の税引前四半期純利益に乗じる実効税率は連結納税主体の見積実効税率を採用するものとする。ただし，連結納税主体の予想年間税引前当期純利益がマイナスの場合は法定実効税率を採用するものとする。

292   第3部▪連結納税における税効果会計

1．法人税及び地方法人税

【見積実効税率（法人税及び地方法人税）】

> 連結納税主体の予想年間税引前当期純利益がマイナスのため連結納税会社の予想年間税引前当期純利益又は予想年間税金費用がプラスであっても当該連結納税会社の適用する実効税率は法定実効税率とする。

	連結納税親会社	連結納税子会社	連結納税子会社	連結納税会社合計	連結納税主体
	P社	A社	B社	個別財務諸表	連結財務諸表
予想年間税引前当期純利益	▲ 3,000	▲ 7,500	6,000	▲ 4,500	▲ 4,500
予想年間永久差異（交際費損金不算入等）	100	50	50	200	200
補正後税引前当期純利益	▲ 2,900	▲ 7,450	6,050	▲ 4,300	▲ 4,300
法定実効税率	24.75%	24.75%	24.75%	－	24.75%
予想年間税金費用	▲ 717	▲ 1,843	1,497	－	▲ 1,063
見積実効税率 予想年間税金費用／予想年間税引前当期純利益	23.9%	24.57%	24.95%	－	23.62%
適用する実効税率	24.75%	24.75%	24.75%	－	24.75%

【税金費用の計算（法人税及び地方法人税）】

> 一時差異等に該当しない差異が重要な場合には，その金額を税引前四半期純損益に加減した上で法定実効税率を乗じるものとする。

税引前四半期純利益	1,500	▲ 3,000	4,000	2,500	2,500
見積実効税率	24.75%	24.75%	24.75%	－	24.75%
税金費用	371	▲ 742	990	619	619

第7章　四半期決算における税金費用の会計処理　**293**

【会計仕訳】

> 個別財務諸表における各連結納税会社の税金仕訳を消去した後の連結仕訳。

借方の科目	法人税，住民税及び事業税	未収入金	法人税，住民税及び事業税	－	法人税，住民税及び事業税
貸方の科目	未払法人税等	法人税，住民税及び事業税	未払金	－	未払法人税等
金額	619	742	990	－	619
借方の科目	未収入金	－	－	－	－
貸方の科目	法人税，住民税及び事業税	－	－	－	－
金額	990	－	－	－	－
借方の科目	法人税，住民税及び事業税	－	－	－	－
貸方の科目	未払金	－	－	－	－
金額	742	－	－	－	－

　なお，住民税及び事業税の税金費用の計算は［ケース3］と同様の結果となるため省略する。

［ケース5］　連結納税主体の予想年間税引前当期純利益がマイナスの場合，かつ，連結納税主体の税引前四半期純利益がマイナスの場合（連結納税会社ごとに見積実効税率を適用する方法）

　各連結納税会社の税引前四半期純利益に乗じる実効税率は各連結納税会社の見積実効税率を採用するものとする。ただし，連結納税会社の予想年間税引前当期純利益がマイナスの場合，連結納税主体の予想年間税引前当期純利益がマイナスのため法定実効税率を採用するものとする。

294 第３部 連結納税における税効果会計

1．法人税及び地方法人税

【見積実効税率（法人税及び地方法人税）】

> 連結納税主体の予想年間税引前当期純利益がマイナスであるが，連結納税会社の予想年間税引前当期純利益及び予想年間税金費用がプラスのため，当該連結納税会社の適用する実効税率は見積実効税率とする。

	連結納税親会社	連結納税子会社	連結納税子会社	連結納税会社合計	連結納税主体
	P社	A社	B社	個別財務諸表	連結財務諸表
予想年間税引前当期純利益	▲ 3,000	▲ 7,500	6,000	▲ 4,500	▲ 4,500
予想年間永久差異（交際費損金不算入等）	100	50	50	200	200
補正後税引前当期純利益	▲ 2,900	▲ 7,450	6,050	▲ 4,300	▲ 4,300
法定実効税率	24.75%	24.75%	24.75%	−	24.75%
予想年間税金費用	▲ 717	▲ 1,843	1,497	−	▲ 1,063
見積実効税率 予想年間税金費用／予想年間税引前当期純利益	23.9%	24.57%	24.95%	−	23.62%
適用する実効税率	24.75%	24.75%	24.95%	−	24.75%

【税金費用の計算（法人税及び地方法人税）】

> ただし，一時差異等に該当しない差異が重要な場合には，その金額を税引前四半期純損益に加減した上で法定実効税率を乗じるものとする。

税引前四半期純利益	▲ 2,000	▲ 3,000	4,000	▲ 1,000	▲ 1,000
見積実効税率	24.75%	24.75%	24.95%	−	24.75%
税金費用	▲ 495	▲ 742	998	▲ 239	▲ 247

第7章 四半期決算における税金費用の会計処理　295

【会計仕訳】

> 期首における繰延税金資産の額と合算して，繰延税金資産の回収可能見込額を限度として計上する。
> その結果，回収不能と判断される場合は，当該仕訳は生じない。

> 個別財務諸表における各連結納税会社の税金仕訳を消去した後の連結仕訳。

借方の科目	繰延税金資産	未収入金	法人税，住民税及び事業税	－	繰延税金資産
貸方の科目	法人税，住民税及び事業税	法人税，住民税及び事業税	未払金	－	法人税，住民税及び事業税
金額	95	598	998	－	247
借方の科目	未収入金	繰延税金資産	－	－	－
貸方の科目	法人税，住民税及び事業税	法人税，住民税及び事業税	－	－	－
金額	998	144	－	－	－
借方の科目	法人税，住民税及び事業税	－	－	－	－
貸方の科目	未払金	－	－	－	－
金額	598	－	－	－	－

=239×495／（495+742）　　=239×742／（495+742）　　=998×742／（495+742）

２．住民税

【見積実効税率（住民税）】

> 予想年間税引前当期純利益がマイナスのため，見積実効税率ではなく，法定実効税率を使用する。

	連結納税親会社	連結納税子会社	連結納税子会社	連結納税会社合計
	P社	A社	B社	個別財務諸表
予想年間税引前当期純利益	▲ 3,000	▲ 7,500	6,000	▲ 4,500
予想年間永久差異（交際費損金不算入等）	100	50	50	200
補正後税引前当期純利益	▲ 2,900	▲ 7,450	6,050	▲ 4,300
法定実効税率	3.86%	3.86%	3.86%	－
予想年間税金費用	▲ 111	▲ 287	233	▲ 165
見積実効税率 予想年間税金費用／予想年間税引前当期純利益	3.7%	3.82%	3.88%	
適用する実効税率	3.86%	3.86%	3.88%	－

【税金費用の計算（住民税）】

> 一時差異等に該当しない差異が重要な場合には，その金額を税引前四半期純損益に加減した上で法定実効税率を乗じるものとする。

税引前四半期純利益	▲ 2,000	▲ 3,000	4,000	▲ 1,000
見積実効税率	3.86%	3.86%	3.88%	－
税金費用	▲ 77	▲ 115	155	▲ 37

第7章 四半期決算における税金費用の会計処理　297

【会計仕訳】

> 期首における繰延税金資産の額と合算して，繰延税金資産の回収可能見込額を限度として計上する。
> その結果，回収不能と判断される場合は，当該仕訳は生じない。

借方の科目	繰延税金資産	繰延税金資産	法人税，住民税及び事業税	－
貸方の科目	法人税，住民税及び事業税	法人税，住民税及び事業税	未払法人税等	－
金額	77	115	155	－

3．事業税

【見積実効税率（事業税）】

> 予想年間税引前当期純利益がマイナスのため，見積実効税率ではなく，法定実効税率を使用する。

	連結納税親会社	連結納税子会社	連結納税子会社	連結納税会社合計
	P 社	A 社	B 社	個別財務諸表
予想年間税引前当期純利益	▲ 3,000	▲ 7,500	6,000	▲ 4,500
予想年間永久差異（交際費損金不算入等）	100	50	50	200
補正後税引前当期純利益	▲ 2,900	▲ 7,450	6,050	▲ 4,300
法定実効税率	7.03%	7.03%	7.03%	－
予想年間税金費用	▲ 203	▲ 523	425	▲ 301
見積実効税率　予想年間税金費用／予想年間税引前当期純利益	6.76%	6.97%	7.08%	－
適用する実効税率	7.03%	7.03%	7.08%	－

298　第3部　連結納税における税効果会計

【税金費用の計算（事業税)】

> 一時差異等に該当しない差異が重要な場合には，その金額を税引前四半期純損益に加減した上で法定実効税率を乗じるものとする。

税引前四半期純利益	▲ 2,000	▲ 3,000	4,000	▲ 1,000
見積実効税率	7.03%	7.03%	7.08%	－
税金費用	▲ 140	▲ 210	283	▲ 67

【会計仕訳】

> 期首における繰延税金資産の額と合算して，繰延税金資産の回収可能見込額を限度として計上する。
> その結果，回収不能と判断される場合は，当該仕訳は生じない。

借方の科目	繰延税金資産	繰延税金資産	法人税，住民税及び事業税	－
貸方の科目	法人税，住民税及び事業税	法人税，住民税及び事業税	未払法人税等	－
金額	140	210	283	－

［ケース６］　連結納税主体の予想年間税引前当期純利益がマイナスの場合，かつ，連結納税主体の税引前四半期純利益がマイナスの場合（連結納税主体の見積実効税率を適用する方法）

　各連結納税会社の税引前四半期純利益に乗じる実効税率は連結納税主体の見積実効税率を採用するものとする。ただし，連結納税主体の予想年間税引前当期純利益がマイナスの場合は法定実効税率を採用するものとする。

1．法人税及び地方法人税

【見積実効税率（法人税及び地方法人税）】

> 連結納税主体の予想年間税引前当期純利益がマイナスのため連結納税会社の予想年間税引前当期純利益及び予想年間税金費用がプラスであっても当該連結納税会社の適用する実効税率は法定実効税率とする。

	連結納税親会社	連結納税子会社	連結納税子会社	連結納税会社合計	連結納税主体
	P社	A社	B社	個別財務諸表	連結財務諸表
予想年間税引前当期純利益	▲ 3,000	▲ 7,500	6,000	▲ 4,500	▲ 4,500
予想年間永久差異（交際費損金不算入等）	100	50	50	200	200
補正後税引前当期純利益	▲ 2,900	▲ 7,450	6,050	▲ 4,300	▲ 4,300
法定実効税率	24.75%	24.75%	24.75%	－	24.75%
予想年間税金費用	▲ 717	▲ 1,843	1,497	－	▲ 1,063
見積実効税率 予想年間税金費用／予想年間税引前当期純利益	23.9%	24.57%	24.95%	－	23.62%
適用する実効税率	24.75%	24.75%	24.75%	－	24.75%

【税金費用の計算（法人税及び地方法人税）】

> 一時差異等に該当しない差異が重要な場合には，その金額を税引前四半期純損益に加減した上で法定実効税率を乗じるものとする。

税引前四半期純利益	▲ 2,000	▲ 3,000	4,000	▲ 1,000	▲ 1,000
見積実効税率	24.75%	24.75%	24.75%	－	24.75%
税金費用	▲ 495	▲ 742	990	▲ 247	▲ 247

300　第3部 連結納税における税効果会計

【会計仕訳】

> 前期末までに計上された繰延税金資産の額とともに繰延税金資産の回収見込額を限度として計上する。
> その結果，回収不能と判断される場合は，当該仕訳は生じない。

> 個別財務諸表における各連結納税会社の税金仕訳を消去した後の連結仕訳。

借方の科目	繰延税金資産	未収入金	法人税，住民税及び事業税	－	繰延税金資産
貸方の科目	法人税，住民税及び事業税	法人税，住民税及び事業税	未払金	－	法人税，住民税及び事業税
金額	98	593	990	－	247
借方の科目	未収入金	繰延税金資産	－	－	－
貸方の科目	法人税，住民税及び事業税	法人税，住民税及び事業税	－	－	－
金額	990	149	－	－	－
借方の科目	法人税，住民税及び事業税	－	－	－	－
貸方の科目	未払金	－	－	－	－
金額	593	－	－	－	－

$=247×495／（742+495）$　　$=247×742／（742+495）$　　$=990×742／（742+495）$

　なお，住民税及び事業税の税金費用の計算は［ケース5］と同様の結果となるため省略する。

　以上のケースについて，個別財務諸表において，連結納税会社の見積実効税率と連結納税主体の見積実効税率に差が生じる理由は，予想年間税引前当期純利益に対する予想年間永久差異（交際費の損金不算入額等）の金額の割合が連結納税会社ごとに異なるためである。したがって，連結納税会社の予想年間永久差異（交際費の損金不算入額等）の金額が重要でない場合は，各連結納税会

第7章　四半期決算における税金費用の会計処理　　301

社において連結納税主体の見積実効税率を統一して適用しても各連結納税会社の見積実効税率を適用した計算結果と大きな差異は生じない。逆に，連結納税会社の予想年間永久差異（交際費の損金不算入額等）の金額が重要である場合は，各連結納税会社において連結納税主体の見積実効税率を統一して適用した場合，各連結納税会社の見積実効税率を適用した場合と比較して各連結納税会社において合理的な税金費用が計上できないこととなる。

　このように個別財務諸表において，連結納税会社が連結納税会社の見積実効税率と連結納税主体の見積実効税率のいずれを適用するかについては連結納税特有の論点となるが，一方で，四半期決算が連結財務諸表のみを開示対象としていることから，連結財務諸表において連結納税主体の見積実効税率を適用しておけば，個別財務諸表での処理が実務上，問題になることはそれほど多くないことも事実であろう。

7-3-2　繰延税金資産の回収可能性が改善又は悪化した場合の見積実効税率

　連結納税の場合も単体納税の場合と同様に，連結納税会社又は連結納税主体の期首の繰延税金資産について，連結納税会社又は連結納税主体の企業分類の変更やスケジューリングの業績予測の変動により，四半期会計期間において繰延税金資産の回収可能性が改善又は悪化した場合は，連結納税主体及び連結納税会社について，次のように繰延税金資産の変動額を予想年間税金費用に加減算して見積実効税率を計算することとなる（繰延税金資産の回収可能額の変動額を見積実効税率の計算に反映させる方法）。

［連結納税主体の見積実効税率］

$$\text{繰延税金資産の回収可能額が変動した場合の連結納税主体の見積実効税率} = \frac{\text{連結納税主体の予想年間税金費用} - \text{連結納税主体の繰延税金資産の増加額}^{※}}{\text{連結納税主体の予想年間税引前当期純利益}}$$

※連結納税主体の前期の繰延税金資産のうち，回収不能なものが当四半期会計期間において回収可能となる場合は繰延税金資産の積増額を予想年間税金費用から減算し，連結納税主体の前期の繰延税金資産のうち，回収可能なものが当四半期会計期間において回収不能となる場合は繰延税金資産の取崩額を予想年間税金費用に加算することとなる。

302　第3部　連結納税における税効果会計

[連結納税会社の見積実効税率]

$$
\begin{array}{c}
\text{繰延税金資産の回収可能} \\
\text{額が変動した場合の連結} \\
\text{納税会社の見積実効税率}
\end{array}
=
\dfrac{
\begin{array}{c}
\text{連結納税による連結納税} \\
\text{会社の予想年間税金費用}
\end{array}
-
\begin{array}{c}
\text{連結納税による連結納税会社} \\
\text{の繰延税金資産の増加額}^※
\end{array}
}{
\text{連結納税会社の予想年間税引前当期純利益}
}
$$

※連結納税会社の前期の繰延税金資産のうち，回収不能なものが当四半期会計期間において回収可能となる場合は連結納税による繰延税金資産の積増額を予想年間税金費用から減算し，連結納税会社の前期の繰延税金資産のうち，回収可能なものが当四半期会計期間において回収不能となる場合は連結納税による繰延税金資産の取崩額を予想年間税金費用に加算することとなる。

　したがって，次の3つの実効税率を「7-3-1」で示した[実務上選択される処理のパターン]に基づいて適用することとなる。

① 　連結納税主体の見積実効税率（上記の計算式）
② 　連結納税会社の見積実効税率（上記の計算式）
③ 　法定実効税率（見積実効税率を用いて税金費用を計算すると著しく合理性を欠く結果となる場合）

　ここで，前期に回収不能であった将来減算一時差異等について，当四半期会計期間において回収可能性が確実になった場合の四半期特有の会計処理のケースを示すこととする。

[ケース]　繰延税金資産の回収可能性が改善される場合（繰延税金資産の変動額を予想年間税金費用に加減算して見積実効税率を計算する方法）

① 　予想年間税引前当期純利益，予想年間永久差異（交際費損金不算入等），税引前四半期純利益，税金の種類ごとの法定実効税率は次のとおりである。なお，税額控除は発生しない見込みである。
② 　当四半期において重要な永久差異は生じていない。
③ 　前期末において，A社は，将来減算一時差異等1,000を有していたが，回収可能性が見込まれていなかったため繰延税金資産を計上していなかった。これが，当四半期においてA社の地方税に係る企業分類が④から③に変更されたことによって，全額回収可能と判断されることになった。これに係る繰延税金資産の増加額は住民税分30，事業税分70と計算された。

第7章　四半期決算における税金費用の会計処理　　303

④　前期末において，B社は，特定連結欠損金個別帰属額2,000と事業税に係る繰越欠損金2,000を有していたが，回収可能性が見込まれていなかったため繰延税金資産を計上していなかった。これが，全額，当四半期を含む事業年度において予想年間課税所得の計算において控除されるものと予想される。

⑤　上記③及び④以外，前期末の繰延税金資産の回収可能額に変更はない。

⑥　各連結納税会社の税引前四半期純利益に乗じる実効税率は各連結納税会社の見積実効税率を採用するものとする。

1．法人税及び地方法人税

【見積実効税率（法人税及び地方法人税）】

	連結納税親会社	連結納税子会社	連結納税子会社	連結納税会社合計	連結納税主体
	P社	A社	B社	個別財務諸表	連結財務諸表
予想年間税引前当期純利益	▲ 3,000	7,500	6,000	10,500	10,500
予想年間永久差異（交際費損金不算入等）	100	50	50	200	200
特定連結欠損金個別帰属額の控除額			▲ 2,000	▲ 2,000	▲ 2,000
補正後税引前当期純利益	▲ 2,900	7,550	4,050	8,700	8,700
法定実効税率	24.75%	24.75%	24.75%	－	24.75%
予想年間税金費用	▲ 717	1,868	1,002	－	2,153
繰延税金資産の増加額（▲）	0	0	0	0	0
予想年間税金費用（計）	▲ 717	1,868	1,002	－	2,153
見積実効税率予想年間税金費用／予想年間税引前当期純利益	23.9%	24.9%	16.7%	－	20.5%
適用する実効税率	23.9%	24.9%	16.7%	－	20.5%

304 　第３部　連結納税における税効果会計

【税金費用の計算（法人税及び地方法人税）】

税引前四半期純利益	▲ 2,000	3,000	4,000	5,000	5,000
見積実効税率	23.9%	24.9%	16.7%	－	20.5%
税金費用	▲ 478	747	668	937	1,025

【会計仕訳】

借方の科目	法人税，住民税及び事業税	法人税，住民税及び事業税	法人税，住民税及び事業税	－	法人税，住民税及び事業税
貸方の科目	未払法人税等	未払金	未払金	－	未払法人税等
金額	937	747	668	－	1,025
借方の科目	未収入金		－	－	－
貸方の科目	法人税，住民税及び事業税		－	－	－
金額	1,415		－	－	－

２．住民税

【見積実効税率（住民税）】

	連結納税親会社	連結納税子会社	連結納税子会社	連結納税会社合計
	P 社	A 社	B 社	個別財務諸表
予想年間税引前当期純利益	▲ 3,000	7,500	6,000	10,500
予想年間永久差異（交際費損金不算入等）	100	50	50	200
特定連結欠損金個別帰属額の控除額	0	0	▲ 2,000	▲ 2,000
補正後税引前当期純利益	▲ 2,900	7,550	4,050	8,700
法定実効税率	3.86%	3.86%	3.86%	－
予想年間税金費用	▲ 111	291	156	336
繰延税金資産の増加額（▲）	0	▲ 30	0	▲ 30
予想年間税金費用（計）	▲ 111	261	156	306

第7章　四半期決算における税金費用の会計処理　　305

見積実効税率 予想年間税金費用／予想年間税引前当期純利益	3.7%	3.48%	2.6%	－
適用する実効税率	3.86%	3.48%	2.6%	－

【税金費用の計算（住民税）】

税引前四半期純利益	▲ 2,000	3,000	4,000	5,000
見積実効税率	3.86%	3.48%	2.6%	－
税金費用	▲ 77	104	104	131

【会計仕訳】

借方の科目	繰延税金資産	法人税，住民税及び事業税	法人税，住民税及び事業税	－
貸方の科目	法人税，住民税及び事業税	未払法人税等	未払法人税等	－
金額	77	104	104	－

３．事業税

【見積実効税率（事業税）】

	連結納税 親会社	連結納税 子会社	連結納税 子会社	連結納税 会社合計
	P 社	A 社	B 社	個別財務諸表
予想年間税引前当期純利益	▲ 3,000	7,500	6,000	10,500
予想年間永久差異（交際費損金不算入等）	100	50	50	200
繰越欠損金の控除額	0	0	▲ 2,000	▲ 2,000
補正後税引前当期純利益	▲ 2,900	7,550	4,050	8,700
法定実効税率	7.03%	7.03%	7.03%	－
予想年間税金費用	▲ 203	530	284	611

306　第3部■連結納税における税効果会計

繰延税金資産の増加額（▲）	0	▲ 70	0	▲ 70
予想年間税金費用（計）	▲ 203	460	284	541
見積実効税率 予想年間税金費用／予想年間税引前当期純利益	6.76%	6.13%	4.73%	
適用する実効税率	7.03%	6.13%	4.73%	－

【税金費用の計算（事業税）】

税引前四半期純利益	▲ 2,000	3,000	4,000	5,000
見積実効税率	7.03%	6.13%	4.73%	－
税金費用	▲ 140	183	189	232

【会計仕訳】

借方の科目	繰延税金資産	法人税，住民税及び事業税	法人税，住民税及び事業税	－
貸方の科目	法人税，住民税及び事業税	未払法人税等	未払法人税等	－
金額	140	183	189	－

7-3-3　四半期会計期間において税率が変更された場合の四半期特有の会計処理

　連結納税の場合も単体納税の場合と同じく，四半期会計期間において税率が変更された場合，次のように法人税及び地方法人税，住民税，事業税の税種類ごとに見積実効税率を算定する（四半期適用指針23，中間税効果適用指針13）。

[連結納税主体の見積実効税率]

$$\text{四半期会計期間において税率が変更された場合の連結納税主体の見積実効税率} = \frac{\text{連結納税主体の予想年間納付税額}^{\text{(注1)}} + \text{連結納税主体の予想年間法人税等調整額}^{\text{(注2)}}}{\text{予想年間税引前当期純利益}}$$

第7章■四半期決算における税金費用の会計処理　　307

（注1）　予想年間納付税額は，年間の連結所得を見積もり，当期の税率により計算する。
（注2）　予想年間法人税等調整額は，連結納税主体の繰延税金資産及び繰延税金負債の増減
　　　　を見積もることにより計算される，連結納税主体の年間ベースの法人税等調整額の
　　　　予想額である。

［連結納税会社の見積実効税率］

$$
\begin{array}{c}
\text{四半期会計期間にお} \\
\text{いて税率が変更され} \\
\text{た場合の連結納税会} \\
\text{社の見積実効税率}
\end{array}
=
\frac{
\begin{array}{c}
\text{連結納税による連結納税会} \\
\text{社の予想年間納付税額}^{(注1)}
\end{array}
+
\begin{array}{c}
\text{連結納税による連結納税会社の} \\
\text{予想年間法人税等調整額}^{(注2)}
\end{array}
}{
\text{予想年間税引前当期純利益}
}
$$

（注1）　予想年間納付税額は，連結納税を適用した場合の年間ベースの法人税，住民税及び
　　　　事業税の予想額である。
（注2）　予想年間法人税等調整額は，連結納税を適用した場合の連結納税会社の年間ベース
　　　　の法人税等調整額の予想額である。

　したがって，次の2つの実効税率を「7-3-1」で示した［実務上選択され
る処理のパターン］に基づいて適用することとなる。
　①　連結納税主体の見積実効税率（上記の計算式）
　②　連結納税会社の見積実効税率（上記の計算式）

　以下，連結納税会社に適用される「四半期会計期間において税率が変更され
た場合の四半期特有の会計処理」について，「7-3-1」で示した［実務上選択
される処理のパターン］の（パターンⅠ）を選択した場合の具体的な計算例を
示すこととする。

308 第３部■連結納税における税効果会計

［ケース］ 連結納税主体の予想年間税引前当期純利益がプラスの場合（連結納税会社ごとに見積実効税率を適用する方法）

① 予想年間税引前当期純利益及び税引前四半期純利益は次のとおりである。

② 予想年間納付額及び予想年間法人税等調整額は，年間の予測数値から原則法により計算した税金費用であり，予測年間損益計算書における「法人税，住民税及び事業税」及び「法人税等調整額」となる数値である。

③ 各連結納税会社の税引前四半期純利益に乗じる実効税率は各連結納税会社の見積実効税率を採用するものとする。

１．法人税及び地方法人税

【見積実効税率（法人税及び地方法人税）】

連結納税主体の予想年間税引前当期純利益がプラスの場合は，連結納税会社の予想年間税引前当期純利益又は予想年間税金費用がマイナスの場合であっても，見積実効税率を用いて計算した税金費用に合理性があると考えられるため，当該連結納税会社の適用する実効税率は見積実効税率とする。

	連結納税親会社	連結納税子会社	連結納税子会社	連結納税会社合計	連結納税主体
	P社	A社	B社	個別財務諸表	連結財務諸表
予想年間税引前当期純利益	10,000	▲ 7,500	6,000	8,500	8,500
予想年間納付税額（法人税及び地方法人税）	2,722	▲ 2,041	1,633	2,314	2,314
予想年間法人税等調整額（法人税及び地方法人税）	▲ 223	198	▲ 136	▲ 161	▲ 161
予想年間税金費用	2,499	▲ 1,843	1,497	2,153	2,153
見積実効税率 予想年間税金費用／予想年間税引前当期純利益	24.99%	24.57%	24.95%	－	25.32%
適用する実効税率	24.99%	24.57%	24.95%	－	25.32%

【税金費用の計算（法人税及び地方法人税）】

税引前四半期純利益	6,000	▲ 3,000	4,000	7,000	7,000
見積実効税率	24.99%	24.57%	24.95%	–	25.32%
税金費用	1,499	▲ 737	998	1,760	1,772

【会計仕訳】

個別財務諸表における各連結納税会社の税金仕訳を消去した後の連結仕訳。

借方の科目	法人税,住民税及び事業税	未収入金	法人税,住民税及び事業税	–	法人税,住民税及び事業税
貸方の科目	未払法人税等	法人税,住民税及び事業税	未払金	–	未払法人税等
金額	1,760	737	998	–	1,772
借方の科目	未収入金	–	–	–	–
貸方の科目	法人税,住民税及び事業税	–	–	–	–
金額	998	–	–	–	–
借方の科目	法人税,住民税及び事業税	–	–	–	–
貸方の科目	未払金	–	–	–	–
金額	737	–	–	–	–

2．住民税

【見積実効税率（住民税）】

> 予想年間税引前当期純利益がマイナスのため，見積実効税率ではなく，法定実効税率を使用する。

	連結納税 親会社	連結納税 子会社	連結納税 子会社	連結納税 会社合計
	P社	A社	B社	個別財務 諸表
予想年間税引前当期純利益	10,000	▲ 7,500	6,000	8,500
予想年間納付税額（住民税）	424	▲ 318	254	360
予想年間法人税等調整額（住民税）	▲ 35	31	▲ 21	▲ 25
予想年間税金費用	389	▲ 287	233	335
見積実効税率 予想年間税金費用／予想年間税引前当期純利益	3.89％	3.82％	3.88％	－
適用する実効税率	3.89％	3.86％	3.88％	－

【税金費用の計算（住民税）】

> 一時差異等に該当しない差異が重要な場合には，その金額を税引前四半期純損益に加減した上で法定実効税率を乗じるものとする。

税引前四半期純利益	6,000	▲ 3,000	4,000	7,000
見積実効税率	3.89％	3.86％	3.88％	－
税金費用	233	▲ 115	155	273

第7章　四半期決算における税金費用の会計処理　311

【会計仕訳】

> 期首における繰延税金資産の額と合算して，繰延税金資産の回収可能見込額を限度として計上する。
> その結果，回収不能と判断される場合は，当該仕訳は生じない。

借方の科目	法人税，住民税及び事業税	繰延税金資産	法人税，住民税及び事業税	－
貸方の科目	未払法人税等	法人税，住民税及び事業税	未払法人税等	－
金額	233	115	155	－

3．事業税

【見積実効税率（事業税）】

> 予想年間税引前当期純利益がマイナスのため，見積実効税率ではなく，法定実効税率を使用する。

	連結納税親会社	連結納税子会社	連結納税子会社	連結納税会社合計
	P社	A社	B社	個別財務諸表
予想年間税引前当期純利益	10,000	▲ 7,500	6,000	8,500
予想年間納付税額（事業税）	773	▲ 579	463	657
予想年間法人税等調整額（事業税）	▲ 63	56	▲ 38	▲ 45
予想年間税金費用	710	▲ 523	425	612
見積実効税率 予想年間税金費用／予想年間税引前当期純利益	7.10%	6.97%	7.08%	
適用する実効税率	7.10%	7.03%	7.08%	－

312 　第３部 連結納税における税効果会計

【税金費用の計算（事業税）】

> 一時差異等に該当しない差異が重要な場合には，その金額を税引前四半期純損益に加減した上で法定実効税率を乗じるものとする。

税引前四半期純利益	6,000	▲ 3,000	4,000	7,000
見積実効税率	7.10%	7.03%	7.08%	－
税金費用	426	▲ 210	283	499

【会計仕訳】

> 期首における繰延税金資産の額と合算して，繰延税金資産の回収可能見込額を限度として計上する。
> その結果，回収不能と判断される場合は，当該仕訳は生じない。

借方の科目	法人税，住民税及び事業税	繰延税金資産	法人税，住民税及び事業税	－
貸方の科目	未払法人税等	法人税，住民税及び事業税	未払法人税等	－
金額	426	210	283	－

第**8**章
「連結子法人の加入・離脱」の税効果会計

　連結納税は，100％国内子会社を連結範囲とした制度であるため，100％子会社が増加（加入）した場合は，加入した連結子法人が単体納税から連結納税に移行し，逆に，100％子会社が減少（離脱）した場合は，離脱した連結子法人が連結納税から単体納税に移行することとなる。

　そして，連結納税を開始する場合の税務及び会計上の取扱いはよく知られたところであるが，新たに連結子法人が加入する場合や連結子法人が連結納税から離脱した場合の取扱いは専門誌，書籍等でもあまり取り上げられていない。

　その一方で，連結納税の普及が進んだことによって，今後，連結子法人が連結納税に加入するケースや連結納税から離脱するケースも一般化していくことが予想される。そのため，連結納税を採用している企業グループに連結子法人が加入する場合と連結子法人が離脱してしまう場合における税務と税効果の留意点について解説する。

8-1　連結子法人の加入・離脱時の税務

　連結納税を採用している企業グループが新規に会社を設立したり，第三者割当増資をしたり，組織再編やM＆Aを行う場合，連結子法人の加入と離脱が生じる。連結納税特有の取扱いのうち，連結子法人の加入と離脱に係る取扱いは，次のようにまとめられる。

8-1-1　加入時の税務上の取扱い

　連結納税では，新規に100％国内子会社を設立する場合や他の内国法人を100％子会社化する場合に，その100％子会社が連結親法人による完全支配関係

314　第3部　連結納税における税効果会計

を有することとなった日において，連結納税に加入することとなる。

　具体的には，内国法人が連結親法人による完全支配関係を有することとなった場合には，その内国法人については，完全支配関係を有することとなった日（法人税法14条2項1号の規定の適用を受ける場合にあっては，同日の前日の属する月次決算期間の末日の翌日）において連結納税の承認があったものとみなされ，完全支配関係を有することとなった日以後の期間について，その効力を生じることになる（法法4の3⑩）。

　そして，新たに加入した連結子法人については，次のように繰越欠損金の切捨てや時価評価等の連結納税特有の取扱いが適用される。

(1)　繰越欠損金の切捨て

　次に掲げる特定連結子法人に該当しない連結子法人は，連結納税加入前の繰越欠損金が切り捨てられる（地方税を除く。法法81の9②一，61の12①）。

　ただし，連結納税に加入した連結事業年度終了日までに連結納税から離脱した場合（つまり，同一連結事業年度内に加入と離脱の両方がある場合）は，繰越欠損金の切捨ては生じない（法法57⑨二）。

- 連結親法人又は連結子法人により設立された連結子法人
- 適格株式交換等による株式交換等完全子法人
- 適格合併，適格株式交換等の被合併法人等の長期保有連結子法人及び設立連結子法人
- 単元未満株の買取り等による連結子法人

　また，特定連結子法人に該当する連結子法人の連結納税加入前の繰越欠損金は，特定連結欠損金として，その連結子法人の個別所得を限度に利用することが可能となる（法法81の9①一イ・②一・③一）。

(2)　保有資産の時価評価

　(1)の特定連結子法人に該当しない連結子法人は，連結加入直前事業年度（最後の単体納税事業年度）において対象資産の時価評価を行う（法法61の12）。

第8章 「連結子法人の加入・離脱」の税効果会計　315

【図表１】　連結納税加入時の連結子法人のみなし事業年度と繰越欠損金の連結納税
　　　　　　への引継ぎ

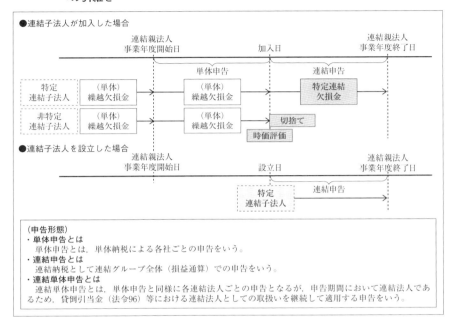

　ただし，加入日以後２か月以内に連結納税から離脱する連結子法人は，時価評価の対象から除外される（法令122の12①八）。

(3)　みなし事業年度

　連結納税に加入した連結子法人は，加入日の前日の属する事業年度開始日からその前日までの期間（単体申告）と加入日からその連結親法人事業年度終了日までの期間（連結申告）でみなし事業年度を設定し，申告を行う（法法14①六・②，15の２①四・②）。

　ここで，加入日とは，連結親法人との間に連結親法人による完全支配関係が生じた日をいうが，法人税法14条２項１号の規定の適用を受ける場合にあっては，同日の前日の属する月次決算期間の末日の翌日を加入日とすることができる。

(4) 加入時の手続

連結親法人と加入した連結子法人は，完全支配関係を有することとなった日以後遅滞なく，「完全支配関係を有することとなった旨等を記載した書類」をそれぞれの所轄税務署長に提出しなければならない（法令14の7④）。また，加入した連結子法人は，連結子法人になった日から15日以内に「法人税に係る連結納税の承認等の届出書」をそれぞれの都税事務所，県税事務所，市区町村に提出しなければならない。

8-1-2 離脱時の税務上の取扱い

連結納税では，連結親法人が他の内国法人の100％子会社となった場合や連結子法人のすべてがなくなった場合，連結親法人が解散した場合，連結子法人が合併により解散又は残余財産が確定した場合に，連結法人のすべて，あるいは，連結親法人又は該当する連結子法人において連結納税の取消しがあったものとみなされるとともに，連結子法人が連結親法人との間にその連結親法人による連結完全支配関係を有しなくなった場合，具体的には，連結子法人が，第三者割当増資や株式譲渡により連結親法人との連結完全支配関係がなくなる場合は，その連結子法人は連結納税から離脱することとなる。この場合，その連

【図表2】　連結納税離脱時の連結子法人のみなし事業年度と連結欠損金個別帰属額の単体納税への引継ぎ

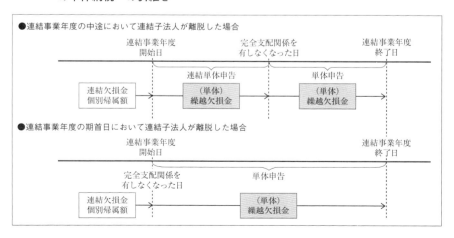

結子法人は，連結完全支配関係を有しなくなった日以後の期間において，その効力を失うこととなる（法法4の5②五）。

そして，連結納税から離脱した連結子法人は，離脱後は単体納税に移行するため，次のように連結納税適用期間中の税務上の取扱いについて，精算及び引継ぎを行うこととなる。

(1) 繰越欠損金の引継ぎ

連結子法人が連結納税から離脱した場合，連結納税時の連結欠損金個別帰属額が単体納税の繰越欠損金とみなされることとなる（法法57⑥）^(注)。

(注) 連結子法人が，連結納税開始後又は加入後に，株式譲渡や第三者割当増資により，連結納税から離脱した場合，連結納税開始又は加入により切り捨てられた繰越欠損金は，離脱後の単体納税事業年度において利用することができない（法法57⑨）。ただし，連結納税を開始又は連結納税に加入した最初連結事業年度終了日前に連結子法人が連結納税から離脱する場合は，連結子法人の繰越欠損金は切り捨てられずに，離脱後の単体納税において利用することが可能となる（法法57⑨二）（図表3参照）。

【図表3】 連結納税から離脱した場合の繰越欠損金の引継ぎ

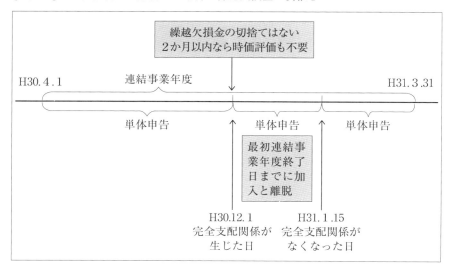

318　第3部　連結納税における税効果会計

⑵　保有資産の時価評価の引継ぎ

　連結納税開始又は加入時に行われた時価評価による加算・減算留保は，単体納税に引き継がれる。

⑶　連結子法人株式の帳簿価額の修正

　離脱した連結子法人株式の帳簿価額の修正が，その株式を所有する連結法人で行われる（法令9①六・②，9の2①四・②）（図表4参照）。

【図表4】　連結子法人株式の帳簿価額の修正の例

・連結親法人P社が連結子法人A社の株式の40％を資本関係のないQ社に150で譲渡する場合の税務処理は次のとおりとなる。

〈ケースの条件〉

⑴　P社の状況
・A社株式の帳簿価額：100
・A社が連結納税を離脱した後も連結納税は継続される。

⑵　A社の状況
・連結納税開始直前事業年度末の利益積立金：400
・離脱日の前日の属する事業年度末の利益積立金：550
・A社は連結納税開始時から連結子法人となっている。

〈税務処理〉

⑴　P社のA社株式の帳簿価額の修正処理

①　会計仕訳
　　会計上の仕訳は生じない。

②　税務仕訳

| A社株式 | 150 | 利益積立金 | 150 |

　A社株式の譲渡により，A社が連結納税から離脱する（A社で譲渡等修正事由が生じる）ため，連結納税適用期間中のA社の利益積立金の増加額をP社のA社株式の帳簿価額に加算することにより，A社株式譲渡時に譲渡益との二重課税を排除する。本ケースでは，連結子法人株式の帳簿価額修正額は，次のように計算される（法令9③，9の2③）。

$$連結子法人株式の帳簿価額修正額 = （イ＋ロ－既修正等額）×持分比率$$
$$= （150＋0－0）×100\%$$
$$= 150$$

※　イはi－iiとなる。
　　i　離脱日の前日の属する事業年度末の利益積立金：550
　　ii　連結納税開始直前事業年度末の利益積立金：400
　　このiがiiを超える金額が，連結納税開始時から譲渡等修正事由が生じた日の前日

第8章 「連結子法人の加入・離脱」の税効果会計 **319**

までの連結事業年度の利益積立金の増加額となる。
※ ロは，連結子法人において譲渡等修正事由が生じたために発生したその連結子法人
が所有する他の連結子法人株式の帳簿価額修正額である。本ケースでは，A社におい
て他の連結子法人株式の帳簿価額の修正は生じていないこととする（ロ＝0）。
※ 既修正等額とは，すでに帳簿価額の修正をした金額をいい，本ケースでは，既修正
等額は発生していないこととする（既修正等額＝0）。
※ 持分比率は，離脱直前のA社の発行済株式のすべてをP社が所有しているため
100％となる。
(2) P社のA社株式の譲渡処理
① 会計仕訳

現預金	150	A社株式※	40
		子会社株式譲渡益	110

※ A社株式の帳簿価額100×譲渡比率40％＝40
② 税務仕訳

現預金	150	A社株式※	100
		子会社株式譲渡益	50

※ A社株式の帳簿価額250×譲渡比率40％＝100

(4) 譲渡損益調整資産の繰延譲渡損益の実現

譲渡損益調整資産の繰延譲渡損益について，譲渡法人が譲受法人との間に完
全支配関係を有しなくなったときは，譲渡法人において，完全支配関係を有し
なくなった日の前日の属する事業年度に，繰延譲渡損益が益金又は損金に算入
される（法法61の13③）。

(5) みなし事業年度

連結納税から離脱した連結子法人は，その連結事業年度開始日から離脱日の
前日までの期間（連結単体申告）とその離脱日からその連結事業年度終了の日
までの期間（単体申告）でみなし事業年度を設定し，申告を行う（法法14①八，
15の2①三）。

(6) 同一の連結納税グループへの再加入の制限

連結子法人が，連結親法人との間にその連結親法人による連結完全支配関係
を有しなくなった日以後5年を経過する日の属する事業年度終了日までは，同

320 第3部 連結納税における税効果会計

一の連結親法人による連結納税グループには，再加入できない（法令14の6①四）。

(7) 離脱時の手続

連結親法人及び離脱した連結子法人は，連結完全支配関係を有しなくなった日以後遅滞なく，「完全支配関係を有しなくなった旨等を記載した書類」をそれぞれの所轄税務署長に提出しなければならない（法令14の9②一）。また，離脱した連結子法人は，連結法人でなくなった日から15日以内に「法人税に係る連結納税の承認等の届出書」をそれぞれの都税事務所，県税事務所，市区町村に提出しなければならない。

8-2 連結子法人の加入時の税効果ケーススタディ

連結納税親会社及び連結納税子会社では，繰延税金資産の回収可能性をはじめとした税効果会計について，連結納税特有の取扱いが適用されるため，非連結子会社又は連結子会社が連結納税子会社になる場合や連結子会社が連結納税から離脱する場合は，単体納税を採用している場合には生じない次のような取扱いが生じることとなる。

8-2-1 連結上，重要性が乏しい連結納税子会社の取扱い

連結財務諸表では，子会社であっても，その資産，売上高等を考慮して，連結の範囲から除いても企業集団の財政状態，経営成績及びキャッシュ・フローの状況に関する合理的な判断を妨げない程度に重要性の乏しいものは，連結の範囲に含まないことができるため，連結納税子会社であっても，重要性がないものとして非連結子会社となる場合がある（連結会計基準注3）。

一方，連結納税会社の繰延税金資産の回収可能額は，自社の個別所得だけではなく，他の連結納税会社の個別所得も影響するため，連結納税主体の企業分類やスケジューリングによる回収可能額の計算において，非連結子会社となる連結納税子会社の個別所得等を含めて判断するか否かが実務上問題となる。

その点，個別財務諸表において，連結会社となる連結納税親会社及び連結納

第8章 「連結法人の加入・離脱」の税効果会計　　321

税子会社の繰延税金資産の回収可能額を正確に計算するためには，企業分類の決定及びスケジューリングの計算において非連結子会社となる連結納税子会社の個別所得等を含めて検討をする必要があるが，その連結納税子会社が，そもそも定量的に重要性がないと判断されたために非連結子会社となっていることを考えると，非連結子会社となる連結納税子会社の個別所得等を除いて企業分類を決定し，スケジューリングを実施しても実務上問題になることはないと思われる。

　なお，連結会社となる連結納税親会社及び連結納税子会社の納付する法人税等の計上において，非連結子会社となる連結納税子会社を含めて計算している場合は，税効果会計においても非連結子会社となる連結納税子会社を含めて計算することが実務的といえる。ただし，その場合でも，連結財務諸表において回収可能額を見直す場合には，非連結子会社となる連結納税子会社を除外して連結納税主体のスケジューリングによる回収可能額の計算をすることとなる。

　なお，以下では，特段の記載がない限り，「連結納税子会社」は「連結子会社」であるものとして解説している。

8-2-2　加入に伴う一時差異の取扱い

⑴　連結納税会社間の債権に対する貸倒引当金の取扱い

　連結納税に加入した連結納税子会社では，他の連結納税会社への債権に対する貸倒引当金が損金算入されないこととなる（法法52⑨）が，この貸倒引当金は，法人税及び地方法人税と地方税に係る税効果会計において図表5のように取り扱われる（実務対応報告第5号Q6）。

【図表5】　連結納税会社間の債権に対する貸倒引当金の取扱い

財務諸表	処理主体	会計処理
個別 財務諸表	連結納税 会社	連結納税会社における他の連結納税会社に対する貸倒引当金は，連結納税においては損金の額に算入されず，連結納税会社の個別財務諸表固有の一時差異に該当し，税効果の対象となる。
		連結納税会社の個別財務諸表で計上された他の連結納税会社に対する貸倒引当金は，連結財務諸表上，

322 第3部 連結納税における税効果会計

連結 財務諸表	連結納税 主体	債権債務の相殺消去に伴い貸倒引当金は減額修正される。一方，連結納税においても連結納税会社間の債権に対する貸倒引当金は損金の額に算入されないため，適用指針第28号第32項及び第33項と同様に，税効果は認識しない。 したがって，上記の個別財務諸表で計上されている繰延税金資産は取り崩すこととなる。

(2)　加入時の時価評価損益の取扱い

　連結納税への加入時に行った連結納税子会社の資産の時価評価損益は，法人税及び地方法人税と地方税に係る税効果会計において図表6のように取り扱われる（実務対応報告第5号Q7）。

【図表6】　連結納税加入時の時価評価損益の取扱い

財務諸表	処理主体	会計処理
個別 財務諸表	連結納税 会社	連結納税に加入する場合であっても，連結納税加入直前事業年度における連結納税子会社の個別財務諸表において，税務上の時価評価資産に係る評価損益の計上は認められない。 したがって，連結納税へ加入する場合における連結納税子会社の時価評価資産の時価評価損益は，財務諸表上の一時差異等に該当し，税効果の対象となる。
連結 財務諸表	連結納税 主体	連結納税主体において，会計上の資本連結手続による評価差額（連結財務諸表固有の一時差異に該当する）と連結納税における時価評価資産の時価評価損益（個別財務諸表固有の一時差異に該当する）に差額が生じる場合は，その差額は連結納税主体の一時差異等となる。

(3)　加入前の繰越欠損金の取扱い

　連結納税では，連結納税加入前の繰越欠損金について，特定連結子法人の繰越欠損金は連結納税に引き継がれることとなり，非特定連結子法人の繰越欠損金は切り捨てられることとなるため，加入する連結納税子会社において，連結納税加入前の繰越欠損金が切り捨てられる場合は，その繰越欠損金は法人税及

び地方法人税に係る将来減算一時差異等から消滅することとなり，それに対して計上していた法人税及び地方法人税に係る繰延税金資産は取り崩すこととなる。

また，地方税については連結納税加入前の繰越欠損金の切捨ては生じないため，連結納税加入後も，住民税の繰越欠損金（控除対象個別帰属調整額）及び事業税の繰越欠損金（将来減算一時差異等）として，繰延税金資産の回収可能性が判断されることとなる。

一方，加入する連結納税子会社において，連結納税加入前の繰越欠損金が連結納税に引き継がれる場合は，その繰越欠損金は特定連結欠損金（法人税及び地方法人税に係る将来減算一時差異等）として連結納税ベースにより繰延税金資産の回収可能性を判断することになる。

また，地方税については，住民税の繰越欠損金（控除対象個別帰属調整額）は発生せず，事業税の繰越欠損金のみを将来減算一時差異等として，繰延税金資産の回収可能性が判断されることとなる。

以上の取扱いをいつから行うのかについては後記「8-2-3　連結子法人の連結納税への加入による繰延税金資産の回収可能性の見直し」(4)で解説する繰延税金資産の回収可能性の見直しのタイミングと同様の時点で行うこととなる（実務対応報告第7号Q8）。

ただし，連結納税会社が，現在，会計上の連結の範囲に含まれない会社の株式について，将来，取得することを意思決定し，その会社が連結納税子会社として加入することとなる場合でも，その連結納税主体では，意思決定時点においては将来の加入を会計上反映させないが，将来，連結納税へ加入することとなる会社の個別財務諸表においては，加入の可能性が高いと認められ，かつ，その会社においてもその事実が明らかになっていると認められる場合には，将来連結納税に加入するものとして税効果を取り扱うこととする。そして，連結納税へ加入した場合，その会社の繰越欠損金が切り捨てられる場合には，その加入の可能性が高いと認められることとなった時点において，法人税及び地方法人税に係る繰越欠損金に対する繰延税金資産の回収可能性はないものと判断されることとなる（実務対応報告第7号Q8）。

324 第3部　連結納税における税効果会計

8-2-3　連結子法人の連結納税への加入による繰延税金資産の回収可能性の見直し

⑴　基本的考え方

　連結納税の税効果会計では，連結納税グループ全体の収益力を考慮して繰延税金資産の回収可能性の検討が行われるため，ある会社が連結納税に加入した場合，連結納税グループ全体の収益力及び連結所得が変動することにより連結納税主体の繰延税金資産の回収可能額が変動することとなる。また，加入した連結納税子会社は，単体納税から連結納税に移行するため，自社だけではなく他の連結納税会社の収益力及び課税所得も使って繰延税金資産の回収可能額を計算することとなる。

　そして，連結納税の繰延税金資産の回収可能性の検討は，企業分類とスケジューリングにより行われることとなり，企業分類については，連結納税グループ全体の分類を考慮して連結納税会社及び連結納税主体の分類を決定する必要があり，スケジューリングについても，自社の課税所得だけでなく，他社の課税所得を含めて回収可能額を計算することとなるため，ある会社が連結納税に加入した場合，以下のように企業分類とスケジューリングに影響を与えることにより，繰延税金資産の回収可能額が変動することとなる。

　なお，この取扱いは法人税及び地方法人税についてのみ影響するものであり，連結納税の対象外となる地方税については（繰越欠損金の解消額のスケジューリングを除いて）影響しないため，以下では法人税及び地方法人税に係る繰延税金資産の回収可能性に限定して解説する（「8-3　連結子法人の離脱時の税効果ケーススタディ」においても同じ）。また，繰越欠損金及び連結欠損金は，通常，回収不能と判断されることが多いことから，連結納税への加入と離脱が影響することになる将来減算一時差異に係る繰延税金資産の回収可能性に限定して解説することとする（「8-3　連結子法人の離脱時の税効果ケーススタディ」においても同じ）。

⑵　企業分類の見直し

　ある会社が連結納税に加入した場合に，連結納税主体の分類に与える影響は，連結納税に加入する会社が，業績がいい会社か，悪い会社かによって異なるこ

第8章 「連結子法人の加入・離脱」の税効果会計　325

ととなる。また，連結財務諸表において連結納税主体の分類に統一する場合は，個別財務諸表と連結財務諸表により影響額が異なることとなる。

ここでは，①業績がいい会社が連結納税に加入するケースと②業績が悪い会社が連結納税に加入するケースについて示したい。

なお，加入する会社は，連結納税に加入する前も連結子会社であるものとする。

① 業績がいい会社が連結納税に加入するケース

図表7のケースでは，トラスト3の収益力は，連結納税主体の分類の決定に大きな影響を与えるため，トラスト3が連結納税に加入する場合は，連結納税主体の分類が②となり，自社の所得では分類が⑤のトラスト1とトラスト2の分類を②にランクアップさせることとなる（トラスト3の分類は①のまま）。

また，連結財務諸表において連結納税主体の分類を修正する場合は，連結納税主体の分類が⑤から②にランクアップすることとなる（ただし，トラスト3では，分類が②にランクダウンする）。

その結果，本ケースにおいて，スケジューリングを行わないで，企業分類だけで回収可能額の計算をすると，図表8のとおり，収益力の高いトラスト3が連結納税に加入することにより，連結納税主体を構成する連結納税会社の分類が改善することとなり，最終的に個別財務諸表及び連結財務諸表ともに繰延税金資産の回収可能額が増加することとなる。

② 業績が悪い会社が連結納税に加入するケース

図表9のケースでは，トラスト3の収益力は，連結納税主体の分類の決定に大きな影響を与えるため，トラスト3が連結納税に加入する場合は，連結納税主体の分類が⑤となってしまい，トラスト1とトラスト2は自社の分類である②と①のままとなる（つまり，連結納税による分類のランクアップはない）。

一方，連結財務諸表において連結納税主体の分類に修正する場合は，連結納税主体の分類が①から⑤にランクダウンすることとなる。

その結果，本ケースにおいて，スケジューリングを行わないで，企業分類だけで回収可能額の計算をすると，図表10のとおり，収益力が大きくマイナスとなるトラスト3が連結納税に加入することにより，連結納税主体を構成する連結納税会社の分類が悪化することとなり，最終的に個別財務諸表及び連結財務諸表ともに繰延税金資産の回収可能額が減少することとなる。

326　第３部■連結納税における税効果会計

【図表７】　加入前・後の企業分類と回収可能額（業績がいい会社が連結納税に加入
するケース）

＜加入前の企業分類と回収可能額＞

	事業年度	企業分類の考え方	連結納税親会社	連結納税子会社	連結納税主体	連結子会社
			トラスト１	トラスト２		トラスト３
課税所得（実績・見込）	2016年３月期	－	▲ 400	▲ 1,000	▲ 1,400	3,000
	2017年３月期	－	▲ 400	▲ 1,000	▲ 1,400	3,000
	2018年３月期	－	▲ 400	▲ 1,000	▲ 1,400	3,000
	2019年３月期	－	▲ 400	▲ 1,000	▲ 1,400	3,000
将来減算一時差異		－	1,200	1,000	2,200	1,500
(うち, スケジューリング不能差異)		－	(200)	(300)	(500)	(400)
連結納税会社と連結納税主体のそれぞれの分類		連結納税会社の分類は単体納税の分類を採用。連結納税主体の分類は連結納税グループ全体で判定	⑤	⑤	⑤	①
最終判定	将来減算一時差異に係る法人税及び地方法人税の分類（個別財務諸表）	連結納税会社と連結納税主体の分類のうち，上位を採用	⑤	⑤	－	①
	将来減算一時差異に係る法人税及び地方法人税の分類（連結財務諸表）	連結納税主体の分類を採用	⑤	⑤	－	①

＜回収可能額（個別財務諸表）＞

将来減算一時差異		－	0	0	0	1,500

＜回収可能額（連結財務諸表）＞

将来減算一時差異		－	0	0	0	1,500

＜加入後の企業分類と回収可能額＞

	事業年度	企業分類の考え方	連結納税親会社	連結納税子会社	連結納税子会社	連結納税主体
			トラスト１	トラスト２	トラスト３	
課税所得（実績・見込）	2016年3月期	－	▲ 400	▲ 1,000	3,000	1,600
	2017年3月期	－	▲ 400	▲ 1,000	3,000	1,600
	2018年3月期	－	▲ 400	▲ 1,000	3,000	1,600
	2019年3月期	－	▲ 400	▲ 1,000	3,000	1,600
将来減算一時差異			1,200	1,000	1,500	3,700
(うち, スケジューリング不能差異)		－	(200)	(300)	(400)	(900)

			⑤	⑤	①	②
連結納税会社と連結納税主体のそれぞれの分類		連結納税会社の分類は単体納税の分類を採用。連結納税主体の分類は連結納税グループ全体で判定	⑤	⑤	①	②
最終判定	将来減算一時差異に係る法人税及び地方法人税の分類（個別財務諸表）	連結納税会社と連結納税主体の分類のうち，上位を採用	②	②	①	−
	将来減算一時差異に係る法人税及び地方法人税の分類（連結財務諸表）	連結納税主体の分類を採用	②	②	②	−

＜回収可能額（個別財務諸表）＞

将来減算一時差異	−	1,000	700	1,500	3,200

＜回収可能額（連結財務諸表）＞

将来減算一時差異	−	1,000	700	1,100	2,800

【図表8】 企業分類だけによる回収可能額の計算結果

		連結納税親会社	連結納税子会社	連結納税子会社	合　計
		トラスト1	トラスト2	トラスト3	

＜回収可能額の変動額（個別財務諸表）＞

		連結納税親会社 トラスト1	連結納税子会社 トラスト2	連結納税子会社 トラスト3	合　計
企業分類の変動（加入前→加入後）	−	⑤→②	⑤→②	①→①	−
加入前	−	0	0	1,500	1,500
加入後	−	1,000	700	1,500	3,200
差額（プラスは加入による積増し）	−	1,000	700	0	1,700

＜回収可能額の変動額（連結財務諸表）＞

		連結納税親会社 トラスト1	連結納税子会社 トラスト2	連結納税子会社 トラスト3	合　計
企業分類の変動（加入前→加入後）	−	⑤→②	⑤→②	①→②	−
加入前	−	0	0	1,500	1,500
加入後	−	1,000	700	1,100	2,800
差額（プラスは加入による積増し）	−	1,000	700	▲ 400	1,300

328 第3部 連結納税における税効果会計

【図表9】 加入前・後の企業分類と回収可能額（業績が悪い会社が連結納税に加入するケース）

＜加入前の企業分類と回収可能額＞

	事業年度	企業分類の考え方	連結納税親会社 トラスト1	連結納税子会社 トラスト2	連結納税主体	連結子会社 トラスト3
課税所得（実績・見込）	2016年3月期	－	400	1,000	1,400	▲ 2,000
	2017年3月期	－	400	1,000	1,400	▲ 2,000
	2018年3月期	－	400	1,000	1,400	▲ 2,000
	2019年3月期	－	400	1,000	1,400	▲ 2,000
将来減算一時差異		－	500	800	1,300	400
(うち, スケジューリング不能差異)		－	(100)	(300)	(400)	(100)
連結納税会社と連結納税主体のそれぞれの分類		連結納税会社の分類は単体納税の分類を採用。連結納税主体の分類は連結納税グループ全体で判定	②	①	①	⑤
最終判定	将来減算一時差異に係る法人税及び地方法人税の分類（個別財務諸表）	連結納税会社と連結納税主体の分類のうち，上位を採用	①	①	－	⑤
	将来減算一時差異に係る法人税及び地方法人税の分類（連結財務諸表）	連結納税主体の分類を採用	①	①		⑤

＜回収可能額（個別財務諸表）＞

将来減算一時差異		－	500	800	1,300	0

＜回収可能額（連結財務諸表）＞

将来減算一時差異		－	500	800	1,300	0

＜加入後の企業分類と回収可能額＞

	事業年度	企業分類の考え方	連結納税親会社 トラスト1	連結納税子会社 トラスト2	連結納税子会社 トラスト3	連結納税主体
課税所得（実績・見込）	2016年3月期	－	400	1,000	▲ 2,000	▲ 600
	2017年3月期	－	400	1,000	▲ 2,000	▲ 600
	2018年3月期	－	400	1,000	▲ 2,000	▲ 600
	2019年3月期	－	400	1,000	▲ 2,000	▲ 600
将来減算一時差異		－	500	800	400	1,700
(うち, スケジューリング不能差異)		－	(100)	(300)	(100)	(500)

連結納税会社と連結納税主体のそれぞれの分類		連結納税会社の分類は単体納税の分類を採用。連結納税主体の分類は連結納税グループ全体で判定	②	①	⑤	⑤
最終判定	将来減算一時差異に係る法人税及び地方法人税の分類（個別財務諸表）	連結納税会社と連結納税主体の分類のうち，上位を採用	②	①	⑤	－
	将来減算一時差異に係る法人税及び地方法人税の分類（連結財務諸表）	連結納税主体の分類を採用	⑤	⑤	⑤	－

<回収可能額（個別財務諸表）>

将来減算一時差異	－	400	800	0	1,200

<回収可能額（連結財務諸表）>

将来減算一時差異	－	0	0	0	0

【図表10】　企業分類だけによる回収可能額の計算結果

		連結納税親会社	連結納税子会社	連結納税子会社	合　計
		トラスト1	トラスト2	トラスト3	

<回収可能額の変動額（個別財務諸表）>

企業分類の変動（加入前→加入後）	－	①→②	①→①	⑤→⑤	－
加入前	－	500	800	0	1,300
加入後	－	400	800	0	1,200
差額（マイナスは加入による取崩し）	－	▲ 100	0	0	▲ 100

<回収可能額の変動額（連結財務諸表）>

企業分類の変動（加入前→加入後）	－	①→⑤	①→⑤	⑤→⑤	－
加入前	－	500	800	0	1,300
加入後	－	0	0	0	0
差額（マイナスは加入による取崩し）	－	▲ 500	▲ 800	0	▲ 1,300

(3)　スケジューリングの見直し

　ある会社が連結納税に加入する場合に，他の連結納税会社のスケジューリングに与える影響は，連結納税に加入する会社が，業績がいい会社か，悪い会社かによって異なることとなる。また，連結財務諸表において回収可能額を連結

330　第３部　連結納税における税効果会計

納税主体のスケジューリングで再計算する場合は，個別財務諸表と連結財務諸表により影響額が異なることとなる。

ここでは，①業績がいい会社が連結納税に加入するケースと②業績が悪い会社が連結納税に加入するケースについて示したい。

① **業績がいい会社が連結納税に加入するケース**

図表11のケースでは，収益力の高いトラスト３が連結納税に加入する場合は，収益力の低いトラスト１とトラスト２の将来減算一時差異の解消見込額300と500がトラスト３の将来減算一時差異の解消見込額減算後の個別所得見積額2,500との損益通算効果により回収可能となる。

一方，連結財務諸表において回収可能額を連結納税主体のスケジューリングで再計算する場合も，損益通算効果が生じるため個別財務諸表と同様の計算結果となる。

以上より，収益力の高いトラスト３が連結納税に加入することにより，連結納税主体を構成する連結納税会社のスケジューリングが改善することとなり，最終的に個別財務諸表及び連結財務諸表ともに繰延税金資産の回収可能額が増加することとなる。

② **業績が悪い会社が連結納税に加入するケース**

図表12のケースでは，収益力が大きくマイナスとなるトラスト３が連結納税に加入する場合でも，収益力の高いトラスト１とトラスト２の将来減算一時差異の解消見込額300と500は，自社の個別所得のみで回収可能となる。また，トラスト３では個別所得見積額のマイナス（▲2,000）がトラスト１とトラスト２の将来減算一時差異の解消見込額減算後の個別所得見積額の合計額（600＝100＋500）よりも大きいため，税効果上，損益通算効果がなく，トラスト３の将来減算一時差異の解消見込500は回収不能となる。

したがって，税効果上，損益通算効果がないため，トラスト３が連結納税に加入した場合であっても，個別財務諸表の回収可能額には影響が生じないこととなる。

一方，連結財務諸表において回収可能額を連結納税主体のスケジューリングで再計算する場合は，トラスト３が連結納税に加入する前は，連結納税主体の個別所得見積額の合計額が1,400となるため，回収可能額は800となっていたが，

第8章 「連結子法人の加入・離脱」の税効果会計　331

トラスト3が連結納税に加入すると連結納税主体の個別所得見積額の合計額が▲600となるため，回収可能額は0となってしまう。

【図表11】　加入前・後のスケジューリングと回収可能額（業績がいい会社が連結納税に加入するケース）

＜加入前のスケジューリングと回収可能額＞

法人税及び地方法人税に係るスケジューリング（将来減算一時差異の回収可能額）	2020年3月期					連結財務諸表
	個別財務諸表					
	連結納税親会社	連結納税子会社	連結納税主体（合計）	連結子会社	連結グループ合計	連結グループ合計
	トラスト1	トラスト2		トラスト3		
個別所得見積額	▲ 400	▲ 1,000	▲ 1,400	3,000	-	-
将来減算一時差異の解消見込額	▲ 300	▲ 500	▲ 800	▲ 500		
将来減算一時差異の解消見込額減算後の個別所得見積額	▲ 700	▲ 1,500	▲ 2,200	2,500		
個別所得見積額による回収可能見込額	0	0	0	500		
受取個別帰属法人税額の所得換算額	0	0	0			
上記のうち，マイナスの個別所得見積額への充当額	0	0	0			
回収可能見込額	0	0	0	500	500	500

＜加入後のスケジューリングと回収可能額＞

法人税及び地方法人税に係るスケジューリング（将来減算一時差異の回収可能額）	2020年3月期					連結財務諸表
	個別財務諸表					
	連結納税親会社	連結納税子会社	連結納税子会社	連結納税主体（合計）	連結グループ合計	連結グループ合計
	トラスト1	トラスト2	トラスト3			
個別所得見積額	▲ 400	▲ 1,000	3,000	1,600	-	-
将来減算一時差異の解消見込額	▲ 300	▲ 500	▲ 500	▲ 1,300		
将来減算一時差異の解消見込額減算後の個別所得見積額	▲ 700	▲ 1,500	2,500	300		
個別所得見積額による回収可能見込額	0	0	500	500		
受取個別帰属法人税額の所得換算額	700	1,500	0	2,200		
上記のうち，マイナスの個別所得見積額への充当額	400	1,000	0	1,400		
回収可能見込額	300	500	500	1,300	1,300	1,300

332 第3部 連結納税における税効果会計

【図表12】 加入前・後のスケジューリングと回収可能額（業績が悪い会社が連結納税に加入するケース）

＜加入前のスケジューリングと回収可能額＞

法人税及び地方法人税に係るスケジューリング（将来減算一時差異の回収可能額）	2020年3月期					
	個別財務諸表					連結財務諸表
	連結納税親会社	連結納税子会社	連結納税主体（合計）	連結子会社	連結グループ合計	連結グループ合計
	トラスト1	トラスト2		トラスト3		
個別所得見積額	400	1,000	1,400	▲ 2,000	-	-
将来減算一時差異の解消見込額	▲ 300	▲ 500	▲ 800	▲ 500		
将来減算一時差異の解消見込額減算後の個別所得見積額	100	500	600	▲ 2,500		
個別所得見積額による回収可能見込額	300	500	800	0		
受取個別帰属法人税額の所得換算額	0	0	0	-		
上記のうち，マイナスの個別所得見積額への充当額	0	0	0	-		
回収可能見込額	300	500	800	0	800	800

＜加入後のスケジューリングと回収可能額＞

法人税及び地方法人税に係るスケジューリング（将来減算一時差異の回収可能額）	2020年3月期					
	個別財務諸表					連結財務諸表
	連結納税親会社	連結納税子会社	連結納税子会社	連結納税主体（合計）	連結グループ合計	連結グループ合計
	トラスト1	トラスト2	トラスト3			
個別所得見積額	400	1,000	▲ 2,000	▲ 600	-	-
将来減算一時差異の解消見込額	▲ 300	▲ 500	▲ 500	▲ 1,300		
将来減算一時差異の解消見込額減算後の個別所得見積額	100	500	▲ 2,500	▲ 1,900		
個別所得見積額による回収可能見込額	300	500	0	800		
受取個別帰属法人税額の所得換算額	0	0	600	600		
上記のうち，マイナスの個別所得見積額への充当額	0	0	600	600		
回収可能見込額	300	500	0	800	800	0

　以上より，収益力が大きくマイナスとなるトラスト3が連結納税に加入することにより，連結納税主体を構成する連結納税会社のスケジューリング（個別財務諸表の回収可能額）には影響しないが，連結納税主体のスケジューリング

は悪化することとなり，最終的に連結財務諸表における繰延税金資産の回収可能額が減少することとなる。

以上で示したとおり，連結納税子会社が連結納税に加入する場合は，加入する連結納税会社を含めた連結納税主体及び連結納税会社の企業分類とスケジューリングが見直されるため，それぞれ新しいスケジューリングによる回収可能額について，最終的に新しい企業分類により回収可能額が決定されることとなる（つまり，新しく一から繰延税金資産の回収可能額の計算を行う必要があるということである）。

(4) 繰延税金資産の回収可能性の見直しのタイミング

前記(1)～(3)のとおり，ある会社が連結納税に加入する場合は，加入する連結納税子会社を含めた連結納税主体を構成する連結納税会社は，加入後の新しい連結納税主体で繰延税金資産の回収可能額を計算することになるが，この計算方法の変更はいつのタイミングから行うのかが問題となる。

この点，子会社株式の追加取得等により，連結納税子会社ではない連結子会社を連結納税に加入させる場合，連結納税親会社により，現在，連結子会社である会社を，将来，連結納税子会社として加入させること（子会社株式の追加

【図表13】 連結子会社が連結納税に加入する場合の繰延税金資産の回収可能性の見直しのタイミング（ケース1）

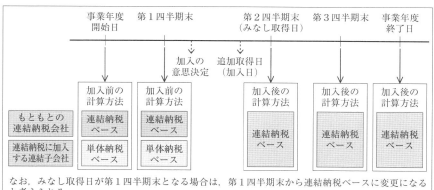

【図表14】 連結子会社が連結納税に加入する場合の繰延税金資産の回収可能性の見直しのタイミング（ケース2）

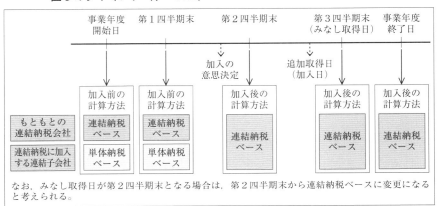

【図表15】 非連結子会社が連結納税に加入する場合の繰延税金資産の回収可能性の見直しのタイミング（ケース3）

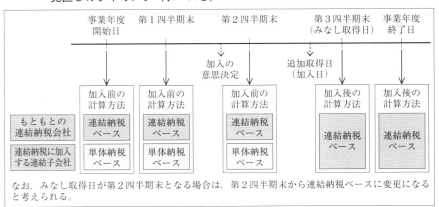

取得）について意思決定がなされ，実行される可能性が高いと認められる場合には，加入する連結納税子会社を含めた連結納税主体を構成する連結納税会社では，将来，その加入が行われるものとして繰延税金資産の回収可能性を判断する（実務対応報告第5号Q13）。

一方，現在，連結子会社でない会社については，この取扱いは適用しない（実務対応報告第5号Q13）。この場合，連結子会社でない会社が実際に連結納

第8章■「連結子法人の加入・離脱」の税効果会計　**335**

税子会社になった時点を基準に計算方法の変更を行うこととなる。

　ただし，この場合でも，連結会社でない会社の個別財務諸表においては，加入の可能性が高いと認められ，かつ，当該会社においてもその事実が明らかになっていると認められる場合には，その加入の可能性が高いと認められることとなった時点において，切り捨てられる法人税及び地方法人税に係る繰越欠損金に対する繰延税金資産の回収可能性はないものと判断されることになる（実務対応報告第7号Q8）。

8-2-4　四半期特有の会計処理を採用している場合

　四半期特有の会計処理を採用している連結納税グループにおいても，ある会社が連結納税に加入する場合，前記「8-2-3　連結子法人の連結納税への加入による繰延税金資産の回収可能性の見直し」(4)によるタイミングで加入する連結納税子会社の数値を含めて見積実効税率を見直すこととなると考えられる。

8-2-5　決算日以外の日に連結納税に加入した場合の取扱い

　連結納税子会社が連結納税に新たに加入した場合，その連結納税子会社は，実際の株式取得日（又は株式取得日後最初の月次決算日の翌日）において連結納税に加入することとなるため，みなし事業年度を設定し，事業年度開始日から実際の株式取得日（又は株式取得日後最初の月次決算日の翌日）の前日までの期間に単体申告，実際の株式取得日（又は株式取得日後最初の月次決算日の翌日）から事業年度終了日までの期間に連結申告を行うこととなる。

　一方，連結財務諸表では，連結納税親会社が，非連結子会社の株式を取得し，新たに連結納税子会社（連結子会社）とする場合，実際の株式取得日ではなく取得日の前後いずれかの四半期決算又は本決算の決算日を支配獲得日とするみなし取得日の取扱いがあり（連結会計基準注5），この場合，みなし取得日の翌日から事業年度終了日までが連結財務諸表に取り込まれる損益計算書の期間となる。

　したがって，連結納税に加入し，かつ，連結子会社に該当することとなる場合，連結納税の対象期間に対応する法人税等を連結財務諸表に取り込むと，連結財務諸表へ取り込まれる税引前当期純損益と法人税等が合理的に対応しない

こととなるため，連結損益計算書に含まれる連結納税子会社の税引前当期純損益に対応する法人税等を合理的に計上するための調整を行う必要がある（実務対応報告第5号Q9）。

例えば，図表16のように，連結納税親会社が非連結会社の株式のすべてを第1四半期中（5/31）に取得した場合，連結納税の申告対象期間は6月1日～3月31日となるが，会計上は第1四半期末（6/30）をみなし取得日とすると，連結の対象期間は7月1日～3月31日までとなり，実際の取得日から第1四半期末までの期間（図表17の6/1～6/30「期間A」）の子会社の損益は連結の対象外となる。したがって，連結損益計算書上の法人税等を連結期間に対応する法人税等の額になるようにするために連結法人税の個別帰属額及び地方法人税の個別帰属額から期間A（6/1～6/30）に対応する法人税等の額を控除する調整を行う必要がある。

【図表16】　決算日以外の日に連結納税に加入した場合

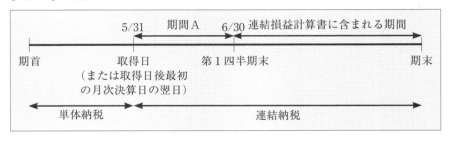

8-3　連結子法人の離脱時の税効果ケーススタディ

8-3-1　連結子法人の連結納税からの離脱による繰延税金資産の回収可能性の見直し

(1) 基本的考え方

連結納税子会社が加入する場合と同様に，連結納税子会社が連結納税から離脱した場合，次のように企業分類とスケジューリングに影響を与えることにより，繰延税金資産の回収可能額が変動することとなる。

第8章 「連結子法人の加入・離脱」の税効果会計　337

⑵　企業分類の見直し

　連結納税子会社が連結納税から離脱した場合に，連結納税主体の分類に与える影響は，その連結納税子会社が，業績がいい会社か，悪い会社かによって異なることとなる。また，連結財務諸表において連結納税主体の分類に統一する場合は，個別財務諸表と連結財務諸表により影響額が異なることとなる。

　ここでは，①業績がいい連結納税子会社が離脱するケースと②業績が悪い連結納税子会社が離脱するケースについて示したい。

　なお，連結納税子会社は，連結納税から離脱した後も連結子会社であるものとする。

①　業績がいい連結納税子会社が離脱するケース

　図表17のケースでは，トラスト3の収益力は，連結納税主体の分類の決定に大きな影響を与えていたため，トラスト3が連結納税に加入している場合は，連結納税主体の分類が②となり，自社の所得では分類が⑤のトラスト1とトラスト2の分類を②にランクアップさせていた。

　これが，トラスト3が連結納税から離脱することにより，連結納税主体の分類が⑤に見直されるため，トラスト1とトラスト2の分類が⑤にランクダウンすることになった（ただし，トラスト3の分類は①のまま）。

　さらに，連結財務諸表において連結納税主体の分類に修正する場合は，連結納税主体の分類が②から⑤にランクダウンすることとなる（ただし，トラスト3では，分類が①にランクアップすることとなる）。

　その結果，本ケースにおいて，スケジューリングを行わないで，企業分類だけで回収可能額の計算をすると，図表18のとおり，収益力の高いトラスト3が連結納税から離脱することにより，連結納税主体を構成する連結納税会社の分類が悪化することとなり，最終的に個別財務諸表及び連結財務諸表ともに繰延税金資産の回収可能額が減少することとなる。

338　第３部■連結納税における税効果会計

【図表17】　離脱前・後の企業分類と回収可能額（業績がいい連結納税子会社が離脱するケース）

＜離脱前の企業分類と回収可能額＞

	事業年度	企業分類の考え方	連結納税親会社 トラスト1	連結納税子会社 トラスト2	連結納税子会社 トラスト3	連結納税主体
課税所得（実績・見込）	2016年3月期	－	▲ 400	▲ 1,000	3,000	1,600
	2017年3月期	－	▲ 400	▲ 1,000	3,000	1,600
	2018年3月期	－	▲ 400	▲ 1,000	3,000	1,600
	2019年3月期	－	▲ 400	▲ 1,000	3,000	1,600
将来減算一時差異		－	1,200	1,000	1,500	3,700
（うち，スケジューリング不能差異）		－	(200)	(300)	(400)	(900)
連結納税会社と連結納税主体のそれぞれの分類		連結納税会社の分類は単体納税の分類を採用。連結納税主体の分類は連結納税グループ全体で判定	⑤	⑤	①	②
最終判定	将来減算一時差異に係る法人税及び地方法人税の分類（個別財務諸表）	連結納税会社と連結納税主体の分類のうち，上位を採用	②	②	①	－
	将来減算一時差異に係る法人税及び地方法人税の分類（連結財務諸表）	連結納税主体の分類を採用	②	②	②	②

＜回収可能額（個別財務諸表）＞

	事業年度	企業分類の考え方	連結納税親会社 トラスト1	連結納税子会社 トラスト2	連結納税子会社 トラスト3	連結納税主体
将来減算一時差異		－	1,000	700	1,500	3,200

＜回収可能額（連結財務諸表）＞

	事業年度	企業分類の考え方	連結納税親会社 トラスト1	連結納税子会社 トラスト2	連結納税子会社 トラスト3	連結納税主体
将来減算一時差異		－	1,000	700	1,100	2,800

＜離脱後の企業分類と回収可能額＞

	事業年度	企業分類の考え方	連結納税親会社 トラスト1	連結納税子会社 トラスト2	連結納税主体	連結子会社 トラスト3
課税所得（実績・見込）	2016年3月期	－	▲ 400	▲ 1,000	▲ 1,400	3,000
	2017年3月期	－	▲ 400	▲ 1,000	▲ 1,400	3,000
	2018年3月期	－	▲ 400	▲ 1,000	▲ 1,400	3,000
	2019年3月期	－	▲ 400	▲ 1,000	▲ 1,400	3,000
将来減算一時差異		－	1,200	1,000	2,200	1,500
（うち，スケジューリング不能差異）		－	(200)	(300)	(500)	(400)

連結納税会社と連結納税主体のそれぞれの分類	連結納税会社の分類は単体納税の分類を採用。連結納税主体の分類は連結納税グループ全体で判定	⑤	⑤	⑤	①
最終判定	将来減算一時差異に係る法人税及び地方法人税の分類（個別財務諸表）	連結納税会社と連結納税主体の分類のうち、上位を採用	⑤	⑤	-	①
	将来減算一時差異に係る法人税及び地方法人税の分類（連結財務諸表）	連結納税主体の分類を採用	⑤	⑤	-	①

＜回収可能額（個別財務諸表）＞

将来減算一時差異	-	0	0	0	1,500

＜回収可能額（連結財務諸表）＞

将来減算一時差異	-	0	0	0	1,500

【図表18】 企業分類だけによる回収可能額の計算結果

		連結納税親会社	連結納税子会社	連結子会社	合 計
		トラスト1	トラスト2	トラスト3	
＜回収可能額の変動額（個別財務諸表）＞					
企業分類の変動（離脱前→離脱後）	-	②→⑤	②→⑤	①→①	-
離脱前	-	1,000	700	1,500	3,200
離脱後	-	0	0	1,500	1,500
差額（マイナスは離脱による取崩し）	-	▲ 1,000	▲ 700	0	▲ 1,700
＜回収可能額の変動額（連結財務諸表）＞					
企業分類の変動（離脱前→離脱後）	-	②→⑤	②→⑤	②→①	-
離脱前	-	1,000	700	1,100	2,800
離脱後	-	0	0	1,500	1,500
差額（マイナスは離脱による取崩し）	-	▲ 1,000	▲ 700	400	▲ 1,300

② 業績が悪い連結納税子会社が離脱するケース

図表19のケースでは，トラスト3の収益力は，連結納税主体の分類の決定に大きな影響を与えていたため，トラスト3が連結納税に加入している場合は，連結納税主体の分類が⑤となってしまい，トラスト1とトラスト2は自社の分

340　第3部■連結納税における税効果会計

【図表19】　離脱前・後の企業分類と回収可能額（業績が悪い連結納税子会社が離脱するケース）

＜離脱前の企業分類と回収可能額＞

	事業年度	企業分類の考え方	連結納税親会社	連結納税子会社	連結納税子会社	連結納税主体
			トラスト1	トラスト2	トラスト3	
課税所得（実績・見込）	2016年3月期	－	400	1,000	▲ 2,000	▲ 600
	2017年3月期	－	400	1,000	▲ 2,000	▲ 600
	2018年3月期	－	400	1,000	▲ 2,000	▲ 600
	2019年3月期	－	400	1,000	▲ 2,000	▲ 600
将来減算一時差異		－	500	800	400	1,700
(うち, スケジューリング不能差異)		－	(100)	(300)	(100)	(500)
連結納税会社と連結納税主体のそれぞれの分類		連結納税会社の分類は単体納税の分類を採用。連結納税主体の分類は連結納税グループ全体で判定	②	①	⑤	⑤
最終判定	将来減算一時差異に係る法人税及び地方法人税の分類（個別財務諸表）	連結納税会社と連結納税主体の分類のうち, 上位を採用	②	①	⑤	－
	将来減算一時差異に係る法人税及び地方法人税の分類（連結財務諸表）	連結納税主体の分類を採用	⑤	⑤	⑤	－

＜回収可能額（個別財務諸表）＞

将来減算一時差異		－	400	800	0	1,200

＜回収可能額（連結財務諸表）＞

将来減算一時差異		－	0	0	0	0

＜離脱後の企業分類と回収可能額＞

	事業年度	企業分類の考え方	連結納税親会社	連結納税子会社	連結納税主体	連結子会社
			トラスト1	トラスト2		トラスト3
課税所得（実績・見込）	2016年3月期	－	400	1,000	1,400	▲ 2,000
	2017年3月期	－	400	1,000	1,400	▲ 2,000
	2018年3月期	－	400	1,000	1,400	▲ 2,000
	2019年3月期	－	400	1,000	1,400	▲ 2,000
将来減算一時差異		－	500	800	1,300	400
(うち, スケジューリング不能差異)		－	(100)	(300)	(400)	(100)

連結納税会社と連結納税主体のそれぞれの分類		連結納税会社の分類は単体納税の分類を採用。連結納税主体の分類は連結納税グループ全体で判定	②	①	①	⑤
最終判定	将来減算一時差異に係る法人税及び地方法人税の分類（個別財務諸表）	連結納税会社と連結納税主体の分類のうち，上位を採用	①	①	－	⑤
	将来減算一時差異に係る法人税及び地方法人税の分類（連結財務諸表）	連結納税主体の分類を採用	①	①	－	⑤

＜回収可能額（個別財務諸表）＞

将来減算一時差異	－	500	800	1,300	0

＜回収可能額（連結財務諸表）＞

将来減算一時差異	－	500	800	1,300	0

【図表20】 企業分類だけによる回収可能額の計算結果

		連結納税親会社	連結納税子会社	連結子会社	合　計
		トラスト1	トラスト2	トラスト3	

＜回収可能額の変動額（個別財務諸表）＞

企業分類の変動（離脱前→離脱後）	－	②→①	①→①	⑤→⑤	-
離脱前		400	800	0	1,200
離脱後		500	800	0	1,300
差額（プラスは離脱による積増し）		100	0	0	100

＜回収可能額の変動額（連結財務諸表）＞

企業分類の変動（離脱前→離脱後）	－	⑤→①	⑤→①	⑤→⑤	-
離脱前		0	0	0	0
離脱後		500	800	0	1,300
差額（プラスは離脱による積増し）		500	800	0	1,300

類である②と①になっていた（つまり，連結納税による分類のランクアップはない状態であった）。

　これが，トラスト3が連結納税から離脱することにより，連結納税主体の分類が①に見直されるため，トラスト1の分類が①にランクアップすることになった（ただし，トラスト2の分類は①，トラスト3の分類は⑤のまま）。

342　第3部═連結納税における税効果会計

　さらに，連結財務諸表において連結納税主体の分類に修正する場合は，連結
納税主体の分類が⑤から①にランクアップすることとなる（ただし，トラスト
3では，分類が⑤のまま）。

　その結果，本ケースにおいて，スケジューリングを行わないで，企業分類だ
けで回収可能額の計算をすると，図表20のとおり，収益力が大きくマイナスと
なるトラスト3が連結納税から離脱することにより，連結納税主体を構成する
連結納税会社の分類が改善することとなり，最終的に個別財務諸表及び連結財
務諸表ともに繰延税金資産の回収可能額が増加することとなる。

(3)　スケジューリングの見直し

　連結納税子会社が連結納税から離脱した場合に，他の連結納税会社のスケ
ジューリングに与える影響は，その連結納税子会社が，業績がいい会社か，悪
い会社かによって異なることとなる。また，連結財務諸表において回収可能額
を連結納税主体のスケジューリングで計算する場合は，個別財務諸表と連結財
務諸表により影響額が異なることとなる。

　ここでは，①業績がいい連結納税子会社が離脱するケースと②業績が悪い連
結納税子会社が離脱するケースについて示したい。

　なお，連結納税子会社は，連結納税から離脱した後も連結子会社であるもの
とする。

①　業績がいい連結納税子会社が離脱するケース

　図表21のケースでは，収益力の高いトラスト3が連結納税に加入している場
合は，収益力の低いトラスト1とトラスト2の将来減算一時差異の解消見込額
300と500がトラスト3の将来減算一時差異の解消見込額減算後の個別所得見積
額2,500との損益通算効果により回収可能となっていた。

　これが，トラスト3が連結納税から離脱することにより，損益通算効果がな
くなるため，トラスト1とトラスト2の将来減算一時差異の解消見込額300と
500が回収不能となる。

　また，連結財務諸表において回収可能額を連結納税主体のスケジューリング
で再計算する場合も，損益通算効果がなくなるため個別財務諸表と同様の計算
結果となる。

第8章■「連結子法人の加入・離脱」の税効果会計　343

【図表21】　離脱前・後のスケジューリングと回収可能額（業績がいい連結納税子会社が離脱するケース）

<離脱前のスケジューリングと回収可能額>

法人税及び地方法人税に係るスケジューリング（将来減算一時差異の回収可能額）	2020年3月期					連結財務諸表
	個別財務諸表					連結グループ合計
	連結納税親会社 トラスト1	連結納税子会社 トラスト2	連結納税子会社 トラスト3	連結納税主体（合計）	連結グループ合計	
個別所得見積額	▲ 400	▲ 1,000	3,000	1,600	-	-
将来減算一時差異の解消見込額	▲ 300	▲ 500	▲ 500	▲ 1,300	-	-
将来減算一時差異の解消見込額減算後の個別所得見積額	▲ 700	▲ 1,500	2,500	300	-	-
個別所得見積額による回収可能見込額	0	0	500	500	-	-
受取個別帰属法人税額の所得換算額	700	1,500	0	2,200	-	-
上記のうち，マイナスの個別所得見積額への充当額	400	1,000	0	1,400	-	-
回収可能見込額	300	500	500	1,300	1,300	1,300

<離脱後のスケジューリングと回収可能額>

法人税及び地方法人税に係るスケジューリング（将来減算一時差異の回収可能額）	2020年3月期					連結財務諸表
	個別財務諸表					連結グループ合計
	連結納税親会社 トラスト1	連結納税子会社 トラスト2	連結納税主体（合計）	連結子会社 トラスト3	連結グループ合計	
個別所得見積額	▲ 400	▲ 1,000	▲ 1,400	3,000	-	-
将来減算一時差異の解消見込額	▲ 300	▲ 500	▲ 800	▲ 500	-	-
将来減算一時差異の解消見込額減算後の個別所得見積額	▲ 700	▲ 1,500	▲ 2,200	2,500	-	-
個別所得見積額による回収可能見込額	0	0	0	500	-	-
受取個別帰属法人税額の所得換算額	0	0	0	-	-	-
上記のうち，マイナスの個別所得見積額への充当額	0	0	0	-	-	-
回収可能見込額	0	0	0	500	500	500

　以上より，収益力の高いトラスト3が連結納税から離脱することにより，連結納税主体を構成する連結納税会社のスケジューリングが悪化することとなり，最終的に個別財務諸表及び連結財務諸表ともに繰延税金資産の回収可能額が減

344 第３部■連結納税における税効果会計

少することとなる。

② 業績が悪い連結納税子会社が離脱するケース

図表22のケースでは，収益力が大きくマイナスとなるトラスト３が連結納税

【図表22】 離脱前・後のスケジューリングと回収可能額（業績が悪い連結納税子会社が離脱するケース）

＜離脱前のスケジューリングと回収可能額＞

法人税及び地方法人税に係るスケジューリング（将来減算一時差異の回収可能額）	2020年3月期					
	個別財務諸表					連結財務諸表
	連結納税親会社	連結納税子会社	連結納税子会社	連結納税主体（合計）	連結グループ合計	連結グループ合計
	トラスト1	トラスト2	トラスト3			
個別所得見積額	400	1,000	▲ 2,000	▲ 600	-	-
将来減算一時差異の解消見込額	▲ 300	▲ 500	▲ 500	▲ 1,300		
将来減算一時差異の解消見込額減算後の個別所得見積額	100	500	▲ 2,500	▲ 1,900		
個別所得見積額による回収可能見込額	300	500	0	800		
受取個別帰属法人税額の所得換算額	0	0	600	600		
上記のうち，マイナスの個別所得見積額への充当額	0	0	600	600		
回収可能見込額	300	500		800	800	0

＜離脱後のスケジューリングと回収可能額＞

法人税及び地方法人税に係るスケジューリング（将来減算一時差異の回収可能額）	2020年3月期					
	個別財務諸表					連結財務諸表
	連結納税親会社	連結納税子会社	連結納税主体（合計）	連結子会社	連結グループ合計	連結グループ合計
	トラスト1	トラスト2		トラスト3		
個別所得見積額	400	1,000	1,400	▲ 2,000	-	-
将来減算一時差異の解消見込額	▲ 300	▲ 500	▲ 800	▲ 500		
将来減算一時差異の解消見込額減算後の個別所得見積額	100	500	600	▲ 2,500		
個別所得見積額による回収可能見込額	300	500	800	0		
受取個別帰属法人税額の所得換算額	0	0	0	-		
上記のうち，マイナスの個別所得見積額への充当額	0	0	0	-		
回収可能見込額	300	500	800	0	800	800

第8章■「連結子法人の加入・離脱」の税効果会計　　345

に加入している場合でも，収益力の高いトラスト1とトラスト2の将来減算一時差異の解消見込額300と500は，自社の個別所得のみで回収可能となっていた。また，トラスト3では個別所得見積額のマイナス（▲2,000）がトラスト1とトラスト2の将来減算一時差異の解消見込額減算後の個別所得見積額の合計額（600＝100＋500）よりも大きいため，税効果上，損益通算効果がなく，トラスト3の将来減算一時差異の解消見込額500は回収不能となっていた。

　したがって，税効果上，そもそも損益通算効果がなかったため，トラスト3が連結納税から離脱した場合であっても，個別財務諸表の回収可能額には影響が生じないこととなる。

　一方，連結財務諸表において回収可能額を連結納税主体のスケジューリングで再計算する場合は，トラスト3が連結納税に加入している場合，連結納税主体の個別所得見積額の合計額が▲600であるため，回収可能額は0となっていたが，トラスト3が連結納税から離脱した場合は，連結納税主体の個別所得見積額の合計額が1,400となるため，回収可能額は800となる。

　以上より，収益力が大きくマイナスとなるトラスト3が連結納税から離脱することにより，連結納税主体を構成する連結納税会社のスケジューリング（個別財務諸表の回収可能額）には影響しないが，連結納税主体のスケジューリングは改善することとなり，最終的に連結財務諸表における繰延税金資産の回収可能額が増加することとなる。

　以上に示したとおり，連結納税子会社が連結納税から離脱した場合は，連結納税主体の企業分類とスケジューリングが見直され，離脱した連結納税子会社は単体納税の企業分類とスケジューリングに戻ることとなるため，連結納税主体を構成する連結納税会社と離脱した連結納税子会社では，それぞれ新しいスケジューリングによる回収可能額について，最終的に新しい企業分類により回収可能額が決定されることとなる（つまり，新しく一から繰延税金資産の回収可能額の計算を行う必要があるということである）。

⑷　繰延税金資産の回収可能性の見直しのタイミング

　前記⑴～⑶のとおり，ある連結納税子会社が連結納税から離脱した場合は，

連結納税会社は、離脱後の新しい連結納税主体で繰延税金資産の回収可能額を計算し、離脱した連結納税子会社は単体納税ベースで繰延税金資産を計算することになるが、この計算方法の変更はいつのタイミングから行うのかが問題となる。

この点、連結納税子会社が離脱した場合の連結納税による税効果会計の変更時期は次の考え方による（実務対応報告第5号Q13）。

【図表23】 連結納税子会社が連結納税から離脱した場合の繰延税金資産の回収可能性の見直しのタイミング（ケース1）

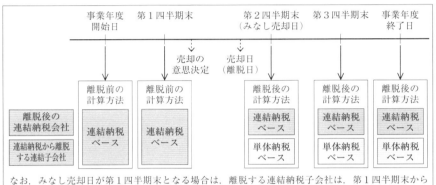

【図表24】 連結納税子会社が連結納税から離脱した場合の繰延税金資産の回収可能性の見直しのタイミング（ケース2）

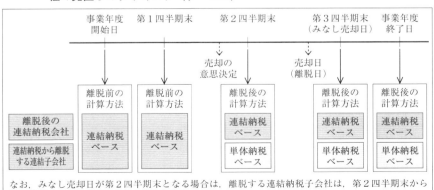

第8章■「連結子法人の加入・離脱」の税効果会計　　**347**

① **離脱する連結納税子会社の個別財務諸表における税効果会計の適用**

　連結納税親会社により，現在，連結子会社かつ連結納税子会社である会社を，将来，連結納税主体から離脱させること（子会社株式の売却等）について意思決定がなされ，実行される可能性が高いと認められる場合には，離脱する連結納税子会社の個別財務諸表において，将来，その離脱が行われるものとして繰延税金資産の回収可能性を判断する。

② **連結納税主体及び連結納税会社における税効果会計の適用**

　連結納税親会社により，現在，連結子会社かつ連結納税子会社である会社を，将来，連結納税主体から離脱させること（子会社株式の売却等）について意思決定がなされ，実行される可能性が高いと認められる場合には，将来，その離脱が行われるものとして繰延税金資産の回収可能性を判断する。

　また，連結納税親会社の連結納税子会社に対する投資に係る一時差異のうち，売却により解消されるものについて，税効果を認識することになる。ただし，将来減算一時差異は，繰延税金資産の回収可能性が認められる場合に限る。

8-3-2　四半期特有の会計処理を採用している場合

　四半期特有の会計処理を採用している連結納税グループにおいても，連結納税子会社が連結納税から離脱する場合，前記「8-3-1　連結子法人の連結納税からの離脱による繰延税金資産の回収可能性の見直し」(4)によるタイミングで離脱する連結納税子会社の数値を除いて繰延税金資産の回収可能額を見直すこととなると考えられる。

8-3-3　投資価額修正の税効果会計の取扱い

　連結納税会社が保有する他の連結納税会社の株式の譲渡等を行った場合には，譲渡する他の連結納税会社の株式の税務上の帳簿価額を修正（投資価額修正）することとなるため，株式を譲渡する連結納税会社の個別財務諸表における会計上の株式譲渡損益と税務上の株式譲渡損益に差異が生じることとなる。

　そして，投資価額修正による帳簿価額の修正額は，解消するときにその期の課税所得を増額又は減額する効果を持つことから，この投資価額修正後の税務上の帳簿価額と会計上の帳簿価額との差額は，保有する他の連結納税会社の株

348　第3部■連結納税における税効果会計

式に係る一時差異として取り扱うこととなる（税効果会計基準第二・一・3・4）。

　連結納税会社の個別財務諸表において，この投資価額修正に係る一時差異等の税効果は，図表25のように認識することとなる（実務対応報告第7号Q6）。

【図表25】　投資価額修正に係る一時差異等の税効果

帳簿価額の修正額	税効果の取扱い	一部譲渡の場合の税効果の取扱い
連結納税子会社の株式の帳簿価額を増額修正する部分	税務上，将来，譲渡等を行ったときに譲渡原価として損金の額に算入されるため将来減算一時差異と同様になるが，以下の要件をいずれも満たす場合を除いては，その増額修正される部分に係る繰延税金資産を認識しない。 イ）　予測可能な将来，譲渡される可能性が高いこと ロ）　回収可能性があると判断されること	投資価額修正では，他の連結納税会社の株式の一部を譲渡する場合でも，その全部について帳簿価額を修正するが，一部譲渡後も他の連結納税会社が連結納税会社である場合又は連結納税親会社の子会社もしくは関連会社である場合，予測可能な将来の期間に，譲渡する一部の株式以外の株式について譲渡を行う意思がないときには，残りの他の連結納税会社の株式に係る税効果は認識しない。
連結納税子会社の株式の帳簿価額を減額修正する部分	税務上は，将来，譲渡等を行ったときに譲渡原価から控除されるため，将来加算一時差異と同様になり，原則として，その減額修正される部分につき繰延税金負債を計上することとなる。ただし，親会社がその投資の売却等を親会社自身で決めることができ，かつ，予測可能な将来の期間に，その譲渡を行う意思がない場合には，繰延税金負債を認識しない。	

　以上から，連結納税子会社が連結納税から離脱する場合については，実務上，離脱事由ごとに次の取扱いとなると考えられる。

⑴　株式譲渡により離脱する場合

　連結納税子会社の株式の譲渡について意思決定がなされ，実行される可能性が高いと認められるときに，その連結納税子会社の株式を保有する連結納税会社において，投資価額修正に係る一時差異に対して繰延税金資産（回収可能性がある部分）又は繰延税金負債を計上する。

　なお，連結納税子会社の株式の一部を譲渡する場合でも，税務申告書ではそ

第8章■「連結子法人の加入・離脱」の税効果会計　　**349**

の全部について帳簿価額を修正するが，一部譲渡後も，連結納税子会社である場合又は連結子会社もしくは関連会社である場合は，予測可能な将来の期間に，譲渡する一部の株式以外の株式について譲渡を行う意思がないときには，残りの連結納税子会社の株式に係る繰延税金資産又は繰延税金負債を認識しない。

⑵　第三者割当増資により離脱する場合

　第三者割当増資により連結納税子会社が連結納税から離脱する場合，税務申告書では離脱する連結納税子会社の株式の全部について帳簿価額を修正するが，この場合，同時に連結納税子会社の株式の譲渡について意思決定がなされ，実行される可能性が高いと認められる場合でない限り，投資価額修正に係る一時差異に対して繰延税金資産又は繰延税金負債を認識しない。

　なお，連結財務諸表において，連結納税子会社が連結納税から離脱する場合で，連結納税子会社の株式の譲渡について意思決定がなされ，実行される可能性が高いと認められるときは，連結納税会社の離脱する連結納税子会社に対する投資に係る一時差異のうち，売却により解消されるものについて，税効果を認識することになる（ただし，将来減算一時差異については，繰延税金資産の回収可能性が認められる場合に限る）が，この場合の離脱する連結納税子会社の株式に対する投資に係る一時差異は，投資価額修正をした後の帳簿価額を基準に計算されることとなると考えられる。

8-3-4　決算日の翌日以外の日に連結納税から離脱した場合の取扱い

　連結納税子会社が連結納税から離脱した場合，その連結納税子会社は，離脱日において連結納税から離脱することとなるため，みなし事業年度を設定し，連結事業年度開始日から離脱日の前日までの期間に連結単体申告，離脱日から連結事業年度終了日までの期間に単体申告を行うこととなる。

　一方，連結財務諸表では，連結納税会社が，連結納税子会社の株式を売却する場合，実際の株式売却日ではなく売却日の前後いずれかの四半期決算又は本決算の決算日を売却日とするみなし売却日の取扱いがある（連結会計基準注5）。

　この場合，連結納税に加入した場合の取扱い（「8-2-5」参照）と異なり，

350　　第３部■連結納税における税効果会計

みなし事業年度ではいずれも連結申告ではなく，単体申告となるため，実務上
は，みなし事業年度に関係なく，みなし売却日において改めて会計のための税
金計算を単体納税ベースで行い，みなし売却日時点の貸借対照表と損益計算書
を作成することになると考えられる。

【図表26】　第三者割当増資により離脱する場合

・平成31年１月26日付の取締役会で，連結親法人Ｐ社が連結子法人Ａ社の株式
の40％を資本関係のないＱ社に150で譲渡する意思決定をし，平成31年４月15
日（離脱日）に株式の譲渡を行った。この場合の個別財務諸表上の会計処理と
税務処理は次のとおりとなる。

1　ケースの条件
(1)　Ｐ社の状況
・Ａ社株式の帳簿価額：100
・Ａ社が連結納税を離脱した後も連結納税は継続される。
・３月決算
・法定実効税率は35％とする。
・繰延税金資産の回収可能性に問題はない。
(2)　Ａ社の状況
・連結納税開始直前事業年度末の利益積立金：400
・離脱日の前日の属する事業年度の前事業年度末の利益積立金：550
・離脱日の前日の属する事業年度末の利益積立金：550
・Ａ社は連結納税開始時から連結子法人となっている。

2　個別財務諸表上の会計処理と税務処理
＜平成31年3月期＞
① 会計処理

繰延税金資産	21	法人税等調整額	21

※　帳簿価額修正額（550－400）×譲渡持分40％×実効税率35％＝21

② 税務処理
　税務仕訳は生じない。

＜平成32年3月期＞
① 会計仕訳

現預金	150	Ａ社株式[※1]	40
		子会社株式譲渡益	110
法人税，住民税及び事業税	17	未払法人税等[※2]	17
法人税等調整額	21	繰延税金資産	21

第8章■「連結子法人の加入・離脱」の税効果会計　　351

※1　A社株式の帳簿価額100×譲渡比率40%＝40
※2　税務上の子会社株式譲渡益50×35%＝17

②　税務仕訳

| A社株式※ | 150 | 利益積立金 | 150 |

※　離脱日の前日の属する事業年度末の利益積立金550－連結納税開始直前事業年度末の利益積立金400＝150

| 現預金 | 150 | A社株式※ | 100 |
| | | 子会社株式譲渡益 | 50 |

※　A社株式の帳簿価額250×譲渡比率40%＝100

なお，上記の個別財務諸表における会計処理に加えて，平成31年3月期の連結財務諸表において連結子会社の投資に係る一時差異に対する税効果を認識することとなる。この場合の離脱する連結納税子会社の株式に対する投資に係る一時差異は，上記の投資価額修正をした後の帳簿価額を基準に計算されることとなる。

〈著者紹介〉

足立　好幸（あだち・よしゆき）

公認会計士・税理士。税理士法人トラスト

連結納税を専門にグループ企業の税制最適化，企業グループ税制に係る業務を行う。著書に，『連結納税の組織再編税制ケーススタディ』，『ケーススタディでわかる連結納税申告書の作り方』『連結納税の欠損金Ｑ＆Ａ』『連結納税導入プロジェクト』（以上，中央経済社），『連結納税採用の有利・不利とシミュレーション』『グループ法人税制Ｑ＆Ａ』『Ｍ＆Ａ・組織再編のスキーム選択』（以上，清文社）など。

実務解説　連結納税の税効果会計〈第3版〉
繰延税金資産の計算と回収可能性の検討

2012年 4 月20日　第 1 版第 1 刷発行	
2013年 6 月15日　第 1 版第 3 刷発行	
2015年 4 月 1 日　第 2 版第 1 刷発行	
2016年 9 月20日　第 2 版第 2 刷発行	
2018年 5 月25日　第 3 版第 1 刷発行	

著　者　足　立　好　幸
発行者　山　本　　　継
発行所　㈱中央経済社
発売元　㈱中央経済グループ
　　　　パブリッシング

〒101-0051　東京都千代田区神田神保町1-31-2
電話　03 (3293) 3371(編集代表)
　　　03 (3293) 3381(営業代表)
http://www.chuokeizai.co.jp/
印刷／東光整版印刷㈱
製本／誠　製　本　㈱

© 2018
Printed in Japan

＊頁の「欠落」や「順序違い」などがありましたらお取り替えいたしますので発売元までご送付ください。（送料小社負担）
ISBN978-4-502-26971-4　C3034

JCOPY〈出版者著作権管理機構委託出版物〉本書を無断で複写複製（コピー）することは，著作権法上の例外を除き，禁じられています。本書をコピーされる場合は事前に出版者著作権管理機構（JCOPY）の許諾を受けてください。
　JCOPY〈http://www.jcopy.or.jp　eメール：info@jcopy.or.jp　電話：03-3513-6969〉